日本語能力試験の
「級外項目」に関する記述的研究

—テ形接続の機能語を中心に—

井上　直美 著

J-CLCP

日本語・日本語習得研究博士論文シリーズに寄せて

　博士学位は運転の免許に例えられることがある。一理ある考え方である。人は、運転が十分に上手になってから免許を取るのではなく、最低限の知識と技能を身につけた段階で初めて免許を取り、それから一生懸命に車を走らせて技術を上達させていくからである。

　しかし、立場を変えれば、これは盲点のある例え方だと評することもできる。なぜなら、免許の取り方と学位の取り方とではその性格に大きな開きがあるからである。免許を取る訓練の段階では、指導教官が隣の席に座って丁寧に教えてくれるが、それでも、よほど危険な状況に遭遇しない限り、運転に直接手を貸すことはない。また、免許を取得できるかどうかが決まる試験に際しては、あくまで受験者が自力のみで努力し、うまく行かなかったら、一律に不合格になる。

　一方、博士学位の場合はどうか。まず博士論文の作成においては、発想から表現まで指導教員が惜しまずに力を貸すことがある。さらによくないのは、そうしておきながら、一旦審査する段階になると、同じ教員が主査を務めてしまうことにある。このような調子だから、「手前味噌」の滑稽劇がひっきりなしに展開される。これによって、学位を取った人の一部は、学位を取った日が研究を止める日になってしまう。なぜなら、一人では研究を続けていくことができないからである。

　このような滑稽劇を根絶するためには、体制の根本的な改革が必要であり、教員の一人二人の努力だけではどうしようもない。しかし、このシリーズの企画に際しては、せめてこの風潮を助長しないように注意を払っていくつもりである。つまり、執筆候補者の選定に関して、学位申請に必要とされた「博士論文」を見るだけではなくて、学位取得から一定以上の年数が経過しても、依然として弛まず研究を続けられていることを必須条件として定めているのである。

　こうすることで、このシリーズの著者たちは、本書の背表紙に刻まれた著者名だけでなく、学会や研究会の壇上で活躍する実際の姿と、学会誌の目次や研究会のプログラムに頻出する名前とが、常に三位一体となった動的な存在であることが保証されるであろう。シリーズの刊行が学問隆盛の一助となることを切に望む次第である。

大阪府立大学　張　麟声

目　次

第3章
級外項目「～てみせる」
―事態が未実現か既実現かに注目して―

第4章
級外項目「～てみせた」
―書き言葉の文末に現れる「～てみせた。」に注目して―

序　章

1．本書の目的と研究背景

　本書は、ニア・ネイティブレベル（劉 2015、2022b、2023a）を目指す日本語学習者へのさらなる支援を視野に、既存の日本語学習用の辞典、教材類に詳しい解説が見られず、日本語学習者が調べたくても調べられない（調べにくい）機能語類について、その意味・機能を詳細に記述するものである。

　ニア・ネイティブレベルとは、劉（2015、2022b、2023a）において用いられている用語で、「従来の「超級」という用語の代わりに、ネイティブ指導者からの受身的なラベリングではなく、学習者による能動的な学習姿勢に期待をこめたネーミング」(2022b:10)だと説明されている。「超級」は一般に「超（上）級」という意味、または、認定試験の判定で限定的に用いられている[1]が、本書が支援の対象として想定するのも、いわゆる「上級[2]」と呼ばれるレベルに到達後、さらなる上達を目指す日本語学習者であり、そのような日本語学習者側の声、姿勢を尊重・重視する立場であるため、本書では「超級」ではなく、この用語を用いる。

　本書では、そのニア・ネイティブレベルを目指す日本語学習者であっても、調べたくても調べられない（調べにくい）機能語類に着目し、その中でも、動詞などのテ形に何らかの語が後接し、それが機能語的に用いられるもの、すなわち「テ形接続の機能語」を中心的な考察対象[3]とする。具

1　「超級」という用語は、ACTFL-OPI（面接式口頭能力テスト）の判定基準（初級・中級・上級・超級）の１つとしても広く認知されている。『新版日本語教育事典』（日本語教育学会編 2005）によると、ACTFL-OPI では、被験者の能力が最も表面的に現れる「発話の型」が重要な判定基準となっており、「複文章レベル」の発話が現れるのが「超級」だとされる（p.800）。

2　本書で「上級」という用語を使用する場合は、『日本語能力試験』の旧１級程度（現 N1）のレベルを指す。次に示す『新版日本語教育事典』（日本語教育学会編 2005）の「上級」レベルの解説に沿うものである。
　　高度の文型・文法、漢字（2000 字程度）、語彙（10000 語程度）を習得する段階。社会生活上必要な口頭能力と読み書き能力を獲得し、仕事や専門の勉強といった目的を日本語で達成できるようになることが目指される。学習時間は 900 時間程度。
　　　　　　　　　　　　　　　　　　　　　　　　　（『新版日本語教育事典』、pp.757-758）

3　「中心的な考察対象」としたのは、11 章のみ、テ形接続ではない「お／ご〜おきください」という項目を取り上げるためである。取り上げる理由については、本章 5 節で詳しく述べる。

体的には、～ておく、～ていく、～てみせる、など、動詞などのテ形とそれに後接するいわゆる補助動詞⁴と呼ばれるもの（おく、いく、みせる、など）、および、その周辺に位置する～てよこす、～てのける、～てナンボ（よこす、のける、ナンボ）、語が連接した形式が後接する～てたまるか、～てしかるべき、などのことを指す。つまり、その語、または語が連接した形式が単独で用いられる場合と、テ形接続の場合とで、意味的な差異が生じ、機能語的に用いられるもので、本書ではこれらを一括して「テ形接続の機能語」と呼ぶ。

　三宅（2015）は、項の生起、アクセント型の保持、助詞の挿入の可否の観点から、「補助動詞は機能語的なふるまいを示すが、完全に機能語化しているわけではない」（三宅2015：239）と述べている。機能語とは、内容語（実質語）と対にして用いられる概念であり、自立性を喪失している必要がある。その点から考えると、本書の考察対象である「テ形接続の機能語」は、厳密には機能語とは言いきれない。しかし、日本語教育においては、「～ている」、「～てある」というように、テ形と後接語を分離せず文型として扱い、その文型としての意味や機能を提示するのが一般的である。そのため、本書では、機能語的に用いられ、テ形に接続しているという形態的な特徴から広く捉えてこれらを「テ形接続の機能語」と呼ぶ。

　次に、なぜこのような課題に取り組むのかという研究背景について述べる。

　筆者は、日本国内の日本語学校で、主に日本の大学への進学を目指すアジアからの留学生に対する日本語教育に携わってきた。大学進学を目指す場合、「日本語能力試験」（JLPT）は日本語力を証明するのに重要な試験の１つであり、筆者はその最上位レベル（旧１級）で高得点を取るための文法の教材作成に注力する時期があった。その取り組みの中で、高得点を

4　補助動詞という術語には様々な立場がある。本書の立場とともに後述する（本章4節）。
なお、『日本語能力試験出題基準〔改訂版〕』に示されているのは、以下の11種（日本語学分野では「～てやる」、「～てあげる」を１つの項目としてまとめることが多い）である。級別に表現形式を示し、括弧で［文法事項］の名称と記載ページを示す。

　　3級　～ていく、～てくる、～てしまう、～ておく、～てみる
　　　　　　　　　　　　　　　　　　　　　　　　　（［補助動詞］と記載あり、p.131）
　　3級　～てやる、～てあげる、～てくれる、～てもらう
　　　　　　　　　　　　　　　　　　　　　　　　（［受給］と記載あり、pp.133-134）
　　4級　～ている、～てある　　（［動詞のテアル形］、［動詞のテイル形］と記載あり、p.124）

狙うと同時に、より豊かな表現に触れてもらおうという考えの下、『日本語能力試験出題基準〔改訂版〕』には記載がないが、上級（N1／旧1級レベル）ともなれば、知っておきたい表現について、データを収集し、問題集（落合・原2004）を執筆する機会を得た。そのような経験があったため、上級（N1／旧1級レベル）以上の学習者向けの表現について、ある程度、わかっているつもりでいたものの、学び直しのために編入学した埼玉大学教養学部の劉志偉先生から、日本語母語話者教師の視点と熟達した日本語学習経験者の視点では大きく異なるというお話を伺い、愕然とした。母語話者が教えたいと思うことと、ニア・ネイティブレベルを目指す日本語学習者が知りたいと思うことにはかなりズレがあるということを知ったのである。

　本書は、これを踏まえ、熟達した日本語学習経験者の視点、助言を取り入れ、その疑問に答える、あるいは、日本語母語話者なりにそのような視点に立ってみることで、新たな課題を掘り起こそうとするものである。

　本書の特徴として、以下の3点が挙げられる。

　まず、考察対象の選定基準に『日本語能力試験出題基準〔改訂版〕』を用いている点である。次に、課題設定に際し、熟達した日本語学習経験者の疑問や助言に基づくことで、日本語母語話者には見出しにくい新たな課題を掘り起こそうとする点である。そして、コーパス[5]を用いて収集したデータの観察事実から学習者に有用な特徴を帰納法で抽出する探索型アプローチを取る点も特徴として挙げられる。

　このように、本書の主たる目的は、日本語教育への応用を視野に、「ニア・ネイティブレベルを目指す日本語学習者が調べたくても詳しく解説されていない機能語類の意味・機能を詳述すること」であるが、それと同時に、日本語学の観点から、日本語記述文法の穴を埋めることも目指している。

5　研究課題に応じて『現代日本語書き言葉均衡コーパス』（1章、3〜5章、7〜11章）、『名大会話コーパス』（1章）、『JCK作文コーパス』（2章）、『筑波ウェブコーパス』（6章）を用いる。また、部分的に『日本語歴史コーパス』（7章）、『日本語日常会話コーパス』（10章）も使用する。各コーパスの概要は初出の章で述べ、使用データバージョンなどの詳細は巻末「調査資料」欄に記す。

2．ニア・ネイティブレベルを目指す日本語学習者支援の必要性

　日本語教育を取り巻く潮流を概観すると、2000 年代に入ってからは、コミュニケーションを重視した「日本語教育文法」（野田 2005）の必要性が提言され、これまでの文法偏重の構造シラバスが再考されている（野田 2005、山内 2009、森・庵 2011 など）。その理由の 1 つとして、野田（2005）は、これまでは「エリート日本語学習者」（野田 2005）を対象とした教材が多く、多様化する日本語学習者に対応できないことを挙げている。「エリート日本語学習者」というのは、「聞く、話す、読む、書くという 4 つの技能をバランス良く学習し、最終目標を中級や上級レベルに置いている学習者」（野田 2005：3）で、その典型は「日本の大学や大学院で勉強するために日本語を学習する人たち」（野田 2005：3）だと説明されている。こういった流れの中、「やさしい日本語」、「介護の日本語」、「理工系学生のための日本語」「年少者のための日本語」など、多様な日本語学習者のニーズに応えるための取り組みが広がっている。

　また、日本語能力の評価基準も、大きく変化している。「これを知っていれば、このレベル」という考え方から大きく転換し、「日本語で何ができるか」という can-do リストに基づく区分が広く用いられるようになった。海外における日本語教育に関しては、複言語主義を掲げるヨーロッパ言語共通参照枠[6]（CEFR）を参考にした国際交流基金の「JF スタンダード」（A1 〜 C2 レベル）（国際交流基金編著 2017）がそれを牽引し、国内における日本語教育に関しては、国内の外国人に対する日本語教育の内容および方法を文化審議会国語分科会が示した「生活者としての外国人のための標準的なカリキュラム案」（文化庁 2010）が指針として運用されてきた。近年では、国内外で共通して参照できる指標として「日本語教育の参照枠」（A1 〜 C2 レベル）（文化庁 2021）が取りまとめられたことが記憶に新しい。

　このように、多様な背景、ニーズを持つ日本語学習者に対して、様々な切り口からのアプローチが存在するべきであり、それと同時に「多様な日

6　日本語能力試験公式ウェブサイトによると、2025 年からは日本語能力試験もこの国際的な共通参照枠に当てはめて参考にすることができるように「CEFR レベルの参考表示」が追加されることが決まっている（2023 年 7 月 21 日発表記事、https://www.jlpt.jp/cefrlevel/index.html）。

本語」を受け入れる寛容さが社会に求められている。かつてのように、一様に「エリート学習者」を対象とした方法を採ること、また、当然のように日本語母語話者レベルの日本語を求めることは誤りであることは言うまでもない。しかし、筆者はこういった言説が強まるあまり、「ニア・ネイティブレベルを目指す日本語学習者」の支援が遅れてしまっているのではないかという問題意識を持っている[7]。

　詳しく述べると、これには2つの側面が考えられる。1つは、そもそもニア・ネイティブレベルを目指したい日本語学習者のことは忘れられがちなことである。ピラミッドの頂点に近い位置に立つこの層は、日本語教育機関を既に修了していることが想定され、絶対数が少ないためである。もう1つは、そういった層にはもはや支援不要だと考えられがちで、その価値が認められにくいことである。既に日本語で多くの課題を解決できる彼らの知りたがっている事項は、重箱の隅をつつくようなもので、教育現場で求められていない、役に立たない、教育への貢献を明言してはいけない、という雰囲気が醸成されているのである。このような、批判があることは承知の上で、本書では、あえてニア・ネイティブレベルを目指す日本語学習者支援を掲げたい。

　劉（2015、2022b、2023a）によると、ニア・ネイティブレベルを目指す日本語学習者は、未知の表現に遭遇した際、もやもやとした気持ちを抱き、細かい点まで正確に表したい、誰かに詳しく教えてほしいという気持ちになると指摘している。また、高梨（2023）も、「多様な学習者の中には、日本語教師や研究者を志望する学習者など、母語話者レベルの正確さや適切さを身につけたいと望む学習者も一定数いる」（高梨2023：208）とし、そのような学習者のニーズに応えることの必要性を主張する立場（高梨2021、劉2022b）について言及している。本書も、これらの先行研究と同様の立場に立ち、日本語学習経験者が、独学では正確に理解・産出することが難しい表現を掘り起こし、整備していくことは、そういった日本語学習者支援の観点から意味があることだと考える。

7　庵（2013）では、「日本語教育の現状においては「Native-like にならなくてもいい」という言明は、本来の意義を失い「Native-like になりたい」という学習者の正当な願望を「門前払い」する機能を果たしている」（庵2013：39）と指摘されている。

"支援" という観点から考えるために、先述の文化庁（2021）を引用する。「日本語教育の参照枠」における言語教育観の柱には次の3つが掲げられている。

　　1．日本語学習者を社会的存在として捉える
　　2．言語を使って「できること」に注目する
　　3．多様な日本語使用を尊重する　　　　　　　　（文化庁 2021：6）

　1．の「日本語学習者を社会的存在として捉える」という項目については、さらに非常に詳しく次のような解説が付されている。

　　「日本語教育の参照枠」では、学習者を社会の一員として人々と関係を持ちながら、日本語を使って様々な課題を解決しようとする存在として捉えます。なぜこのようなことを、言語教育観の柱として示しているのでしょうか。

　　例えば日本語を教える際にも、ある文法事項を実際の言語使用の場面などと関係なく教える、全員に同じ漢字・語彙を教えるなど、多くの場合、教える側の事情によって、学習者を異なりのない均一な存在として捉えてしまうことはないでしょうか。

　　そうではなく、学習者が置かれている様々な背景や社会的な状況に応じて、生活の中で必要な表現や話し方、漢字・語彙を学ぶ、仕事で求められる技能を優先的に伸ばすといったことが大切です。特に成人の場合は既に持っている知識や経験を生かして学ぶことができるのです。このように一人一人異なる状況に応じた学びを支えるための枠組みとして「日本語教育の参照枠」は編まれました。

　　社会と教室を隔てることなく、学習者一人一人の豊かな多様性を生かし、日本語を通した学びの場を人と人が出会う社会そのものとすることによって、共生社会の実現を目指す。それが、「日本語学習者を社会的存在として捉える」という言葉に込められた意味なのです。

　　　　　　　　　　　　　　　　　　　　　　　　（文化庁 2021：6）

　このように、「日本語教育の参照枠」では、“一人一人異なる状況に応じた学びを支える”ことの重要性が強く打ち出されている。本書が支援のターゲットとして想定している「ニア・ネイティブレベルを目指す日本語学習者」は、既に多くの課題を日本語で解決できる。しかし、さらに「できるだけ適切な表現をしたい」、「細かいニュアンスまで理解したり、伝えたりしたい」といったニーズがあり、そういった学習者の学びを支えることは、この「日本語教育の参照枠」に書かれている言語教育観、時代の潮流にも矛盾しないと考える。

　また、「日本語教育の参照枠」（文化庁 2021）を策定するまでの経緯には、課題として次の項目が挙げられている。

　　独立行政法人国際交流基金が CEFR を参考に策定した「ＪＦ日本語教育スタンダード」があるが、CEFR の 6 段階（A1、A2、B1、B2、C1、C2）のうち、高度なレベルに相当する C1、C2 レベルの日本語能力の Can do リスト 1 については、CEFR が提示した Can do のみ挙げられている。　　　　　　　　　　　　　　　　　　（文化庁 2021：3）

　このような課題が挙げられているということは、つまり、高度なレベルに相当する C1、C2 というレベルがどういうレベルであるかについても、これまで十分な検討、共通理解がなかったと読み取れ、このレベルに対してどのような支援が必要かというところから検討が必要だと考えられるのである[8]。

---

[8]　英語教育のために CEFR を導入・理解することを目的とし分析したキース（2013）によると、レベル C2 は、「教養ある高度の訓練された外国語学習者が使用できる、高レベルで複雑な言語の記述を含んでおり、母語話者の大部分でも身に付けていない技能を含んでいる」（キース 2013）という。また、国際交流基金（2017）は、日本語能力試験（「読む」・「聞く」の評価と JF スタンダード（「話す」の評価）のレベルの相互関係について調査、報告している。測定する能力が異なるため、一対一の対応は見られなかったが、JF スタンダードのレベルが上がると、の JLPT 認定率は高くなる傾向が報告されている。例えば、N1 受験者では、A2（43.1％）、B1（46.6％）、B2（57.5％）、C1（77.3％）というように、認定者率が高くなっている（国際交流基金 2017、図 1 より抜粋）。

３．なぜ『日本語能力試験の出題基準〔改訂版〕』に注目するのか

　2023 年現在、日本語能力試験には N1 ～ N5 の５つのレベルが設定され、出題範囲は非公開となっている。それにも関わらず、なぜ旧試験（１～４級）用に策定された『日本語能力試験の出題基準〔改訂版〕』を指標とするのかについて説明する。

　日本語能力を測る試験は、国内外で様々な試験（約 20 の機関・団体）が実施されている（文化庁 2021）が、これまでは、各試験の目的に応じて、得点の解釈基準やレベル設定、レベル判定基準などはそれぞれ異なっていた。現在では、「日本語教育の参照枠」で示された、「日本語で何ができるか」という can-do リストに基づく区分（A１～C2）が広く用いられ、相互の試験のレベルが比較できるようになりつつある。

　受験者数が多く影響力の強い日本語能力試験も 2010 年からは新試験に移行し、出題基準が非公開になった。しかし、出題基準は非公開になったものの、その出題範囲は継承されており、４級→N5、３級→N4、２級→N3 と N2、１級→N1 というように、基本的には出題される内容がスライドした形をとっている。また、旧試験の「出題基準」は現在もリストとして活用され、レベル判定、シラバス策定、教材類に影響を与えている現状がある[9]。

　このような現状の中、本書が注目するのは、日本語学習者向けの文型辞典、および日本語学習教材類に詳しく解説されていない「級外項目」や「級外下位ポイント」である。「級外項目」とは『日本語能力試験出題基準〔改訂版〕』に掲載のない機能語類のことであり、「下位ポイント」とは、出題基準に掲載がある機能語類の下位用法[10]や、抜け落ちた注意点のことである。これらの文法事項は、現状、日本語学習者が調べたくても、学習者が

9　１例としてグループ・ジャマシイ編（2023）を挙げる。これは、日本語教師や学習者に広く参照される文型辞典（グループ・ジャマシイ編 1998）の改訂版であるが、改訂版では新たに、『日本語能力試験〔改訂版〕』（2002）に基づき、各項目のレベルが追記された（N5 ～ N1 の表記に置き換え）。このことからも、出題基準が非公開となった現在も広く基準として用いられていることがわかる。

10　『日本語能力試験出題基準〔改訂版〕』の趣旨・方針の中に、「３・４級のリストに掲載された語句の、より難しい（１・２級レベルの）用法については、１・２級のリストで改めて掲げることはあえて行わないこととした。ただし、掲げられていなくても、１・２級の試験では、それらが適宜出題されることはありうると理解されたい。」（p.156）と説明されている。

手に取るような既存の教材類に詳しい説明がほとんど見られない。そのため、本書では『日本語能力試験の出題基準〔改訂版〕』を大きな指標とし、「級外項目」および「級外下位ポイント」に注目する[11]。

4．なぜ「テ形接続の機能語」に注目するのか

　テ形接続の機能語の代表的なものとして、補助動詞が挙げられる。補助動詞という術語には様々な立場があるが、本書では、テ形接続のものに限って補助動詞と呼ぶ三宅（2015）に従う立場を取る。三宅（2015）では補助動詞が次のように定義されている。

　　本来、動詞である"いる"や"おく"等が、"～ている"、"～ておく"
　　のように、他の動詞のいわゆる「テ形」に後接し、意味を抽象化させ
　　て機能語的にふるまうようになったもののことを指す。

（三宅 2015：237）

　その補助動詞を具体的に挙げてみると、授受に関するもの（～てくれる、～てやる、～あげる、～てもらう）の難しさは言わずもがなであるが、アスペクトに関するもの（～ている、～てある、～てしまう、～ていく、～てくる、（～ておく））や、もくろみに関するもの（～ておく、～てみる、～てみせる）がある[12]。これらは有標・無標という捉え方（佐藤 2015、庵 2017）をした場合に、その違いを翻訳しにくいこともあり、学習者の困難点になりやすい。

11　筆者はニア・ネイティブレベルを目指す日本語学習者を支援する取り組みは、音声教育をはじめ様々な角度から検討されるべきだと認識している。「文法」に関して言えば、本書の取り上げる「級外項目」や「級外下位ポイント」といった未習になりやすいものの他に、「教えたことになっているが、学習者がうまく使えていない文法」への手当ても重要だと考える。そちらの「手当て」は既に取り組みが始まっている一方で、「級外項目」、「級外下位ポイント」に関しては「使わない、要らない、役に立たない」といった拒否反応が強いように感じられる。本書は、日本語学習者視点に立ち「どこにも記述がなく詳しく調べられない」ということを問題視するものであり、「級外項目」、「級外下位ポイント」を習得すれば、より高いレベルに到達できると捉えているわけではない。その上で、ニア・ネイティブレベルを目指す学習者支援の様々な取り組みに優劣をつけるのではなく、同時進行でそれぞれ整備していくべきだと考えている。

(1) 一人で全部飲んだ。〔無標〕⇔一人で全部飲んでしまった。

〔有標〕（作例）

(2) 授業の復習をした。〔無標〕⇔授業の復習をしておいた。

〔有標〕（作例）

　こういった補助動詞は、複数の用法を持ち、本動詞からは類推しにくい意味、含みが生じるものがある。つまり、「テ」に後接した語が機能語的に用いられるのだが、補助動詞の体系を持たない言語を母語とする学習者には、これらの理解に困難が伴いやすいようである。また、補助動詞と同じ仕組みを持つ言語の場合でも、その意味範囲にはズレがある（徐 2013、金谷 2019）。そのため、母語との意味範囲のズレにより、意味範囲がより広い言語を母語とする場合には、不自然な産出が見られ、その反対の場合には、不使用が問題となるという（金谷 2019）。

　このように、学習者にとって困難点になりやすい要素を持つため、本書ではテ形接続の機能語を中心的な考察対象とする。なお、本書で取り上げる「級外下位ポイント」、「級外項目」の選定にあたっては、『日本語能力試験出題基準〔改訂版〕』に記載があるかどうかに加え、日本語学習者、および現場の日本語教師が利用する代表的な参考書である『日本語文型辞典』（グループ・ジャマシイ編 1998）、『日本語文型辞典改訂版』（グループ・ジャマシイ編 2023）、『中上級を教える人のための日本語ハンドブック』（庵ほか 2001）に説明があるかどうかも確認し、その上で、学習者視点の助言を取り入れ、独自に選定[13]した。

12　三宅（2015）と同様に、テ形接続のものに限って補助動詞とした場合でも、外延的にどこまでを補助動詞と呼ぶかについては立場が分かれる。例えば、益岡（1992）では、本書本文中に筆者が挙げたもの以外に「「～てあるく」「～てまわる」などもこの仲間に加えることができよう」（益岡 1992：533）としているが、三宅（2015）は、カテゴリーを厳密に規定しており、機能語化の認定の観点から"みせる"の認定は保留し、それ以外の 10 種を補助動詞としている。本書では、補助動詞として主たるものは、『日本語能力試験出題基準〔改訂版〕』に記載のあるもの（本章注 4 参照）と級外項目「～てみせる」の"みせる"を加えた 11 種だと考える。また、前接する動詞に制約は多いが「～てよこす」の"よこす"（5 章）もそれに準じるものとして加えてもいいのではないかと考える。その他、「～てのける」の"のける"（7 章）は、周辺的なものと捉えている。その理由となる機能語化の度合いの詳細については、終章で述べる。

13　研究対象の候補として 15 の項目（～てやんの、など）があったが、日本語学習経験者からの助言と、研究の実現可能性を考慮し、11 の項目を独自に選定した。

５．本書の構成

　まず、本書で取り上げる 11 の項目を示す。

　　1）「～ておく」の級外下位ポイント
　　2）「～ていく」の級外下位ポイント
　　3）級外項目「～てみせる」
　　4）級外項目「～てみせた」
　　5）級外項目「～てよこす」
　　6）級外項目「～てナンボ」
　　7）級外項目「～てのける」
　　8）級外項目「～てたまるか」
　　9）級外項目「～てしかるべき」
　　10）級外項目「～ておくれ」
　　11）級外項目「お／ご～おきください」

　これらは、先述の通り『日本語能力試験出題基準〔改訂版〕』に記載
があるかどうかに加え、『日本語文型辞典』（グループ・ジャマシイ編
1998）、『日本語文型辞典改訂版』（グループ・ジャマシイ編 2023）、『中上
級を教える人のための日本語ハンドブック』（庵ほか 2001）に記載がある
か、下位用法の解説があるかを確認し、その上で、学習者視点の助言を取
り入れ、独自に選定したものである。
　続いて、博士論文の読み方を指南する茂木（2019）で示された、博論の
構成に関する解説を参考にした見取り図（図１）を示す。

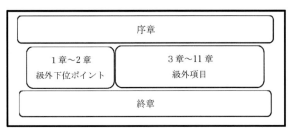

図1　本書の構成見取り図

　本書は、序章、1〜11章の各論、終章から成る。序章（本章）では、本書の目的および考察対象について述べ、論文の構成について説明する。

　各論部分の概要は表1の通りである。1章と2章では、級外下位ポイントである「〜ておく」、「〜ていった」という2つの項目について論じる。3章から11章では「級外項目」を扱う。具体的には「〜てみせる」、「〜てみせた」、「〜てよこす」、「〜てナンボ」、「〜てのける」、「〜てたまるか」、「〜てしかるべき」「〜ておくれ」、「お／ご〜おきください[14]」の9つの項目について論じる。また、研究課題に応じて『現代日本語書き言葉均衡コーパス』（BCCWJ）、『名大会話コーパス』（NUCC）、『JCK 作文コーパス』、『筑波ウェブコーパス』（TWC）を用いる。また、部分的に『日本語歴史コーパス』（CHJ）、『日本語日常会話コーパス』（CEJC）も使用する。

14　11章で論じる級外項目「お／ご〜おきください」は、テ形接続ではないが、考察対象とする。1章の「〜ておく」の関連表現として取り組んだものである。日本語学習者は、「ご承知おきください」と既習の「ご承知ください」では何が違うのか疑問に感じ、両者を比較し「ご承知ください」に「おき」が挿入された形式だと把握するようである。母語話者のように、「ご＋Ｖ おく＋ください」と分析し、それに基づく意味の推測ができるとは限らない。このような学習者視点を意識し、10章の「〜ておくれ」も同様のタイプとして取り上げている。「〜ておくれ」の場合には、既知である「〜てくれ」との違いが気になったり、「〜ておく」、「遅れ」、「送れ」の関連表現ではないかと推測したりするようである。

12

表1　各論部分の概要一覧

章	項目	区分	論じる主な内容	使用コーパス
1	～ておく	級外下位ポイント	「～ておく」の失礼さ	名大会話コーパス BCCWJ
2	～ていく	級外下位ポイント	歴史的回想を表す「～ていった」	BCCWJ JCK作文コーパス
3・4	～てみせる	級外項目	意味・機能、多様な意味を表す仕組み	BCCWJ
5	～てよこす	級外項目	意味・機能、ぞんざいな印象が生じる仕組み	BCCWJ
6	～てナンボ	級外項目	意味・機能、多様な意味を表す仕組み	筑波ウェブコーパス
7	～てのける	級外項目	意味・機能、評価的意味を表す仕組み	BCCWJ ／ CHJ
8	～てたまるか	級外項目	意味・機能、～ものかとの違い	BCCWJ
9	～てしかるべき	級外項目	意味・機能、～べきだとの違い	BCCWJ
10	～ておくれ	級外項目	意味・機能、～てくれとの違い	BCCWJ ／ CEJC
11	お／ご～おき下さい	級外項目	意味・機能、お／ご～下さいとの違い	BCCWJ

　終章では、各論部分のまとめ、本書の主張、今後の課題について述べる。まず、各論（1章から11章）で論じた各項目について、3つの観点からの位置づけを示す。そして、ニア・ネイティブレベルを目指す日本語学習者を支援するために何が必要かについて本書の主張を述べ、最後に、今後の課題、展望に触れてまとめる。

第1章

「～ておく」の級外下位ポイント
─「～ておく」の使用類型と失礼さとの関係─

1．はじめに

　本章の考察対象である「～ておく」とは動詞のテ形に"おく"という補助動詞が後接したものを指す。「～ておく」は、日本語学習者にとって理解や産出が難しいとされる初級文法項目の1つである。日本語学習者のOPIデータを分析した山内（2009）によると、「～ておく」は初級で学習するほかの補助動詞と比べて、中級・上級・超級学習者による使用がわずかしか見られなかったという（山内2009：36）。つまり、「～ておく」は初級で習ったあと、実際にはあまり使えていない表現の1つなのである。近年では、「～ておく」の持つ丁寧さ、柔らかさ、感じの良さに注目し、日本語学習者の産出を促そうという流れが見られる（市川編著2010、佐藤2015、鈴木・松田2015、辻2017など）。

　これに対し、本書では「～ておく」が他者とのやりとりの中で失礼さを生むことに注目する。筆者は、日本語学習者が「～ておく」を用いて、「その言い方は失礼ですよ」と指摘されてしまったという経験談[1]を聞いた。「～ておく」から失礼さが生じるということは、日本語教材類に詳しく解説されていないため、学習者にとっては思いもよらないことだろう。そうとは知らず、せっかく使った「～ておく」が失礼だとされてしまう可能性も否定できないのである。本章では、このようなコミュニケーション上のエラーを回避するため、"失礼な「～ておく」"の詳細を分析し、日本語学習者にとって有益な情報を提供することを目指す。

　まず、"失礼な「～ておく」"とは、どういうものなのかを見ていく。（1）は、「～ておく」の不快感について述べられている文章である。

1　埼玉大学劉志偉先生の直話による。また、劉（2022b）は、学習経験者の視点から、"丁寧な「～ておく」"よりも"失礼な「～ておく」"について教えてもらう必要がある（劉2022b：14）と指摘している。この体験談の詳細は後述の用例（3）を参照されたい。

　(1)　他人に自分の住所をメールで教えるとき一般には「住所をお伝え
　　　いたします」とか「住所は次の通りです」とか言いますが新潟の
　　　方では「住所を教えておきます」というのでしょうか。上から物
　　　を言われたようで気分が悪いのですが方言なら仕方ないと思って
　　　います。詳しい方お教えください。
　　　　　　　（BCCWJ『Yahoo! 知恵袋』OC12_05565　下線・波線筆者）

　(1) は、国立国語研究所『現代日本語書き言葉均衡コーパス』[2]（略称
BCCWJ）に採録された実例である。下線部「住所を教えておきます」に
ついて、ウェブ上の掲示板である Yahoo! 知恵袋の質問者が「上から物を
言われたようで気分が悪い」と波線部のように述べていることに注目した
い。Yahoo! 知恵袋の回答者によれば、この「教えておきます」というの
は新潟地方の方言で、敬語のような表現だと説明されているのだが、(1)
が方言でなく、標準語の「〜ておく」だったと仮定した場合、「〜ておく」
は失礼さを生む可能性があることを端的に示している。
　次に示す (2) は、先行研究で失礼さについて言及された数少ない例で
ある。山本 (2005) は、この状況下で部下が「〜ておく」を選択すると、「恩
着せがましい印象」になることがあると指摘している。

　(2)　会議に必要な資料についてAとBが話している。（AはBの上司）
　　　A：資料のコピー、しなくちゃね。
　　　B：あ、コピーなら ¦?? やっておきました・やってあります・
　　　　やりました¦。　　　　　　　　　　（山本 2005：217、下線筆者）

　3つ目の (3) は、先述の日本語学習者の体験談をもとに作例したもの
である。伝言を頼まれた際の返答に用いた「〜ておく」が失礼だとされた
という。筆者の内省では、この「〜ておく」は「偉そうな印象」になって
しまったのではないかと推測している。

2　国立国語研究所『現代日本語書き言葉均衡コーパス』(Balanced Corpus of Contemporary
　Written Japanese、略称BCCWJ)は、3つのサブコーパス（『出版サブコーパス』『図書館サブコー
　パス』『特定目的サブコーパス』）からなる約1億語の大規模な書き言葉の均衡コーパスで、形
　態素情報ほか様々なタグ付けがなされている。(https://clrd.ninjal.ac.jp/bccwj/index.html)

（3）別れ際に先輩が後輩に伝言を頼んでいる。（AはBの外部の先輩）

　　A：Cさん（Bの同僚）にもよろしくお伝えください。

　　B：はい、伝え<u>ておき</u>ます。　　　　　　　　（直話を元に作例）

　ここに示した（1）〜（3）は、「上から物を言われたようで気分が悪い」、「恩着せがましい」、「偉そうだ」という印象を聞き手に与えたとされる「〜ておく」である。用例（2）や（3）の失礼さは感じ方に個人差が出る可能性もあるが、本章は、このような「〜ておく」に着目し、なぜ失礼だと感じる場合があるのか、どのような場合に「〜ておく」から失礼さが生じるのかについて論じる。

　本章の構成は以下の通りである。2節で先行研究を概観し、本章の課題を示す。3節で研究方法と分析の観点を示す。4節で使用類型別に、実例を分析する。5節では、「〜ておく」の使用類型を踏まえて失礼さとの関係について考察する。そして、6節で本章の主張をまとめる。

2．先行研究と本章の課題

　「〜ておく」の意味・用法に関する先行研究は多いが、その失礼さを中心に論じているものは管見の限り見られない。直接的に深く関わるものは、「〜ておく」の聞き手の印象についての記述が見られる市川編著（2010）、佐藤（2015）、辻（2017）、山本（2005）である。

　市川編著（2010）は日本語学習者の誤用に基づいた文型辞典で、指導上の注意点が示されたものである。「〜ておく」の項には「指導のポイント」として以下の記述が見られる。

　　「〜ておく」は、話し手の動作・行為に使われることが多く、「〜ておきます」（例：やっておきます、準備しておきます）は、<u>相手に対する丁寧さを含む</u>ことも、どこかで言っておきたい。

　　　　　　　　　　　　　　　（市川編著 2010：423、下線筆者）

　また、誤用例の1つに（4）が挙げられている。

(4)　　　A：日本語をもっと勉強してください。

★誤B：はい。もっと勉強して<u>おき</u>ます。

正B：はい。もっと勉強します。

（市川編著 2010：420、下線筆者）

　(4) について、市川編著（2010）は、「Bのように（原文ママ）「～ておく」を使うと、<u>丁寧</u>ではあるが、「（今ではなく）あとでやっておく」の意味合いが入って、かえって<u>慇懃無礼</u>[3]な感じを与えてしまう。」（2010：423、下線筆者）と述べている。このように、市川編著（2010）は、「～ておく」がマイナスの印象になる誤用例を示しているものの、前提として、「～ておく」は丁寧さを含むとする立場であることがわかる。

　次に佐藤（2015）を見ていく。佐藤（2015）は、これまでの文法研究での「～ておく」の意味説明について、次の (5)、(6) を挙げ、問題点を指摘している。

(5) 夕食の支度をするために買い物を ｛した／しておいた｝。

(6) （授業終了後、教室に残っている学生に対して）
　　あとで、電気、｛消して／消しておいて｝ ください。

（佐藤 2015：1-2、用例 (4)、(5)）

　佐藤（2015）では、(5)、(6) の「～ておく」有標形と無標形を比較すると、やることも目的も同じであり、(5) は「準備」、(6) は「処置」という従来の説明ではその違いを明確にするのに機能しないと述べている。そのため、佐藤（2015）は、新たに語用論的観点から、母語話者に対しアンケート調査を行い、「～ておく」有標形選択の要因を分析している。その設問および結果の１つを引用し (7) に示す。

3　筆者も、(4) は誤用であり、失礼さが生じると考えているが、言葉や態度などが丁寧すぎて、かえって無礼であることを表す「慇懃無礼」な印象になるとは考えていない。詳細は 5.1 節で述べる。

（7）（書店のカウンターで）

　　　客：この本を注文したいのですが。

　　　店員：このカードにお名前と電話番号を記入してください。

　　　　あとはこちらで ｛やります／やっておきます｝。〈38.1％〉

　　　　　　　　　　　　　　　　（佐藤 2015：13 用例（24））

　　（7）は、「〜ておく」を付加した「〜ておく」有標形を選んだ人が38.1％で、有標形の選好率が圧倒的に高いというわけではないが、（7）の無標形と有標形の印象の違いについて尋ねた表1では、「〜ておく」有標形は無標形より「感じが良い」、「丁寧である」という項目でポイント平均値が高く好印象だという結果になっている。

　　有標形の方が好印象だと感じる理由について佐藤（2015）は、「〜ておく」のスキーマ的意味「動作主が動詞の示す行為の結果や影響を意図してその行為を遂行したことを有標的に示す」（佐藤 2015：7）が影響し、「その後の結果についても慎重に考慮していることを含意する」（佐藤 2015：14）ためだと説明している。このように、佐藤（2015）は、文法研究と語用論的分析を関連づけ、「〜ておく」が好印象になることに注目し、「〜ておく」が選好される理由を分析している。

表1　佐藤（2015）で示された母語話者の評価（単位：ポイント[4]）

	やります	やっておきます
感じが良い	36.4	65.9
丁寧である	35.2	58.0
信頼できる	54.5	65.9
責任を感じる	53.4	62.5

　　　　　　　　（佐藤 2015：14「表：（24）に対する母語話者の評価」）

　　続く辻（2017）は、「〜ておく」の対人配慮の機能に注目した論考である。「〜ておく」の有標形選択、または非選択の理由について、佐藤（2015）

4　表1の数値は、被験者に「強くそう思う」、「そう思う」、「どちらとも言えない」、「そう思わない」、「全くそう思わない」の5段階の中から選んでもらい、それぞれに100ポイント〜0ポイント（25ポイント刻み）を与え、平均値を算出したものだと説明されている（佐藤 2015：13）。

と同様、母語話者にアンケート調査を行っている。辻（2017）で注目されるのは、「〜ておく」有標形からはプラスの印象だけでなく、マイナスの印象も生じるという結果を示していることである。辻（2017）は、8つの設問のうち、有標形の選択率が60％以上の設問5つを「配慮的用法」とし、60％未満の3つを「配慮的だとされなかった用法」としている。その「配慮的用法」に該当するのが次の（8）である。

(8)（プレゼンで、補足説明を聞く場面で）
　　講師1：これに関して、少し、<u>話したい</u>と思います。
　　講師2：これに関して、少し、<u>話しておきたい</u>と思います。
　　あなた：・・・・・・。　　　　　　　　　　　　（辻 2017：31）

　（8）は、講師2のほうがやわらかく配慮的だとする人が79％で、高い選択率を示している。一方で、講師2を選ばなかった被験者からは、その理由として、配慮的とは正反対とも言える意見があったことが記されている。具体的には「上から目線のような気がする」、「若い講師が話すと、上から目線の言い方に感じる」というものである。このような自由記述が見られたことは、少数とはいえ、注目すべき結果である。
　また、「配慮的だとはされなかった用法」の1つが設問（9）である。

(9)（支払う場面で）
　　あなた：申し訳ないです。割り勘にしましょう。
　　友達1：いえいえ、今日は私が<u>払います</u>。
　　友達2：いえいえ、今日は私が<u>払っておきます</u>。　（辻 2017：33）

　（9）は、友達2を選択した人が24％と「〜ておく」の選択率が低い。辻（2017）では、これを「代わりに行うことを言うときに、相手への義務を表す」（辻 2017：33）用法だと説明しているのだが、ここで疑問となるのが、この設問における対人配慮とは何かということである。（9）の文脈において、友達1は、聞き手に対して支払いを望んでおらず、「御馳走する」ということを述べている。これに対し、友達2は、今日は払うけれども後

日精算する可能性があることを聞き手に暗に伝えているのである。つまり、(9) は、「払う＝御馳走する」、「払っておく＝立替える」というように、明らかに違う内容の応答文を比較する設問なのである。この場合、被験者は、「〜ておく」の対人配慮の観点ではなく、支払いをしたいか、したくないかといった違うレベルの問題を根拠にどちらが望ましいかを回答してしまった可能性が高い。別の見方をすれば、(9) は「〜ておく」有標形と無標形では意味することが明らかに異なる場合もあるということを示す好例だと考えられる。

　最後に、「〜ておく」を他の表現（やってあります／やりました）と比べた場合の失礼さに言及した山本 (2005) の用例を再掲する。

(10) 会議に必要な資料についてＡとＢが話している。（ＡはＢの上司）
　　　Ａ：資料のコピー、しなくちゃね。
　　　Ｂ：あ、コピーなら ｜?? やっておきました・やってあります・やりました｜。　　　　　（山本 2005：217、下線筆者、(2) 再掲）

　山本 (2005) は、ポライトネスの観点から「聞き手にも当該の行為をする義務がある状況で話し手のみがその行為をした場合には「〜ておく」を用いると、聞き手が行為をしていないことを明示してしまうことになる」（山本 2005：217）と指摘し、このような場合は、聞き手にとってフェイス侵害行為（Face-threatening Acts）になる（山本 2005：217）として、その「恩着せがましさ」の理由を説明している。

　以上をまとめると、これまでの先行研究では、「〜ておく」のプラスの印象に注目したものが多く、部分的にマイナスの印象になることについて言及されている。そのため、どんなときにプラスの印象になり、どんなときにマイナスの印象になるのかについては、分析されておらず、なお研究の余地がある。「「〜ておく」は相手に対する丁寧さを含む」（市川編著 2010）と学習者に提示した場合、「〜ておく」が不要な場面でも (4) のように「〜ておく」を付加し、かえってマイナスの印象になってしまうという懸念もあることから、マイナスの印象が生じやすくなる条件を明らかにする必要がある。

　また、佐藤（2015）、辻（2017）の母語話者アンケートでは、「〜ておく」有標形と無標形とではあまり違いがないものとして比較され、聞き手の印象の違い、対人配慮の観点に違いを求めている感がある。しかし、「〜ておく」有標形と無標形は異なる表現であり、（9）のように、表す内容が大きく異なる場合も見られる。このことから、やはり、「〜ておく」の基本的な意味は何なのか、どのように使うのか、この2点のさらなる議論も必要だと考えられる。

　そこで、本章では次の2つの課題を設定し、「〜ておく」を分析する。

　1つ目は、実際の対話場面において「〜ておく」がどのように使われているか、その使用実態を観察することである。先行研究の多くは、これまで見てきたように、作例による分析が中心である。そこで、本章では、実例を用いて「〜ておく」の基本的な意味を抽出し、「〜ておく」がどのように用いられているのか、その使用類型を整理する。

　2つ目は、「〜ておく」を使用して述べる理由や目的が文脈上にどのように現れているかに注目することである。なぜなら、「〜ておく」を1文のみで分析することには限界があると考えているからである。次の（11）は2つの解釈が可能な「〜ておく」である。

（11）シートベルトを締め<u>ておきます</u>。　　　　　　　　（作例）

　これが既にベルトを締めた状態で発話されたなら、乗り物に乗っている間、ずっとシートベルトを締めた状態を保つ【結果の維持】という解釈、まだベルトを締めていない場合は、乗り物が走り出す前に、シートベルトを締める【事前の準備】という解釈になる。1つの文から2つの解釈が可能だということは、人々は対話の中で、何らかの手がかりからどちらなのかを判断しているはずである。このように、「〜ておく」が使われる場合、何らかの形で「〜ておく」の使用意図を読み取らせるような情報が文脈に示されていることが予想されるため、文脈に注目する。

　以上のように、本章では他者とのやり取りの中で使用された話し言葉の実例を観察し、「〜ておく」の使用類型を示した上で、「〜ておく」が失礼さを生む要因について分析し、学習者にとって有用な情報を提供すること

を目指す。

3．研究方法
3.1　実例に基づく使用類型の分析

　まず、「〜ておく」の使用類型を分析するため、日本語母語話者同士の雑談が収録されている『名大会話コーパス[5]』(以下、NUCC) を使用しデータを抽出した。雑談に現れる「〜ておく」であれば、他者とのやりとり、つまり前後の文脈に注目できるため、「〜ておく」が使用される際の特徴がつかめると考えたからである。用例の検索には、コーパス検索アプリケーション『中納言』を用いた。検索条件は以下の通りである[6]。

　　短単位検索で、　1）キー：「品詞・大分類・動詞」
　　　　　　　　　　2）後方共起1キーから1語：「語彙素：て」
　　　　　　　　　　3）後方共起2キーから2語：「語彙素：置く」

　検索の結果得られた129件を目視で確認し、本動詞および誤解析の10件を取り除き、119件の会話データを考察対象とした。

3.2　分析の観点と枠組み

　ここでは2つの観点から、「〜ておく」の使用類型[7]を整理する。1．話し手が実行の意志を表すテオクか、2．(聞き手への) 対人的な狙いがあるテオクか、である。

5　『名大会話コーパス』(Nagoya University Conversation Corpus、略称 NUCC) は、科学研究費基盤研究 (B)(2) 「日本語学習辞書編纂に向けた電子化コーパス利用によるコロケーション研究」(平成13年度〜15年度　研究代表者　大曽美恵子) の一環として作成され、現在は国立国語研究所に移管されたコーパスで、129会話、合計約100時間の日本語母語話者同士の雑談を録音し、それを文字化したものである。会話の参加者人数は会話データによりそれぞれ2名〜4名となっている。特徴として、名古屋近辺で集められたデータが多いこと、参加者に関しては、女性のデータが多いが、10代〜90代までの幅広い年齢層のデータが集められていること、参加者情報 (性別、年代、出身地) が公開されていることが挙げられる。(https://mmsrv.ninjal.ac.jp/nucc/nucc_abst.html)
6　2019年5月20日検索。
7　使用類型を表す際はカタカナ表記で「〜テオク」とする。

　まず、観点１．について説明する。本書では、「話し手が主体で、実行の意志を表すテオク」と、「それ以外のテオク」を区別した。その理由は、話し手が実行の意志を持っていない場合には、聞き手への失礼さは生じないと考えるからである。「実行の意志を表すテオク」とは、例えば、文末に現れる「（私が）〜ておく、〜ておきたい、〜ておこう」や、実行済みの「（私が）〜ておいた」、習慣的な「（私が）いつも〜ておく」という形式が挙げられる。反対に、「それ以外のテオク」には、話し手以外が「〜ておく」の主体となる（12）、手順の説明に用いられ主体が不特定となる（13）、仮定的に述べられ、話し手が意志を持って実行することを表さない（14）があり、これらを区別する。

　（12）夜のうちに仕度して<u>おいた</u>んですか。（話し手以外が主体・作例）
　（13）まず、卵を室温に戻して<u>おきます</u>。次に…。　　（手順・作例）
　（14）予約して<u>おけば</u>、並ばずに済みますね。　　　（仮定・作例）

　次に、観点１．で「実行の意志を表すテオク」とされたものを、観点２．の「（聞き手への）対人的な狙いがあるか」により、その有無で下位区分した。以下、具体例を挙げて示す。（15）は「対人的な狙いがないテオク」、（16）は「対人的な狙いがあるテオク」の例である。

　（15）母：最近よく勉強しているわね。
　　　　娘：うん、来週試験があるから、復習して<u>おく</u>の。（作例）
　（16）娘：久しぶりにお母さんの肉じゃがが食べたいな。
　　　　母：そう、じゃ、作って<u>おく</u>ね。（作例）

　（15）において、聞き手である母の発言「最近よく勉強しているわね」は、娘の「復習しておく」という行動に影響を与えていない。娘にはテストで良い点を取りたいなど、物事の進行性を考慮した「対事的な狙い」があると考えられる。これに対し、（16）は、娘の「肉じゃがが食べたい」という発言が、母の「肉じゃがを作る」という行動に影響を与えている。母が率先して肉じゃがを作るのは、聞き手である娘の気持ちに応えたいなどの

「対人的な狙い」があると考えられる。ただし、(16)は、物事の進行性を考慮した「対事的な狙い」（例えば、娘が帰宅するまでに食べられるようにするなど、娘が食べたいタイミングを考慮する）も併せ持つ。以上の2つの観点に基づき、先に分析の枠組みを示すと、「〜ておく」の使用類型は表2のようになる。

　まず観点1．で述べた「その他のテオク」をA型、「実行の意志を表すテオク」をB型とした。そして、B型を観点2．により、対事的狙いのみを有するB1：対事率先型と、対事的、対人的狙いの両方を有するB2：やりとり型に区分した。B2型はさらに、観点3．実行のタイプ を加え、自ら進んで実行するB2a：やりとり率先型と、聞き手の要請が先行するB2ｂ：やりとり受諾型に分類した。

表2　失礼さから見た「〜ておく」の使用類型

区　分	観点1.	観点2.		観点3.[8]
	話し手の実行意志	狙いの種類		実行のタイプ
		対事的	対人的	
A型：非意志型	×	○	×	率先
B1型：対事率先型	○	○	×	率先
B2a型：やりとり率先型	○	○	○	率先
B2b型：やりとり受諾型	○	○	○	受諾

4．分析

　本節では、まず「〜ておく」の基本的な意味を規定した上で、実例を提示しながら「〜ておく」の使用類型ごとに「〜ておく」がどのように用いられるかを観察する。

4.1 「〜ておく」の基本的な意味

　実例の観察に入る前に、「〜ておく」共通の基本的な意味を示す。

8　観点3.実行のタイプについては、4節で実例とともに詳しく見ていく。

24

(17)「～ておく」共通の基本的な意味

　　　動作主体が「Ｖて」、あるいは「Ｖない」ことによって、対事的
　　　狙いに合致した状態を成立させる。

　「～ておく」の意味は、従来「処置的行為」や「準備動作」と規定され
ることが多かったが、本書では、行為や動作ではなく「状態を成立させる
こと」だと考える。

　Ｂ型の「～ておく」は、話し手に実行の意志があり、B1 型、B2a 型、
B2b 型のいずれも〝話し手の持つ対事的狙いに合致した状態〟を成立さ
せることを表す。話し手の持つ狙いに合致するということは、当然、話し
手にとって好ましい状態を成立させるということになる。Ｂ型の中でも、
B2a 型、B2b 型の「～ておく」では、その好ましい状態を成立させるとい
う意味が影響し、さらに、〝聞き手にとっての好ましい状態〟を成立させ
るという対人配慮的な意味も併せ持った表現として用いられているのでは
ないかと考えられる。

　このように、Ｂ型の「～ておく」は、わかりやすく言えば、「～て、物
事がうまくいくようにする」という「措置[9]」を表し、【そうするのが良い
と思って実行する】という言外の意味も生じる。動詞のテ形で表されるの
は、措置の方法の１つで、動作である必要はない。「Ｖない」ことも可能
であり、「Ｖて」が「Ｖた状態」と読める場合は、今ある状態を維持する
という方法を表す（先述 (11)）。特に重要なのは、実行のタイミングやど
んな状態を成立させるのかは、言語形式には明示されず、文脈から読み取
られるということである。

4.2　「～ておく」の使用類型

　以下では、表２の使用類型別に用例を観察する。ただし、以下に挙げる

─────────
9　鈴木・松田 (2016) は、コーパス調査に基づき「～とく」の主用法は措置であると主張している。
　同論文は、「～ておく」の意味を一元的に捉えており、話し手の意志の介在が消極的でかつ労力・
　変化を伴わない場合は「放置（「何もしない」という措置)」の意味が強化され、積極的で労力・
　変化を伴い、未来に起きる場面のために備える行為の場合は「準備（未来のために何かすると
　いう措置)」という意味が強化される（鈴木・松田 2016：31）と説明している。筆者はこの主
　張を支持する立場を取る。

例は、「失礼な使い方として示すものではない。実際に使用されている「～
ておく」の特徴および、その「狙い」に注目するためのものである。なお、
用例には NUCC のデータ番号を示す。また、下線、波線は筆者が加えた
ものである。

4.2.1　A 型：非意志型

　非意志型には（14）～（16）で示したように、話し手以外が主体になる
テオク、手順のテオク、仮定のテオクがある。（18）は手順のテオクである。

　（18）【date059】
　　　　F071：もう 1 回やってもいいの。
　　　　F145：うん、少し 5 分とか 10 分とか入れておいて、よーく水洗
　　　　　　　いしたら、あの、絶対大丈夫。
　　　　F071：落ちないの。
　　　　F145：落ちない。うん、色は落ちない。

　（18）は同じマンションの住人である女性 2 名（F071 と F145）が、染
色のやり方について話している場面である。「～ておく」の基本的な意味
に照らすと、（18）は「（5 ～ 10 分）入れて染まった状態を成立させる」
ことを表す。手順の説明では、話し手の意志を表さないので、【そうする
のが良いと思って実行する】という意味は生じない。

4.2.2　B1 型：対事率先型

　次は、対事的な狙いを持って話し手が実行の意志を表すテオクである。
実行のタイミングにも注目すると、適時タイプと即時タイプに分けられる。
先に適時タイプ（用例 19）、次に即時タイプ（用例 21）を示す。

　（19）【date057】
　　　　F061：ビデオ。ビデオよりも写真の方が、（うん）あとで見られ

るからね。
F081：あとでアルバムにはってたりする。＜笑い＞
F061：あー。でも私、結構なくしちゃってるかも。（ほんと）とっ
　　　てないかもしれない。＜笑い＞もう見たらもう。（何その）
　　　じゃ、これから（心構えは）いや、これからとっておきます。

　（19）は、妊婦検診のときにもらえる胎児の写真について、同僚女性2
人（F061とF081）が話す場面である。F061が、これまでにもらった写
真をなくしてしまったかもしれないと述べたあと、下線部で率先して「こ
れからとっておきます。」と述べている。波線部に「（略）あとで見られる
からね。」とあることから、「写真を受け取ったら、取る（＝自分の手元に
対象物を移動させる）ことで、あとで見られる状態にする」という対事的
な狙いを持つことがわかる。この「〜ておく」は、実行の意志を表してお
り、【そうするのが良いと思って実行する】という意味が発生するが、対
人的な狙いは持っていない。

　（20）＊これからとります。

　下線部をこの文脈で（20）のように置き換えることはできない。「〜て
おく」が「行為」や「動作」ではなく「状態を成立させること」を表すと
すれば、文脈によって無標形に置き換えられないのは不思議なことではな
い。「取る（＝自分の手元に対象物を移動させる）ことで、狙いに合致し
た状態にする」ことが、「保管する、保存する」という焼きついた語彙的
な意味につながっている。また、実行のタイミングは、発話とは別の場面
で、次に写真をもらう時だと読み取れる。つまり適時（しかるべきタイミ
ング）である。

　（21）【date083】
　　　F050：明日木曜日だから使わなくていいけどね。
　　　F042：そう。
　　　F050：怖いからこうしておこう。

F042：斜めになってるからねえ。

F050：うん。<u>見事に転がったわね。</u>＜笑い＞＊＊＊[10]。

F042：ね、1番奥のが。

F050：と、あたしが飲んでてー、で、洗ってお昼に使おうと思って置いたらー、滑り落ちてバシャって割れたからー、だから。で、結構飛び散ってるんだね。

（21）は、母 F042 と娘 F050 の自宅での会話である。その中で、娘 F050 が下線部で「怖いからこうしておこう」と述べている。波線部「斜めになっているからねえ。」や「見事に転がったわね。」という部分から、食器などが割れるのが怖いので、その置き方を変化させたことがわかる。この場面では娘 F050 が視覚情報やこれまでの経験に基づき、「（食器など
を）こうすることで、割れない状態にする」という対事的狙いを持つ。実行の意志を表しているため【そうするのが良いと思って実行する】という意味も生じるが、聞き手への対人的な狙いは持っていない。また、実行のタイミングは、発話時と同じ場面となる、即時タイプである。

4.2.3　B2a 型：やりとり率先型

B2a 型（やりとり率先型）は、話し手が自ら進んで実行し、対事的狙いだけでなく、対人的狙いも有している。以下、適時タイプ（用例22）、即時タイプ（用例23）の順に示す。

（22）【data084】

F050：うん、年内にこれも録っちゃって、（うん）全部出したいっていうようなこと言ってた、（うん）おっしゃってたんだけど、（うん）でもやっぱり、まあいいや、（うん）年明けでって言われて。

F146：そっかー。

F050：で、うん、でも、これから、でも。

F146：お手伝いできることあったら、（うん）うん、私でよければ。

F050：そのように伝えとくときっと。

F146：研究の、と、まあ、並行できるようなことだったら、あの、<u>お手伝いできますので</u>。

F050：じゃあ、<u>伝えておきます</u>。＜笑い＞喜ばれるかも。

F146：うん。

　これは、大学院の先輩後輩関係の女性2名（F050とF146）が教員に頼まれた調査の件で話している場面である。後輩F146が波線部で「手伝いができる」と言ったのを聞き、話し手である先輩F050が、下線部で自ら進んで「伝えておきます。」と述べている。この「〜ておく」は、「教員に伝えることで狙いに合致した状態にすること」を表す。(22)の狙いは、物事の進行性を考えた対事的な狙い「手伝いの話が進むようにする」と、後輩の意向を感じ取った対人的な狙い「あなたの希望や意向を考慮する」の2つが読み取れる。そして、実行の意志を表していることから、【そうするのが良いと思って実行する】という意味も生じている。また、行為のタイミングは適時、つまり別の場面となる。

(23)【date041】

F004：何ていう番組？

F091：とー、ミッシャム、ん、んー、未来へのー、何だったかな。

（中略）

F091：うん？何時までだろう。

F004：3時まで。あれっ、あれっ、あれっ、3時、おかしいな。4時までだ。

F091：3時10分だから。

F004：まちがえた。3時10分から4時まで。そしたらやっぱり<u>あとで録った方がもしかしたらいいかもしれない</u>。

F091：うん、でもいいよ。<u>ミュートにしておくから</u>。

F004：いいの？

（23）は、友人である女性2人（F091とF004）がこのコーパスのための録音をしている最中に、F091が見たい番組を思い出し、テレビをつけた場面である。F004が波線部「あとで録った方がもしかしたらいいかもしれない」のように、今行っている録音を中断することを提案している。この提案に対し、F091はF004がきちんと録音したいことを感じ取り、下線部で自ら進んで「うん、でもいいよ。ミュートにしておくから。」と応答している。これは、「テレビの音声をミュート（消音）にすることで、狙いに合致した状態にする」ことを表す。この「〜ておく」からは、対事的な狙い「録音が進められるようにする」、対人的狙い「聞き手の意向を考慮する」の2つの狙いが読み取れる。また、タイミングは即時で、【そうするのが良いと思って実行する】という意味も生じている。

4.2.4　B2b型：やりとり受諾型

　B2b型は、聞き手からの要請を受けて、受諾する際に用いられる。以下、適時タイプ（用例24）、即時タイプ（用例25）の順に示す。
　まず、適時タイプに関しては、収集したデータの中には出現しなかった。しかし、実際には存在するはずである。例えば、次の（24）がそれである。

　（24）別れ際に先輩が後輩に伝言を頼んでいる。（AはBの外部の先輩）
　　　　A：Cさん（Bの同僚）にもよろしくお伝えください。
　　　　B：はい、伝えておきます。　　　　　　　　　　　　（(3) 再掲）

　（24）は、聞き手からの伝言要請に応答する際の「〜ておく」で、実行は必然的に別場面になる。この場合、率先型とは違って、要請通りに対応するだけで良い。「間に合うように考慮する」など、物事の進行性を意識した対事的狙いは想定しにくくなるため、対人的な狙い「あなたの意向を考慮する」が前面に出やすい。
　最後に、B2b型の即時タイプの例（25）を示す。

（25）【data127】

F110：レジュメ？

F136：もう前のが（原文ママ）学会発表だったの。

F110：あー、サンキュー。（中略）

F110：うんうんうんうん。あれ、ちょっと待って。これ違う。あれ？

F136：学会本番のじゃない。ごめん。

F110：おや？＜笑い＞おや？

F136：＜笑い＞よくわかんないけど、＊＊＊受け取って。

F110：うんうんうんうん、うん。もらっていいものなら、<u>もらっ
　　　ておきます</u>。

　（25）では、友人関係の女性2人（F110とF136）がレジュメについて話している。F136からF110に対してレジュメを渡したあとで、それが本来渡すべきレジュメではなく、違う資料だったことに気がついた場面での会話である。ここでは、聞き手F136の波線部「受け取って」という要請を受けて、話し手が下線部で「もらっておきます」と受諾している。この「〜ておく」は、「もらうことによって、狙いに合致した状態を作り出す」ことを表す。具体的には、対事的狙い「（とりあえず）受け取って狙いに合致した状態にします＝いつでも返却できるようにします」や、対人的な「あなたの意向を考えています」という狙いを持つ。また、【そうするのが良いと思って実行する】という意味が生じるため、すんなりと受諾するのとは違うことが示される。

4.3　分析のまとめ

　4節では、話し手が聞き手に関わる狙いを持つかどうか、および、実行のタイプ（率先型と受諾型）の観点から、「〜ておく」の使用類型を示した。それと同時に、措置を表す「〜ておく」の実行のタイミングには即時タイプと適時タイプがあり、文脈によってそのタイミングが読み取られていることを確認した。

5．「～ておく」の失礼さに関する考察

　本節では、4節で示した「～ておく」の使用類型に基づき、「～ておく」の失礼さとの関係について考察する。先に結論を述べると、表3のようにまとめられる。

　実行の意志を表さないA型、聞き手への対人的な狙いを持たないB1型からは失礼さが生じない。しかしB2a型、B2b型においては、聞き手への対人的な狙いを持つがゆえに、失礼さが生じると考えられる。これはある意味当然のことかもしれないが、これまでの研究においてこのような区別はされてこなかったことも事実である。

　B2型の「～ておく」からは、聞き手に「進行性を考慮しています」、「あなたの事情や意向を考慮しています」というメッセージが間接的に伝達される。このことが、聞き手にとって「物事を適切に実行してくれる」という配慮的な印象や、「私のことを理解してくれる」という相互理解的な印象をもたらす。先行研究において指摘されている「丁寧である」、「責任感がある」、「感じが良い」といった「～ておく」のプラスの印象は、このような「～ておく」のメッセージ性がもたらすものであろう。4節で観察した実例でも、多くの場合、状況を察した話し手が、「～ておく」を用いて聞き手に対し率先して実行を宣言することでやりとりを円滑に進めていることがわかる。

表3　失礼さから見た「～ておく」の使用類型と失礼さが生じる可能性

区　　分	1. 話し手の 実行意志	2. 狙いの種類		3. 実行の タイプ	4. 失礼さが 生じる可能性
		対事的	対人的		
A　　型：非意志型	×	○	×	率先	−
B1　型：対事率先型	○	○	×	率先	−
B2a型：やりとり率先型	○	○	○	率先	＋
B2b型：やりとり受諾型	○	○	○	受諾	＋＋

　ただし、本書では、"「～ておく」＝丁寧"だとするのは危険であると主張する。以下では、"失礼な「～ておく」"だとされた例を再掲し、使用類型と失礼さの生じやすさの関係について考察していく。

32

5.1　ポイント① やりとり受諾型

　失礼さが最も生じやすいと考えられるのがB2b やりとり受諾型である。話し手から率先して申し出るのではなく、相手からの要請に対する答えとして用いる「〜ておく」である。

　　(26) 別れ際に先輩が後輩に伝言を頼んでいる。（AはBの外部の先輩）
　　　　A：Cさん（Bの同僚）にもよろしくお伝えください。
　　　　B：はい、伝え<u>ておきます</u>。　　　　　　　　　　　（(3) 再掲）

　この場合、Bさんは「はい、わかりました」や「はい、伝えます（申し伝えます）」のような返答も可能である。つまり、BさんはAさんからの要請通りに実行するだけで良く、実行のタイミングも必然的にBさんが未来においてCさんに会う時になる。そのため、Bさんが物事の進行性を考慮するという対事的な狙いよりも、対人的な狙いである「あなたの意向や事情を考慮しています」という要素が前面に出やすくなる。その結果、AさんはBさんの返事を「あなたがそうして欲しいと言うので、やります」という意味だと解釈し、「偉そうだ」という印象につながることがあるのである。

　これに関連して、同じ受諾型でも要請者が依頼文に「〜ておく」を用いている（27）と比較してみる。

　　(27) 別れ際に先輩が後輩に伝言を頼んでいる。（AはBの外部の先輩）
　　　　A：Cさん（Bの同僚）に「よろしく」と伝え<u>ておいてください</u>[11]。
　　　　B：はい、伝え<u>ておきます</u>。　　　　　　　　　　　（作例）

11　(26) との比較のため「よろしく」という文言をそのまま使用した。この対比をよりわかりやすくするために、Aさんの発話をより具体的な内容に変更した"次回はぜひ"とお伝えください"⇔"次回はぜひ"と伝えておいてください"で考えてみると、「伝えておいてください」の場合は、伝えるだけでなく、次回Cさんが来るように、来てほしいという気持ちが伝わるように、といった狙いが感じられる。Bさんは、その狙いを理解して「〜ておく」で返答している。

「～ておいてください」という要請文では、「聞き手（Ｂさん）＝主体」となるため、ＡさんがＢさんに対して、適した状態やタイミングの判断を一任し、手立ての実行を求める表現になる。この「～ておいてください」に対する応答としてＢさんが「～ておく」を用いるのは自然である。「Ａさんの狙いを理解した上で好ましい状態を成立させます」と応答することになるためである。

　次の（28）もB2bやりとり受諾型である。

（28）　　　Ａ：日本語をもっと勉強してください。
　　★誤Ｂ：はい。もっと勉強しておきます。
　　　正Ｂ：はい。もっと勉強します。

（市川編著 2010：420、下線筆者、（4）再掲）

　市川編著（2010）では、（28）の誤用について、丁寧であるが慇懃無礼だと説明されている。しかし、筆者はそのように考えない。本章で示した「～ておく」の使用類型に従えば、（28）はB2bやりとり受諾型である。Ａさんが勉強するように指示しているのに対し、Ｂさんが有標的な表現である「～ておく」を用いると、素直に指示に従うのとは違って何らかの狙いがあることが明示されてしまうため、誤用になるのだと考える。「「～ておく」＝丁寧」という言葉が独り歩きすると、このように「～ておく」が不要にもかかわらず、「～ておく」を付加してしまう可能性がある。また、「～ておく」が用いられると、聞き手はその狙いが何なのかを読み取ろうとする[12]。（28）においてＡさんは、Ｂさんが指示をすんなりと受け入れたわけではないと理解すると同時に、「～ておく」で表現された話し手の狙いを探ることになる。対事的な「もっと勉強して間に合うようにします＝タイミングを見てあとでやります」あるいは、対人的な「もっと勉強してあなたが喜ぶ状態にします」といったメッセージが読み取られることになり、

12　（1）の住所を教えるという単なる事務的な連絡の場面では、「住所を教えておきます」のように「～ておく」を付加してはいけない。「～ておく」が使われると、聞き手はこの「～ておく」の狙いは何なのかを読み取ろうとする。（1）では、聞き手が「あとで連絡できるように教えます」、「あなたが困らないように教えます」というメッセージだと感じ取り、連絡を強要されている、上から物を言われた、という印象になるのだと考えられる。

マイナスの印象になる。

5.2　ポイント② やりとり率先型（聞き手と話し手の関係性）

　配慮的、相互理解的な印象をもたらすことの多い B2a やりとり率先型でも、話し手と聞き手の関係性によっては失礼な印象になる場合がある。（29）を再掲する。

> （29）会議に必要な資料について A と B が話している。（A は B の上司）
> 　　　A：資料のコピー、しなくちゃね。
> 　　　B：あ、コピーなら ¦?? やっておきました・やってあります・
> 　　　　　やりました¦。　　　（山本 2005：217、下線筆者、（2）再掲）

　日本語は恩恵を表す表現を敏感に区別し、特に目上に対しては使用を避ける傾向がある（庵ほか 2003：56）とされる。敬語で一例を挙げれば、目上の人に面と向かって「〜てさしあげます」を使うと失礼になることはよく知られている。（29）は部下から上司に対して用いられた「〜ておく」である。「〜ておく」からは「進行性を考慮しています」、「あなたの事情や意向を考慮しています」というメッセージが聞き手に間接的に伝達される。日本語は恩恵を表す表現に敏感であるため、話し手と聞き手に上下関係がある場合には、この対人的な狙いのメッセージが「相互理解的な印象」とはならず、「恩着せがましい印象」になる可能性も否定できないのである。
　次の（30）も B2a やりとり率先型である。この場合はどうだろうか。

> （30）（書店のカウンターで）
> 　　　　客：この本を注文したいのですが。
> 　　　店員：このカードにお名前と電話番号を記入してください。
> 　　　　　　あとはこちらで ¦やります／やっておきます¦。＜38.1％＞
> 　　　　　　　　　　　　　　（佐藤 2015：13 用例（24）、（7）再掲）

　（30）で、「〜ておく」有標形を選んだ日本語母語話者は、約 38％と低く、

無標形の方が選好されている。「～ておく」は、物事の進行性を考慮することや、対人的な配慮を表すのに、なぜ有標形の選好率が高くないのだろうか。(30) の話し手と聞き手の関係性を考えてみると、両者は客と店員の関係である。客からの本の受注は店員の業務上当然の行為であるため、「措置」を表す「～ておく」を用いることがふさわしいと判断されにくかったものと見られる。店員が当然やるべき行為に「～ておく」を用いた「(あとはこちらで) やっておきます」は、「(あとはこちらで) 注文に必要な処理をして、間に合うようにします、あなたの希望通りにします」と述べていることになる。それは店員として当然のことであり、恩着せがましさが生じるため、選ばれにくかったのだと考えられる。

5.3　ポイント③ やりとり率先型（即時タイプ・発話動詞）

　失礼さが生じやすいもう1つのポイントとして、聞き手に対し、面と向かって今まさに実行することを表す「～ておく」が指摘できる。使用類型で言えば、やりとり率先型の即時タイプである。ここでは、(31) を再掲し、特に「言う」、「話す」、「伝える」などの発話動詞に注意が必要であることを述べる。

　　(31)　（プレゼンで、補足説明を聞く場面で）
　　　　講師1：これに関して、少し、<u>話したい</u>と思います。
　　　　講師2：これに関して、少し、<u>話しておきたい</u>と思います。
　　　　あなた：・・・・・。　　　　　　　　（辻 2017：31、(8) 再掲）

　話し手の「話しておきたいと思います」からは、対事的には「進行性を考えた事前の情報共有」、対人的には「聞き手への未知情報の提供」という2つの狙いが読み取れる。対事的な「よくわかるように順序立てて話します」というメッセージがプラスの印象になることが多いが、対人的な「あなたが知らないと思うから話します」というメッセージに対しては、上から目線の言い方だと感じられることがあるのである。
　また、(31) に限らず、発話動詞と共起するやりとり率先型の即時タイ

プ（「言っておきます」類）は、話し手の持つ狙いと聞き手の解釈にズレが生じやすい。慣用的な表現「言っておくけど（言っとくけど）」を例に挙げる。

(32)　A：週末、BさんのうちでCさんの誕生日会やろうよ。
　　　B：言っ<u>ておく</u>けど、うちはエアコンないから暑いよ。　（作例）

　この場面で、Aさんはパーティーをやりたいと希望している。Bさんはどうかといえば、Bさんもやりたい場合とBさんはやりたくない場合が想定される。どちらなのかによってこの場面の「言っておくけど」の表す狙いとメッセージが変わってくる。

　Bさんもパーティーをやりたい場合には、対人的に、聞き手のための助言や忠告として「あなたに知らせて、当日驚かないようにします」というメッセージが伝達される。Bさんがパーティーをやりたくない場合には、対事的に、話し手自身のための抑制や断りとして「あなたに知らせて、うちでやるのは不都合なことをわかってもらいます」というメッセージを発することになる。どちらなのかは、話し手の表情や口調などから判断されるもので、言語形式からは読み取ることができないのである。

　このように、発話動詞と共起する即時タイプのテオクではズレが生じやすいことを見てきた。対事的狙いから「事態の進行性を考えて言います」という意識で話し手が「〜ておく」を使用しても、「暗示のテオク」（話し手の利益のために事前に知らせて懸念を回避）となって、策略的かつ利己的な印象を与えることがある。反対に、対人的狙い「聞き手と情報を共有しよう」という意識で用いた場合にも、「教示のテオク」（聞き手のための情報供与）となって、知識不足・理解不足を指摘するような印象与えたりする。そのため、発話動詞と共起する即時タイプのテオクの使用に関しては、特に注意が必要なのである。

5.4　考察のまとめ

　以上を踏まえ、「〜ておく」の失礼さについて注意が必要なポイントを

３つ挙げる。

①やりとり受諾型のテオク
②やりとり率先型でも、聞き手が目上のテオク、当然性の高いことがらに用いるテオク
③やりとり率先型でも、発話動詞と共起する即時タイプのテオク

　B2型のテオクから生じるメッセージ性は、配慮的、相互理解的な印象をもたらす一方で、聞き手がそのメッセージの恩恵性を敏感に感じ取ったり、話し手の狙いと聞き手の受け止めの間にズレが生じたりした場合には、失礼な印象にもなるのである。

６．まとめと日本語学習者への提示のポイント

　初級の文法項目であるテオクは、文脈によってもたらされる意味に注目し、〈準備〉〈処置〉〈放置〉など、用法ごとに指導が行われるのが一般的である。日本語学習者に対して、イメージしやすいこれらの「焼きついた意味」を示すことは有効であり、それに異論はない。
　しかし、テオクの本質的な意味の理解のためには、一定の学習段階に進んだら、その中心的意味は【措置：～て、話し手の狙いに合致した状態を成立させる】だとして示し直す必要があると考えられる。
　「聞いてわかる」という理解の面から言うと、第一段階では、現状の指導のように、文脈をコントロールすることにより、準備、処置、放置の意味が現れることが理解できるように指導するので良いだろう。文脈のコントロールとは、「（～前に）～テオク：準備」や「（まだ使うので）～テオク：放置」のように共起語とセットで提示することで用法をコントロールすることを指す。次の段階として、さらなる上達を目指す日本語学習者のためには、「～ておく」の中心的用法は【措置】であることを示し、聞き手とのやり取りの中で用いられる「～ておく」は、対事的狙いと対人的狙いの２つを有することを伝えていくことが望ましい。その際、複数生じるであろう話し手から聞き手へのメッセージを確認することがミスコミュニケー

ションを防ぐ上で有益な情報となり得るだろう。本章で示したように、他者とのやりとりの中で用いられる「〜ておく」について、ケーススタディの形で提示することは、実態が掴みにくい「〜ておく」の理解を深める上でも有効だと考えられる[13]。

そして、「使える」という産出の面で言えば、「〜ておく」は「非用」であっても問題になることが少ない（佐藤 2015）とされている。確かに「〜ておく」は相手に配慮的に受け止められることも多く、他者とのやりとりの中でも十分に使えるようになることが望ましいが、「〜ておく」が失礼さを生むのであれば、使用を促す前に、まず、学習者のミスコミュニケーションを回避する助言が優先されるべきだと考える。

最後に、今後の課題について述べる。本章では失礼さという切り口から「〜ておく」の分析を試みた。そのため、分析は「話し手＝動作主」かつ、主節に現れる「〜ておく」を中心とした。今後は、「〜ておく」の全体像を明らかにしていきたい。また、冒頭（1）の「住所を教えておきます」からもわかるように、「〜ておく」の表す意味、解釈は地域差が大きいようである。配慮を表す定型的表現には、最初から断るつもりの「考えておく」（塩田 2012）のようなものもある。こういった地域差、慣習化についても今後分析する必要がある。

13　筆者は、日本語学習者が他者とのやりとりの中で自然に「〜ておく」を使いこなせるようになることは、非常に難しいことだと考えている。というのは、他者とのやりとりの中で「〜ておく」が成り立つ背景には、日本語母語話者のコミュニケーションのスタイルが関係していると考えられるからである。一般に、日本語母語話者のコミュニケーションのスタイルは、話し手と聞き手の間の文化的背景・文脈の共通性が高い「高コンテクスト」なスタイルであり、コミュニケーションの際に、明確にコード化されて伝達される情報が少ないと言われる（ホール 1979）。「〜ておく」はそれを如実に反映した表現だと言って差し支えないだろう。実際に、日本語母語話者であっても「〜ておく」有標形・無標形の違いを説明することは容易ではなく、今も「〜ておく」の通説が確立していないことから見ても「〜ておく」は相当厄介な表現である。基本的な「〜ておく」の意味を掴めていなければ、例文や母語話者の真似をするほかなく、十分に使えないのは当然である。そして、この実態の掴みにくい「〜ておく」をどのレベルの学習者がどのタイミングでどのように学習するのが良いのか、より有益な文法情報とは何か、という原点に立ち返って考える必要がある。

第2章

「〜ていく」の級外下位ポイント
―歴史的回想を表す「〜ていった」―

1. はじめに

　本章で議論する歴史的回想を表す「〜ていった」とは、動詞のテ形に"いく"が後接した「〜ていく」の時間的用法かつ、変化・進展の起点となる基準時が過去になる（1）のようなものを指す（用法と基準時の詳細は2節で述べる）。

> （1）（高校日本史教科書「化政文化」の冒頭部分）
> 　　　文化・文政時代を中心とする江戸時代後期の文化は、江戸の繁栄を背景に、都市に生活する人々の活力に支えられて広まっ<u>ていった</u>。
> 　　　　　　　　　　　　　　　　（『新詳説日本史改訂版』p.215、下線筆者）

　日本語学習者の体験談によれば、（1）の「〜ていった」は、上級以上のレベルになってもなかなか学ぶ機会がなく、「〜ていた」や「た」を使用した部分を「〜ていった」に添削されるまで、そういった表現方法があることに気づかなかったという[1]。また、（2）のように、「〜ていった／〜ていた／た」は、置き換えても非文にならないことがあり、「〜ていった」をいつ付加すればいいのか、なぜ付加するのかが分かりにくいようである。

> （2）江戸の文化は、人々の活力に支えられて広まっ（ていった／ていた／た）。
> 　　　　　　　　　　　　　　　　　　　　　　　　　　　（作例）

　添削する側から見ても、（2）の「〜ていった」が正用かどうかというのは、前後の文脈を含めてテクストレベルで見ていく必要があり、1文だけ

1　埼玉大学劉志偉先生の直話による。

では判断できないことがわかる。

このような学習者の声や、教師側の問題意識を踏まえ、本章では次に示す 2 つの問いを明らかにし、日本語教育への応用（ニア・ネイティブレベルの学習者支援）へと繋げることを目指す。

1）日本語母語話者は歴史的回想を表す「～ていった」をいつ、どのように使うのか。

2）日本語学習者の歴史的回想を表す「～ていった」の産出状況はどうなっているか。

本章の構成は以下の通りである。2 節で先行研究を概観し、なぜこの 2 つの問いを立てるのかを説明する。3 節で研究方法を示し、4 節で調査結果として日本語母語話者の使用実態を示す。5 節では、日本語母語話者と日本語学習者の作文における産出状況を比較・分析する。6 節で本章の問いに対する答えと日本語教育への提案を述べ、まとめる。

2. 先行研究
2.1 「～ていく」の意味・用法

「～ていく」は、初級および中級レベルで導入されることが多い文法項目である。「～ていく」の先行研究は多数あり（森田 1968、吉川 1976、寺村 1984、森山 1988、近藤 2000、など）、その用法を大別すると空間的移動を表す用法（以下、空間的用法）と時間的移動を表す用法（以下、時間的用法）に分けられる。日本語教材類でも、まず空間的用法を導入し、その後、時間的用法へと進むのが一般的である。「～ていく」の用法分類には様々な立場があるが、本章では、遠藤ほか（2018）が日本語教育の観点から複数の先行研究に基づき整理した「～ていく」の分類[2]に沿って説明する。遠藤ほか（2018）で「空間移動形式」（遠藤ほか 2018）とされてい

2　遠藤ほか（2018）の表 1、表 2 に文型、前接する動詞、解説、例文が詳しく示されている。参照されたい。なお、「連れていく」などは、後述の用法 a 〜 h とは別に、複合語として「その他」に分類されている。

る（3）〜（6）が空間的用法に該当する。

（3）用法 a（継起）コンビニでお茶を買っていく。
（4）用法 b（様態）学校へ歩いていく。
（5）用法 c（付帯）パーティーへ着物を着ていく。
（6）用法 d（経路）タグボートが船に近づいていく。

（遠藤ほか 2018 表 1 から抜粋）

　これらの空間的用法では「行く」の本来的な意味が色濃く、主体が空間的に移動する。「〜てくる」が求心的な動きであるのに対し、「〜ていく」は遠心的な動きを表す際に用いられることが多い。
　次に、遠藤ほか（2018）では「アスペクト形式」（遠藤ほか 2018）とされ、本章の考察対象である時間的用法に該当する（7）〜（10）を示す。

（7）用法 e（消失）次第に力を失っていく。
（8）用法 f（変化進展）溝はますます大きくなっていく。
（9）用法 g（継続動作）これからも努力していく。
（10）用法 h（多回的継続）次々と学生が座っていく。

（遠藤ほか 2018 表 2 から抜粋）

　これらの時間的用法は、移動経路を時間に見立てたもので、（7）では主体や対象の消失、（8）では主体や対象の変化の進展、（9）では意志的動作の持続的な継続、（10）では複数の主体が同様の行為を繰り返す、または同じ主体が同じ行為を繰り返す様子が表される。
　このように、「〜ていく」の用法は大きく 2 つに分けられ、さらに下位用法が認められるが、日本語教材類で提示される時間的用法は、用法 f（変化進展）に偏っていることが報告されている（遠藤ほか 2018）。その詳細を 2.2 節で見ていく。

2.2　「〜ていく」の時間的用法と日本語教材類での扱い

　日本語教師向けの参考書や日本語学習教材類では、「〜ていく」の時間的用法が次のように「〜てくる」と対称的に扱われ、次の（11）のような用例が提示されることが多い。

（11）日本で学ぶ留学生の数が増えてきた。これからも増えていくだろう。
　　　　　　　　　　　　　　　　　　　　　　　　　（庵ほか 2000：120）

　（11）は、「増える」、「減る」、「なる」などの段階的な変化を表すことができる語が前接するタイプで、遠藤ほか（2018）の用法 f（変化進展）に該当する。遠藤ほか（2018）の日本語教材調査の結果によれば、用法 e 〜 h の中で、用法 f だけは、調査対象の中級教科書 6 冊のうちすべての教科書で扱われている（遠藤ほか 2018、表 4）。

　また、用法 f は、図 1 のように「現在（基準時）＝話し手の位置」に設定し、時間的な関係を示して「〜てくる（〜てきた）」とともに説明される。ここで言う「〜ていく」の基準時とは、進展、展開する事態の起点となる時点のことである。

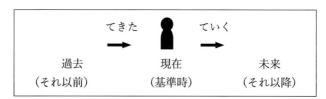

図 1　日本語参考書、教材類で示される「〜ていく」と「〜てくる」の時間的関係
（庵ほか 2000、名古屋 YWCA 教材作成グループ 2004、友松ほか 2010 の図を参照し筆者作図）

　このように、日本語教材類では、基本的に図 1 のタイプの「〜ていく」が導入されている。では、基準時が過去になる「〜ていった」はどのように扱われているのであろうか。本書では、「〜ていく」の時間的用法の基準時について、日本語教材類（初級〜上級レベルの日本語教科書、参考書類 24 種（34 冊）を対象）を調査した。調査の際には、『凡人社教材リスト No.48』（日本語教材リスト編集委員会編 2019）を参照し、複数レベル

に跨って作成されている総合教科書を中心に、「～ていく」の時間的用法の扱われ方について調査した。その結果、日本語教材類にほとんど解説が見られないことがわかった。調査資料①～㉔の書誌情報は以下の通りである。

【初級】7種13冊
　①『初級語学留学生のための日本語Ⅰ』（2002）凡人社
　①『初級語学留学生のための日本語Ⅱ』（2002）凡人社
　②『初級日本語げんきⅠ第3版』（2020）The Japan Times
　②『初級日本語げんきⅡ第3版』（2020）The Japan Times
　③『新文化初級日本語Ⅰ改訂版』（2013）凡人社
　③『新文化初級日本語Ⅱ改訂版』（2013）凡人社
　④『みんなの日本語初級Ⅰ 第2版 本冊』（2012）スリーエーネットワーク
　④『みんなの日本語初級Ⅱ 第2版 本冊』（2013）スリーエーネットワーク
　⑤『初級日本語上　新装改訂版』（2010）凡人社
　⑤『初級日本語下　新装改訂版』（2010）凡人社
　⑥『テーマ別中級までに学ぶ日本語』（2011）研究社
　⑦『学ぼう！にほんご初級1』（2005）専門教育出版
　⑦『学ぼう！にほんご初級2』（2009）専門教育出版

【中級】9種12冊
　⑧『新日本語の中級 本冊』（2000）スリーエーネットワーク
　⑨『改訂版　大学・大学院留学生の日本語①読解編』（2015）アルク
　⑩『中級へ行こう日本語の文型と表現55 第2版 』（2004）スリーエーネットワーク
　⑪『改訂版日本語中級J301』（2016）スリーエーネットワーク
　⑫『中級レベル　わかって使える日本語』（2004）スリーエーネットワーク
　⑬『みんなの日本語中級Ⅰ 本冊』（2008）スリーエーネットワーク
　⑬『みんなの日本語中級Ⅱ 本冊』（2012）スリーエーネットワーク
　⑭『中級日本語上新装改訂版』（2015）凡人社
　⑭『中級日本語下新装改訂版』（2015）凡人社
　⑮『テーマ別中級から学ぶ日本語三訂版』（2014）研究社

⑯『学ぼう！にほんご初中級』（2006）専門教育出版

⑯『学ぼう！にほんご中級』（2007）専門教育出版

【上級】3 種 4 冊

⑰『テーマ別上級で学ぶ日本語三訂版』（2016）研究社

⑱『上級日本語』（1998）凡人社

⑲『学ぼう！日本語中上級』（2009）専門教育出版

⑲『学ぼう！日本語上級』（2010）専門教育出版

【文法教材・文型辞典類】5 種 5 冊

⑳『教師と学習者のための日本語文型辞典』（1998）くろしお出版

㉑『新装版どんなときどう使う　日本語表現文型辞典』（2010）アルク

㉒『新完全マスター文法　日本語能力試験 N3』（2012）スリーエーネットワーク

㉓『TRY! 日本語能力試験 N3　改訂版』（2014）アスク出版

㉔『上級　日本語文法演習　時間を表す表現―テンスアスペクト―改訂版』（2016）スリーエーネットワーク

　調査結果を一覧にして初級から順に示す。なお、表では教材名を略称とし、書誌情報の連番を付した。

表 1　初級総合教科書における「〜ていく」の時間的用法の初出課と基準時

教材名（初級）	時間的用法の初出課	基準時	扱い方
①初級語学留学生	30 課	現在	変化進展（用法 f）のみ
②げんき	なし	なし	時間的用法「〜ていく」は提出されない
③文化初級日本語	（23 課）	現在	「〜てくる」のみ、変化進展（用法 f）は 1 例紹介
④みんなの日本語	なし	なし	時間的用法「〜ていく」は提出されない
⑤初級日本語	25 課	現在	変化進展（用法 f）継続動作（用法 g）あり
⑥中級までに学ぶ日本語	9 課	現在過去	本文に「〜ていった」あり　練習は「〜ていく」のみ　変化進展（用法 f）継続動作（用法 g）あり
⑦学ぼう！にほんご	26 課	現在	継続動作（用法 g）のみ

表2　中級総合教科書における「〜ていく」の時間的用法の初出課と基準時

教材名（中級）	時間的用法の初出課	基準時	扱い方
⑧新日本語の中級	12課	現在	「〜ていく」「〜てきた」の使い分け
⑨大学・大学院留学	5課	現在	恒常的な現在（〜につれて…ていく）
⑩中級へ行こう	4課	現在	「〜ていく」「〜てきた」の使い分け
⑪日本語中級 J301	なし	なし	※改訂版（2016）では「〜ていく」なし
⑫わかって使える	10課	現在	「〜ていく」「〜てきた」使い分け
⑬みんなの日本語中級	11課 / 13課	現在 / 過去	「〜ていく」「〜てきた」使い分け / 本文に「〜ていった」提出、解説なし
⑭中級日本語	3課	過去	本文に「〜ていった」提出、解説なし
⑮テーマ別中級から学ぶ	14課	現在	本文に継続動作（用法 g）既出
⑯学ぼう！にほんご	16課	現在	本文に変化進展（用法 f）初出、解説なし

表3　上級総合教科書における「〜ていく」の時間的用法と基準時

教材名（上級）	時間的用法提出課	基準時	扱い方
⑰テーマ別上級三訂版	2課	現在	本文に消失（用法 e）、解説なし
⑱上級日本語	3課	過去	本文に「〜ていった」、解説なし
⑲学ぼう！にほんご	29課	過去	本文に「〜ていった」、解説なし

表4　参考書類における「〜ていく」の時間的用法と基準時

教材名（参考書・試験対策）	時間的用法	基準時	扱い方
⑳教師と学習者のための日本語文型辞典	p.241-242	現在／過去	消失・変化進展・継続行為（用法 e、f、g）基準時の解説なし
㉑どんなときどう使う日本語表現文型辞典	p.177-181	現在	変化進展・継続行為（用法 f、g）「〜てくる」の項にまとめられている
㉒完全マスター N3	4課	現在	変化進展・継続行為（用法 f、g）「〜てくる」の項にまとめられている
㉓TRY！N3	1章（2）	現在	変化進展・継続行為（用法 f、g）「〜ていく」「〜てくる」の使い分け
㉔上級　日本語文法演習	Ⅳ－3	現在／過去	基準時（過去）が意識されている

　このように、基準時が過去の「〜ていった」に触れているのは、表4の「㉔

上級　日本語文法演習」（庵・清水 2016）のみで、多くの場合、基準時が現在の「〜ていく」を導入後、「〜ていった」は習ったものとして、解説なく教材類の本文などに使われている。「〜ていった」を説明する際、時間的用法の「〜ていく」に過去を表す「タ」が後接したものだと言って済ませるのは簡単だが、筆者はそれだけでは不十分だと考える。

2.3　「〜ていった」の特徴と「〜てきた」との非対称性

　2.2 節で「〜ていった」は、「〜ていく」に過去を表す「タ」が後接したものだという説明だけでは、不十分だと述べた。その理由を「〜てきた」と「〜ていった」の非対称性について述べている先行研究を引用し、説明する。

　澤田（2008）は、変化型アスペクトを表す「〜ていった」が「もう薄暗くなってきた／＊ていった」のように、「もう」と共起できないことを挙げ、「〜ていった」の「タ」は、「〜てきた」の「タ」とは異なり、現在完了を表せないと述べている。これは、「〜てきた」は過去時の時間認識と現在時の時間認識の両方を表せるのに対し、「〜ていった」は過去時の時間認識しか表せないという時間性に関する指摘である。このように、「〜ていった」は、「現在とは切り離された事象」（澤田 2008）を描く際に用いられる。

　また、山本（2007）は、事態把握の観点から「〜ていく」には〈主観的把握〉と〈客観的把握〉の２種類があり、「〜てくる」とは違って〈客観的把握〉にもなることを指摘している。次の（12）a. の「〜ていく」は、話し手が出発点側に位置し、「〜てきた」と対にして用いられる〈主観的把握〉のタイプだが、（12）b. の「〜ていった」は（12）c. の「〜てきた」とは対にならない〈客観的把握〉だと説明されている。具体的には、（12）c. の「〜てきた」の場合には、話し手は「苦情を受ける立場」、つまり到着点側に位置した表現になるが、（12）b. の「〜ていった」は、話し手が出発点ではなく中立的に位置する表現だと述べられている。

　（12）a.　最近女性の管理職が増えてきた。今後ますます増えていくだろう。

b．会場が混むにしたがい、苦情の数も増えていった。

　　c．会場が混むにしたがい、苦情の数も増えてきた。

（山本 2007：7 用例（12）a～c）

　このように、「～ていった」と「～てきた」は非対称であることが指摘されており、筆者もこの点について同様の考えである。ここでは、さらに、これらの先行研究では明示的ではない点について考えてみたい。上記(12) b．の話し手が出発点側に位置することができるのか、という点である。

　既に実現した事態を表す（12）b．で、話し手が出発点側に位置すると、それ以降へと進展することを表す「～ていく」の結果を話し手が捉えられないという問題が生じる。(12) c．の「～てきた」であれば、「到着点（現在 or 過去）＝話し手の位置」が可能だが、「～ていった」は、実現済みの事態について述べるため、話し手は出発点側に位置し得ない。話し手はあくまでも発話時に位置しており、過去を起点とした過程性を持つ事象を振り返る表現になると考えられる。

　このように、時間性も、事態把握の面も「～てきた」と「～ていった」は、非対称で複雑なのである。そして、この「～ていった」の特徴について、吉田（2012）に重要な指摘がある。「～ていった」は「過去の回想を表す」というものである。次の（13）のように、話し手の心情や感覚の出現は、「～てくる」で表現しなければならず、「～ていく」を使えないが、(14)のように、過去の出来事を回想する表現としてであれば、前接動詞の制限が緩和されると述べられている（この共起制限について、澤田（2008）にも、過去時の話し手の「内的状態」の描写は可能だという指摘がある）。

　(13) 昔のことを思い出すと切なく〔なってくる／＊なっていく〕。

（吉田 2012：123）

　(14) 私はいつも、昔のことを思い出すと切なくなっていった。

（吉田 2012：124）

　これらのことを集約すると、「～ていった」の特性は次のように説明できる。

(15) 歴史的回想を表す「〜ていった」の特性
話し手がある事象を発話時とは切り離された過去のことがらとして捉え、話し手が発話時かつ中立的な位置からその事象の過程を辿るように述べる表現。経験としての事象にも知識としての事象にも使用可能。

　以上のように、基準時が過去となる「〜ていった」は、話し手の認識と深く関わることが先行研究の中で既に一部言及されているものの、比較対象となる「〜てきた」に主眼が置かれて分析されることが多く、網羅的ではない。そのため、本章では「〜ていった」に特化し、母語話者の使用実態の調査、分析を行う。また、日本語母語話者と日本語学習者の産出する「〜ていった」を比較、分析し、日本語学習者への具体的な情報提供を目指す。

３．研究方法

　2 節で述べたように、「〜ていった」の使用実態を明らかにするため、まず、『現代日本語書き言葉均衡コーパス』（BCCWJ）を用いてその特徴を調査する。特に、前接動詞の特徴やテクストジャンルに注目する。さらに、本章の課題に適した作文コーパスを選定し、日本語母語話者と日本語学習者の作文における産出状況を比較分析する。

４．調査結果
4.1 「〜ていった」の前接語の特徴

　まず、大規模な書き言葉コーパスである国立国語研究所『現代日本語書き言葉均衡コーパス』（以下、BCCWJ）を用いて「〜ていった」の用例を抽出し、前接語の特徴を調査する。『中納言』ですべての年代、レジスターを検索対象とし、以下の通り検索した[3]。

3　2023 年 4 月 14 日最終確認。

長単位検索で、 1 ）キー：「指定しない」

　　　　　　　　 2 ）キーから 1 語：「語彙素：ていく」

　　　　　　　　 3 ）キーから 2 語：「語彙素：た」

　その結果、8952 件が抽出され、全件を考察対象とした。次に、「～ていく」
全体（形態を限定せず「～ていこう」や「～ていきたい」などを含む全て）と、
上述のように「タ」の後接した「～ていった」に限定した場合では、どの
ような違いがあるのかを示すため、「～ていく」全体についても用例を抽
出し、比較することにした。「～ていく」全体の用例は、「～ていった」の
検索方法の「キーから 2 語」の部分を削除した、以下の方法で検索した。

　　　長単位検索で、 1 ）キー：「指定しない」

　　　　　　　　 2 ）キーから 1 語：「語彙素：ていく」

　その結果、6 万 6249 例が抽出され、全件を考察対象とした。以下に「～
ていった」および、比較対象である「～ていく」全体の結果を示す。

　表 5 は、「～ていく」全体（表左）と「～ていった」（表右）の前接語の
出現数ランキング（ 1 位～ 10 位）である。動詞では、1 位の「成る（なる）」
は共通しているが、「～ていく」全体と「～ていった」では出現傾向が異なる。
「～ていく」全体の場合は、主体の意志的な行為を表す動詞（生きる、進める、
遣る、考える、見る、作る）が上位に多数出現している。これに対し「～
ていった」では、変化や消滅を表す動詞（消える、死ぬ、変わる、広がる、
去る、進む）が多いのが特徴である。遠藤ほか（2018）は、話し言葉での
「～ていく」の産出を念頭に、意志的行為を表す動詞を前接させた用法 g（継
続動作）や用法 h（多回的継続）も中級教材に取り入れる必要があると述
べているが、書き言葉においても同じことが言える。反対に、「～ていった」
に関しては用法 e（消失）の指導も強化する必要が示唆される。

表5　「ていく」全体の前接語と「ていった」の前接語（BCCWJ）

順位	〜ていく全体の前接語	出現数		順位	〜ていったの前接語	出現数
1	成る	3629		1	成る	937
2	れる	3005		2	れる	820
3	する	2831		3	消える	247
4	生きる	1446		4	られる	212
5	進める	1250		5	する	192
6	遣る	1230		6	死ぬ	149
7	考える	947		7	変わる	148
8	見る	795		8	広がる	148
9	作る	772		9	去る	130
10	変わる	747		10	進む	117

4.2　「〜ていった」の出現ジャンルの特徴

　次に、「〜ていった」のジャンル別出現頻度を示す。表6は、4.1節で抽出したBCCWJの「〜ていった」の書籍（出版・書籍、図書館・書籍、出版・ベストセラーの出現数総数7935）におけるジャンル別出現頻度である。

表6　「〜ていった」の出現頻度（pmw）

ジャンル	粗頻度	ジャンル語数	pmw
0 総記	147	1192037	123
1 哲学	331	2722802	122
2 歴史	1108	4664322	238
3 社会	1530	10499413	146
4 自然	269	3529089	76
5 技術	328	3192535	103
6 産業	261	1717636	152
7 芸術	527	3340100	158
8 言語	69	803081	86
9 文学	3303	17548951	188
分類なし	62	1926304	32
総計	7935	51136270	155

100万語当たりの出現数で比較した数値（pmw：Per Million Words）を見てみると、「歴史」のpmwが238と圧倒的である。ただし、この粗頻度には空間的用法も含まれている。

　そこで、より詳しく用例を見るため、以下の方法で検索した「～ていった」の中から、ジャンルが「高校教科書」に該当する用例を取り出した[4]。高校教科書の場合、独立して「歴史」を扱う教科があることに加え、他の教科と比較することにより、学問分野による違いも鮮明になるのではないかと考えたためである。

　　　長単位検索で、1）キー：「指定しない」
　　　　　　　　　　2）キーから1語：「語彙素：ていく」
　　　　　　　　　　3）キーから2語：「語彙素：た」

　その結果、82件が抽出され、全件を考察対象とした。また、比較対象として「～ていた」についても、以下の通り抽出し、その中から「高校教科書」に該当する用例を取り出し、608例を得た。

　　　長単位検索で、1）キー：「指定しない」
　　　　　　　　　　2）キーから1語：「語彙素：ている」
　　　　　　　　　　3）キーから2語：「語彙素：た」

　上記の高校教科書における「～ていった」、「～ていた」の出現頻度を表7に示す。

表7　BCCWJ「高校教科書」における使用頻度

～ていった			～ていた		
科目名	頻度		科目名	頻度	
社会	47（57.3%）		国語	213（35.0%）	
国語	15（18.3%）		社会	178（29.3%）	
理科	13（15.9%）		理科	136（22.4%）	
その他	7（8.5%）		その他	81（13.3%）	
合計	82（100%）		合計	608（100%）	

4　2023年4月14日最終確認。

　表7を見ると、「〜ていた」（表7右）では国語、社会、理科の順に頻度が高く、上位の国語と社会はそれぞれ3割ずつ程度の出現率となっている。これに対し「〜ていった」（表7左）では、「社会」だけで6割近くを占め、突出している。

　表7の結果を受け、用法別の「〜ていった」の出現頻度を表8に示す。

表8　BCCWJ「高校教科書」科目別頻度内訳（総数82）

空間的用法　〜ていった		時間的用法　〜ていった	
科目名	頻度	科目名	頻度
国語	10	社会	45
社会	2	理科	13
合計	12（14.6%）	国語	5
		その他	7
		合計	70（85.4%）

　表7で示した「〜ていった」総数82例の用法別の内訳を見てみると、国語で使用された「〜ていった」15例のうち、時間的用法（表8右）は5例のみであった。社会で使用された「〜ていった」は47例のうち45例が時間的用法（表8右）で、書名まで確認すると、特に世界史（21例）や日本史（11例）での使用頻度が高いことがわかった。

　以上のように、「〜ていった」と、「〜ていく」全体では前接動詞の傾向に違いが見られ、またジャンルでは「歴史」、高校教科書では「社会」において高頻度で出現するという特徴が明らかになった。

5．分析

　本節では、4節での調査結果を踏まえ、作文コーパスを用いて日本語学習者と日本語母語話者の「〜ていった」の産出状況を調査し比較分析する。

5.1　使用データ（JCK作文コーパス）と用例の抽出

　4節で示したように、「〜ていった」は歴史ジャンルや社会科の文章と

親和性が高い。これを踏まえ、時間軸に沿って自分の経験を書くタイプの作文（「歴史文」）が収録されている『JCK作文コーパス』[5]を使用する。使用データとする「歴史文」というのは、「自分の趣味（昔から続けていること）について」というテーマで、時間軸に沿って、ある出来事や経緯を書くことが課されたものである。また、JCK作文コーパスは、1本が2000字と比較的長い作文が収録され、文字列検索も、全文表示も可能なため、テクスト全体の構成などを見るのにも適している[6]。作文の執筆者は、日本在住の日本人大学生、中国在住の中国語母語話者の大学生（N1相当レベル）、韓国在住の韓国語母語話者の大学生（N1相当レベル）であり、「ニア・ネイティブレベルを目指す日本語学習者」に近いレベルに位置する日本語学習者の産出状況が調査可能だと考えられる。

データの検索方法[7]は以下の通りである。

文字列検索の通常検索で、1）「ていった。」
2）「でいった。」
3）「ていきました。」
4）「でいきました。」

上記の4種[8]を入力し、それぞれの結果を合算した（以下、「〜ていった」の表記で統一する）。その結果、合計32例が抽出された。表9は、その結果である[9]。

5　『JCK作文コーパス』は、日本語母語話者、中国語母語話者、韓国語母語話者の大学生による日本語作文を収録したコーパスで、Jは日本語（Japanese）、Cは中国語（Chinese）、Kは韓国語（Korean）を表す。説明文（自分の故郷について）、意見文（晩婚化の原因とその展望について）、歴史文（自分の趣味（昔から続けていること）について）、という3つのタイプの作文があり、それぞれ日本語、中国語、韓国母語話者による日本語作文が母語話者別に20本ずつ、計180本が収録され、ウェブ上に公開されたコーパスである。ただし、2023年6月1日に公開が終了した。　　　　（http://nihongosakubun.sakura.ne.jp/corpus/）
6　石黒圭編（2017）には、このコーパスを用いた研究成果が多数掲載されている。
7　2023年4月14日最終確認。
8　データ量確保のため、JCK作文コーパスでは「〜ていきました」の形も収集した。
9　説明文、意見文で同様の検索をすると、説明文では0件、意見文では日本語母語話者の3例のみヒットした。「〜ていった」は時間軸に沿って述べる歴史文での使用頻度が高いと言える。

表9　JCK 作文コーパス「歴史文」における「〜ていった」の出現数と使用人数

	空間的用法	時間的用法	正用合計	不自然	総合計	使用人数
日本語母語話者	0	15	15	0	15	9／20人
中国語母語話者	2	8	10	6	16	5／20人
韓国語母語話者	0	1	1	0	1	1／20人

　まず、出現数を比較する。日本語母語話者は、歴史文において時間的用法の「〜ていった」を 15 例使用している。中国語母語話者では 16 例使用されたが、正用は 10 例で、時間的用法はそのうちの 8 例である。韓国語母語話者は 1 例のみと少ない。また、使用人数で集計すると、日本語母語話者は 20 人中 9 人が時間的用法の「〜ていった」を用いているのに対し、中国語母語話者では 5 人、韓国語母語話者では 1 人という結果になった。以下、産出された日本語母語話者の実例、日本語学習者の実例の順に見ていく。なお、不自然な表現も見られるが、原文をそのまま引用する。

5.2　日本語母語話者の産出した「〜ていった」（15 例）

　日本語母語話者の産出状況をテクストレベル（形式段落内の出現位置）に注目して観察する。以下に示す JCK コーパスの用例には「学習者 ID」を付す。下線、波線は筆者によるものである。なお、紙幅の都合上、問題のない範囲で（略）と記し省略することがある。
　まず、形式段落の中盤で「〜ていった」が使用された用例を示す。(16)では「〜ていった」を用いて、重松清の「ナイフ」を読むという 1 つの事象について、その目的が変化・進展する過程を振り返っている。

　(16)　(略) そのとき母に薦められて読んだ本が、重松清の「ナイフ」
　　　　でした。初めは学校の授業の一環として「ナイフ」を読み始めま
　　　　したが、読み進めていくうちに目的が読書そのものになっていき
　　　　ました。続きが気になって仕方が無くなったのです。(略)

(ID：j-09)

55

次に、段落末尾で使用された用例（17）を示す。当該段落では波線部で示すように一人旅で訪れた各地での経験が述べられている。それらを受ける形で「〜ていった」が用いられると、時間軸に沿って書かれた事象が一連の過程としてまとめられ、全体を振り返るような述べ方になる。

(17)（略）こうした苦難も旅の醍醐味といったが、当然普通に素晴らしい経験もたくさんある。カンボジアのアンコールワットでの夕焼けは今まで見た景色の中でも格別であったし、東南アジアの様々なエスニック料理を味わうことができたし、貧乏宿で出来た海外の友人と酒を飲みながら一晩中語り明かしたりもできた。本場のムエタイをみたり、マレーシアでモスクを訪問したりといった、変わった経験もできた。日本で家にこもっていては出来ない経験をいくつもして、私はどんどん一人旅に引き込まれていった。
　　二年次には、地中海周りを旅行したこともある。（略）

(ID：j-08)

最後は、段落の冒頭に使用された用例である。（18）では「〜ていった」を用いることによって、波線部「初めは」で示す過程全体を見渡すような述べ方になっている。この1文に続いて、立川のラーメン屋、府中本町のラーメン屋というように、執筆者が大学の近くの有名なラーメン屋としてあたった複数の店について述べられている。

(18)　初めは大学の近くの有名なラーメン屋をあたっていった。私の通っている大学は東京の国立に存在するのだが、国立にはあまりおいしいラーメン屋はない。そこで、隣の駅である立川に行くようになった。立川にある「中華そば　鏡花」という店の醤油ラーメンが非常においしいのである。（略）また、立川の他に府中本町にも行くようになった。(略)ここの醤油ラーメンを超える醤油ラーメンはこの先はたして現れるのかわからない。
　　大学の近くの有名なラーメン屋はだいたい制覇したため、次にラーメン激戦地である、新宿に足を運ぶようになった。（ID：j-01）

　(18)の「あたる」という動詞には「物事に探りを入れる。交渉する。また、比べて確かめる。」(『日本国語大辞典（第二版）』第 1 巻、p.397）という意味があり、(19)のように「～ていった」を削除しても問題はない。しかし、「～ていった」を使用することで、その類の行為が反復、累積されたことを先行提示しているものと見られる。

　(19) 初めは大学の近くの有名なラーメン屋をあたった。　　　　（作例）

　このように、日本語母語話者の場合、1 文レベルの事象に対して「～ていった」を用いるだけでなく、テクストレベルでは、形式段落内に出てくる複数の事象を 1 つのまとまりと捉え、それらに対しても「～ていった」を用いている。この点に注目し、形式段落内の「～ていった」の出現位置[10]を集計した結果が次の表 10 である。

　表 10 を見ると、15 例中 6 例は形式段落の冒頭あるいは末尾から 1 文目に出現しており、特徴的である。歴史文の「～ていった」は、テクストレベルで見ると、複数の点的な事象を 1 つの線的な事象として捉え、大局的に述べる機能（先行提示やまとめ上げ）も果たすため、このような傾向が現れると考えられる。パリハワダナ(2008)も、文中の過程性を表す副詞（「だんだん」など）と「～ていく」の関わりを説明する中で、「「～ていく」は複数の個別の出来事の実現を一連の推移として捉え、過程性の意味を補強しており、個別事態を束ねる役割を果たしている。」(パリハワダナ 2008：9) と述べている。本章では、歴史文における形式段落内での「～ていった」の出現位置に注目し、1 文レベルだけでなく、テクストレベルでの特徴も示した。

10　「～ていった」の出現した形式段落の総文数を 3 で割った数値と何文目に出現したかを照らし合わせ、出現位置を冒頭、中盤、末尾というように割り振った。

表10 「〜ていった。」の形式段落内の出現位置（日本語母語話者 15 例）

学習者 ID （ ）の数字は 複数回使用の出現順	「〜ていった」の形式段落内の位置			当該段落の 総文数 （句点の数）
	段落冒頭 （先頭から）	段落中盤 （先頭から）	段落末尾 （末尾から）	
j1	1 文目			12 文
j4	3 文目			11 文
j5		9 文目		14 文
j6(1)	1 文目			7 文
j6(2)	2 文目			7 文
j6(3)		4 文目		7 文
j8			1 文目	9 文
j9(1)	2 文目			9 文
j9(2)		6 文目		9 文
j9(3)	1 文目			5 文
j13	3 文目			11 文
j15			3 文目	13 文
j16(1)			1 文目	8 文
j16(2)		5 文目		7 文
j16(3)			1 文目	5 文

5.3 中国語母語話者の産出した「〜ていった」（16 例）

　中国語母語話者による「〜ていった」は、前掲表5の数値（16 例）を見る限り、少なくはない。しかし、中身を観察すると問題点が見えてくる。(20) のように、適切な「〜ていった」がある一方で、(21) のように「〜ていった」が多用され、「〜ていた」との混同が疑われる用例が見られる。その部分を、括弧と矢印で補記して示す。

(20) 当時の若者は滄月という作家の『血薔』や鳳歌という作家の『昆侖』に多く引き付けられていった。　　　　　　　　　　(ID：c-59)

(21) 私は大体5年生の時に『鳥肌』という人気のスリラー小説に溺れた。授業中にも小説が教科書の下に隠されたり、膝の上と机の下に隙間に挟まれたりして、こっそりと興味津津に読み込んでいっ

58

た。もし先生に質問されるなら、小説の世界から抜き出し、慌て
ふためいた立って呆然とし<u>ていった</u>。（→ていた）全クラスの人
たちは同情がちで私に注目して、先生の叱責を待とうし<u>ていった</u>。
（→ていた）時時には善意を持っている友達には先生が頭を下げ
る合間を乗り、さっさと答えを教えてくれたもある。（ID：c-59）

　（21）では、形式段落（総数6文）の3文目～5文目に、3文連続で「～
ていった」が使用されている。しかし、2つ目、3つ目の「～ていった」は、
前接する語が「呆然とする」、「待とうする（原文ママ）」であることから、「～
ていた」の方が相応しいと考えられる。これらの前接語は変化を表しはす
るが、継続する動きを表せないためである[11]。また、（20）と（21）の執
筆者は同一人物で、1作文の中で8回も「～ていった」を用いている。「歴
史文」に限って「～ていった」が使用されており、適切な使用も観察され
るため、この表現を知っていると思われるが、正確さには欠ける。この他
にも、別の学習者（ID：c-58）では、「思っていきました（→思い続けた
／思うようになっていった）」、「心配していきました（→心配し続けた）」
のように、「～続けた」との混同が見られる。
　このように、中国語母語話者では、使用総数は多いものの、使用者に偏
りが見られる。また、基準時が過去になる「～ていった」を知っていると
思われる場合でも、「～ていた」や「～続けた」と混同している可能性が
うかがえる。

5.4　韓国語母語話者の産出した「～ていった」（1例）

　続いて韓国語母語話者の産出した用例を観察する。韓国語母語話者の「歴
史文」には（22）の1例しか「～ていった」が産出されていない。文法的
に適切で、形式段落（総数11文）の10文目に使用されている。

11　〈瞬間動詞のような持続性のない動き〉（遠藤ほか2018）を表す動詞は基本的に「～ていく」
　と共起できない。ただし、動作主が複数ある場合、同一の動作主が同じ動きを繰り返す場合、
　副詞で文脈の支えがある場合などは、用法h（多回的継続）として使用できる。

(22) そこから勇気を得て、日本語を学ぶこともどんどん楽しくなり、
　　 何回もバラエティー番組などを見ていくうちに日本語の実力もよ
　　 くなって<u>いきました</u>。　　　　　　　　　　　　　　　(ID：k-19)

　　徐（2013）は、韓国語の「e kata（〜ていく）」は、日本語の「〜てい
く」よりも文法化が進んでおり、日本語にはない用法（「悪い状態への変化」
など）があることを指摘している。また、用法 h（多回的継続）に該当す
る用法は韓国語では用いることができないと述べられており、両者の意味
範囲にズレがあることがわかる。さらに同書では、訳出された際にズレが
生じた文学作品の実例も紹介されており、その中には、日本語の「〜ていく」
が韓国語の「e kata（〜ていく）」に訳されず、別の表現（e tulta（〜て入
る）／ e nata（〜て生じる））に訳されているものが見られる。その解説
によると、次の（23）、（24）では「「e kata（〜ていく）」も使用可能なの
だが、「e tulta（〜て入る）」や「e nata（〜て生じる）」が用いられている
という。また、「e tulta（〜て入る）」や「e nata（〜て生じる）」を用いる
と、前接する本動詞の意味が特定化されるといい、(23)、(24) の場合には、
話し手自身とのかかわりを持たず、「単に減ること」や「単に増えること」
を表す訳になると述べられている。このように、「e kata（〜ていく）」と
は別に、より中立的な表現を持つことが影響し、韓国語母語話者の産出が
少なかった可能性がある。

(23) a. 駅で停まるごとに、乗客の数は<u>減っていった</u>。
　　 b. 역에서 정차할 때마다 승객 수는 <u>줄어들었다</u> .

　　　　　　　　　　　　　　　　　cwule tule-ss-ta.

　　　　　　　　　　　　　　　　　減る - て入る - 過去 - 終結語尾

　　（徐 2013 用例（198）、韓国語の読み方と構成要素は下線部のみ）

(24) a. とくに、バブルがはじけてからは、仕事は急激に<u>増えていった</u>。
　　 b. 특히 거품 경제가 사라진 후로는 일이 급격히 <u>늘어났다</u> .

　　　　　　　　　　　　　　　　　nule-na-ss-ta.

　　　　　　　　　　　　　　　　　増える - 出る - 過去 - 終結語尾

　　（徐 2013 用例（202）、韓国語の読み方と構成要素は下線部のみ）

5.5 「～ていった」の不使用

　最後に、ニア・ネイティブレベルを目指す学習者向けということを前提
として、「～ていった」を用いた方が文章構成上より良くなると考えられ
る用例（「～ていった」の不使用）について検討する。(25) は、テクスト
レベルで見た場合の段落末尾での不使用である。ただし、不使用であって
も誤りにはならない点には注意が必要である。

(25)　（略）私が生まれる前に出たスタジオジブリの作品を漏れなく見
　　　かけるうちに 5 年生になりました。5 年生のごろはある意味で私
　　　の人生を変えた転換点です。ずっと盛り上がっていたポケットモ
　　　ンスターが突然中止になりました。以後の内容はまだ放送局で輸
　　　入をやり損なったという理由でした。私は以後の内容をぜひ見た
　　　いという一方でネットの検索をしました。そして韓国政府の検閲
　　　にも構わず日本のメディアコンテンツをネットで見られる方法を
　　　見つかりました。その上、テレビで放送している日本のメディア
　　　コンテンツは韓国人の情緒に合わせるため、編集するという事実
　　　を知りました。以後、ポケットモンスターだけではなくスタジオ
　　　ジブリの作品など、さまざまな日本アニメを見られる機会は広げ
　　　ました。　　　　　　　　　　　　　　　　　　　　(ID：k-02)

　(25) の下線部を適切な文にするため、「広げる」を「広がる」に読み替
えて話を進めるが、さらに、当該部分は、「広がりました」よりも「広がっ
ていきました」がより良くなるのではないだろうか。この段落では 5 年生
の時期について書かれ、そのころが「転換点」という変化・進展の起点と
なっている。そして、「スタジオジブリの作品など」とあるように、ポケッ
トモンスターだけでなくさまざまなアニメを見るに至るまでの経緯が書か
れている。「～ていった」を使用しない場合は、「広がった」という事実の
みが示されるが、最後に「～ていった」を用いると、一連の過程がまとめ
られ、文章が立体的な印象になる。

6. まとめと日本語学習者への提示のポイント

　これまでの調査、分析を踏まえ、本章冒頭に挙げた問いに対する答えを示す。

　　　1）-1：歴史的回想を表す「〜ていった」は、日本語教材類ではほ
　　　　　　とんど解説されていないが、書き言葉、特に歴史文には頻
　　　　　　出する。BCCWJ の書籍ジャンルでは「歴史」、高校教科書
　　　　　　の科目別では「社会」での使用頻度が高い。
　　　1）-2：日本語母語話者は、時間軸に沿って述べる歴史文において、
　　　　　　1文内に示された事象の過程を表す場合だけでなく、テク
　　　　　　ストレベルで段落内の複数の事象の過程を大局的に表す際
　　　　　　にも「〜ていった」を用いる。
　　　2）　　：JCK 作文コーパスの歴史文を観察すると、N1 レベル相当
　　　　　　の日本語学習者であっても、歴史的回想を表す「〜ていっ
　　　　　　た」はなかなか産出できない。中国語母語話者は、「基準
　　　　　　時＝過去」の「〜ていった」を知っていたとしても、「〜
　　　　　　ていた」や「〜続けた」との混同が疑われるケースが見ら
　　　　　　れる。韓国語母語話者の場合には、韓国語の「e kata（て
　　　　　　いく）」との意味範囲にズレがあることが推察され、産出
　　　　　　そのものが少ない。

　以上のまとめを踏まえ、日本語学習者への提示のポイントを述べる。
　基準時が過去になる「〜ていった」は、「〜てきた」とは非対称的であり、単なる時間的用法として説明するのでは不十分だと考えられる。従来の「〜ていく」とは別の指導項目として「〜ていった」を取り上げ、「〜てきた」との非対称性、テクストレベルでの使い方について意識的に提示することを提案したい。
　とりわけ、「史的研究」を行う分野では、時間軸に沿って記述することが求められるため、歴史的回想を表す「〜ていった」の理解・産出が必要になると予想される。そのような分野に進む日本語学習者には、特に提示

すべきだと考える。また、テクストレベルでの使用傾向に関しては、教えてもらわないと知り得ない。多くの場合、1文レベルで学習することが多いためである。ニア・ネイティブレベルを目指す日本語学習者に対しては、データに基づき、歴史的回想を表す「〜ていった」のように、分野により好まれる書き方や作法[12]も含めて紹介していくべきだろう。

　最後に今後の課題について述べる。

　本章では主にテキストレベルでの「〜ていった」の特徴について示したが、「〜ていった／〜ていた／た」の使い分けを整理するには至らなかった。さらに分析を進める必要がある。

　また、「ニア・ネイティブレベルを目指す日本語学習者」のもっと知りたい、より正確な日本語を使いたいというニーズに応えるためには、この「〜ていった」のように従来の教材類ではカバーしきれておらず、独学では習得しにくい表現について検討し、情報提供できるように整備していくことが必要だと考える。

22　福沢（2022）は学術論文における予告表現としての「〜ていく」や「過去形」の使われ方を分野別に調査し、学術論文の分野によるスタイルの違いについて述べている。第一義的には個人の「癖」が大きいが、学問分野特有の「慣習」があると指摘している。

第3章

級外項目「～てみせる」
―事態が未実現か既実現かに注目して―

1. はじめに

　本章の考察対象「～てみせる。」とは、動詞のテ形に「みせる。」または「見せる。」が後接したものである。「～テミセル[1]」は、『日本語能力試験出題基準〔改訂版〕』に記載がなく、級外と呼ばれる項目である。そのこともあり、日本語学習者向けの記述が少ない文法項目だと言える。まず、記述があるものの中から日本語学習者向けの文法辞典の用例を見てみる。

　　(1) ぼくはあしたの柔道の試合で必ず勝って<u>てみせる</u>。がんばるぞ。

　　　　　　　　　　　　　　　（友松ほか 2010：199、下線筆者）

　　(2) かれは柔道の型を教えるためにまずやっ<u>てみせた</u>。

　　　　　　　　　　　（グループ・ジャマシイ編 2023：241、下線筆者）

　(1) は「がんばって達成しよう、達成できる、という話者の強い気持ちを他に示す表現」（友松ほか 2010：199）、(2) は「紹介をしたり、理解をうながしたりするのに、実際の動作で示すことを表す」（グループ・ジャマシイ編 2023：241）と解説されている。このように文法辞典類には2つの用法が記述されていることがわかる。本章では便宜的に(1)を決意用法、(2)を紹介用法と呼ぶことにする。日本語学習教材を見ても、「～テミセル」の項目には多くの場合「決意用法」または「紹介用法」が記述されており、「決意用法」に関しては、主語が一人称、かつ、「てみせ<u>る</u>」や「てみせ<u>ます</u>」のような「非過去形」で用いる例が挙げられている。

　しかし、実際の用例の中には、(3) のように、主語が一人称、かつ、「てみせる。」の形態でも、既に実現している事態を表し、決意用法では説明

1　本章では、「～てみせる。」のように形態を特定したい場合にはひらがな表記、形態を特定せず文型項目全体を指す場合には、カタカナ表記で「～テミセル」とする。

できないものがある。しかも、紹介用法のように何かを紹介するために動作を見せたとも解釈できない。

> (3) 野ブタの言葉に俺は大袈裟に溜息を吐いて<u>みせる</u>。「じゃあ信じなきゃいいだろ。ま、おまえに信じられてもなにも嬉しくないけどな」一瞬、間があった。
>
> 　　　　　　　　　（『野ブタ。をプロデュース』OB6X_00049、9180)

　日本語学習者は、様々な表現を習得する際、「ル形」なのか「タ形」なのかといった形態と意味をつなぎ合わせて規則的に学習していく。そのように考えた場合、(3) のような用例は理解が難しいことが予想される。現状、(3) については教材類に示されていない。そこで、本章では書き言葉の「てみせる。」という形態に注目し、その使用実態を明らかにする。

　本章の構成は次の通りである。まず、2節で先行研究について述べ、課題を明確にする。3節で調査方法、および調査結果について述べる。4節で考察を行い、5節でまとめを行う。

2．先行研究

　「〜テミセル」に関する先行研究は大別して3つのアプローチがある。意味用法を分類したもの（高橋 1969、森田 1977)、構文の観点から分析したもの（成田 1981、澤田 2009)、文脈の観点から分析したもの（笠松 1991）である。その後、前接動詞の語彙的特徴、構文的特徴、文脈的特徴を複合的に記述した研究として成 (2012) が挙げられる。これらの先行研究では、日本語学習教材類に記述されている「決意用法」、「紹介用法」に該当するもの以外にも、研究者の着眼により細かく意味分類が行われている。

　また、「決意用法」の形態的特徴について言及したものとして、笠松 (1991)、成 (2012) がある。笠松 (1991) は、発話時点で未実現のタイプは「話し手が相手の反応をもとめて、動作の実行の決意、動作の実現への自信を表す」（笠松 1991：40）とし、すぎさらずの形だとした。また、成

（2012）も、決意用法を「豪語」と名づけて分類し、形態的特徴として「未実現形」であることを指摘している。

　「決意用法」以外については、成（2012、2014）が触れている。成（2012）は、「〜テミセル」を4分類した上で「豪語」以外の用法においては、「既実現形が多い」とした。その後の成（2014）では、その4分類のうちの「偉業としての評価」に特化した分析を行い、形態的特徴として過去形が50.3％、非過去形が49.7％だとも述べている。つまり、「〜テミセル」の「決意用法」以外では、事態は既に実現しているが、形態的には「既実現形」と「未実現形」が混在していることを指摘している。

　以上のように、先行研究においては「〜テミセル」を意味別に分析したものが多く、同じ意味で形態が異なる点については指摘のみであり、十分な説明がされていない。同様に、同じ形態でありながら違う意味を表す場合についても分析が不十分である。このことは日本語学習者にとって理解しにくい部分であると考えられる。また、管見の限り、出現形態を限定して分析したものはない。そこで、本章では書き言葉における「〜てみせる。」に注目し、事態実現の観点からその使用実態を明らかにする。

3．研究方法

　国立国語研究所『現代日本語書き言葉均衡コーパス』（以下 BCCWJ）を用いて用例調査を行った。BCCWJ は3つのサブコーパスからなる約1億語の大規模な均衡コーパスであり様々なテクストジャンルから多数の用例が収集できるためである。検索にはコーパス検索アプリケーション『中納言』を用いて、すべての年代、すべてのレジスターを対象に用例の抽出を行った。検索条件は以下の通りである[2]。

　　　短単位検索で、1）キー：「品詞：大分類：動詞」
　　　　　　　　　　2）後方共起1 キーから1語：「語彙素：て」
　　　　　　　　　　3）後方共起2 キーから2語：「語彙素：見せる」

2　2018年2月21日検索。

　その結果、2816件の用例を得た。その中から、ひらがな表記の「〜て
みせる。」、漢字表記の「〜て見せる。」を取り出した。また、「強がってみ
せる。」、「振り向かせてみせる。」のような用例も網羅するためキーを「接
尾辞」、「助動詞」に変更して検索し、同様に取り出した用例も加え、320
例を考察対象とした。

4．調査結果

　BCCWJから抽出した用例について、共起する動詞や、事態実現の観点、
動作主の人称の観点から集計したものが表1および表2である。

4.1　共起する動詞ランキング

　表1は、「〜てみせる。」と共起する動詞の上位10位までをランキング
したものである。表1から、「〜てみせる。」は、ヲ格をとらない「する」
（にやりとする、まばたきする、など）や、自動詞（笑う、頷く、微笑む）
といった身振りや表情を表し動作様態が視覚的に捉えられる動詞と共起し
やすいことが読み取れる。これらは動作主1人で完結する動きを表し、「影
響が外の対象に向かわない」（庵2012：140）タイプの動詞である。反対
にヲ格を取る「する」（証明する、分析する、など）の場合は、動作様態
が特定されない動詞が多いことから、提示内容が視覚的に捉えにくい別の
タイプとなって表れることが予想される。

表1 「てみせる。」に現れる動詞ランキング（総数 320）

順位	動詞	用例数	ヲ格取らない	ヲ格取る	再帰動詞	割合	再帰動詞の用例
1	する	83	40	43	(1)	2%	白眼を指でむき出しにする
2	笑う	19	19				
3	頷く	15	15				
4	振る	12		12	(7)	58%	首／尻／手／〜指を振る
5	なる	7	7				
5	示す	7		7	(1)	14%	腕の表を示す
7	微笑む	6	6				
7	広げる	6		6	(2)	33%	両手を広げる
7	やる	6		6	(0)	0%	
10	出す	5		5	(2)	40%	舌／Vサインを出す
合計			166	87	79	(13)	

4.2 事態実現の観点からみた主語人称別用例数

　表2は、事態実現の観点から「〜てみせる。」の主語人称別に用例数を
カウントしたものである。事態が実現しているかは目視で文脈から判断し
た。

表2 事態実現の観点からみた「てみせる。」の人称別用例数

出現数 \ 人称		一人称	三人称		不特定	合計
			有情物	非情物		
総　数		75	226	5	14	320
事態実現（内訳）	未実現	58	0	0	0	58（18.1%）
	既実現	17	226	5	0	248（77.5%）
	不問	0	0	0	14	14（4.4%）

　表2からは、「〜てみせる。」は三人称主語文で用いられることが多いこ
と、また、主語の人称により事態の実現のタイプに違った傾向が現れるこ

とがわかる。

4.3　調査結果のまとめ

　動詞ランキングからは、「自動詞」や、ヲ格をとらない「する」のような、動作主 1 人で完結する動きを表し、「影響が外の対象に向かわない」（庵 2012：140）動詞の多さが顕著だと言える。ただし、先述の通り他のタイプの動詞も現れており、用法は多種となることが想定される。また、主語人称と事態実現の観点から調査した結果、「ル形」でありながら既実現を表す用例が 8 割近くを占めることが明らかになった。一人称主語文では未実現の事態を、三人称主語文では既実現の事態を表すという傾向も見られた。

5．分析

　調査結果から、書き言葉における「〜てみせる。」では、形態は「ル形」でも意味的には未実現の事態と既実現の事態が混在していることが確認できた。それに加えて、主語の人称によって事態が実現しているかいないかには特徴的な傾向が見られた。そこで本節では、事態が実現しているかどうか、「〜てみせた。」と置き換えられるかどうか、日本語学習教材の「決意用法」、「紹介用法」に該当するかどうか、を主たる基準に据えて用法を分類する。

　分析にあたり、あらかじめ分類について述べる。本節は「〜てみせる。」の形態で出現した用例を次の 4 つのタイプに区分する。①未来（未実現）、②手順（未実現／既実現は不問）、③恒常性（既実現）、④ 1 回生起（既実現）の 4 つである。①〜③は「〜てみせた。」と置き換えができないが、④は置き換えが可能となっている。以下、区分ごとに考察を行う。

5.1　①未来の「〜てみせる。」（58 例）

　まず 1 つ目は、「ル形」が未来のテンスを表すものである。収集したデー

タに出現したのは、日本語学習教材の「決意用法」に該当する以下のようなタイプである。

(4) ぼくはあしたの柔道の試合で必ず勝って<u>みせる</u>。がんばるぞ。

((1) 再掲)

(4) の「〜てみせる。」は一人称主語文で、これから事態を達成するという決意の宣言であり、動作主の心的態度を表す。決意だけを表すのであれば (5) のように表現できるため、ただの決意ではないと考えられる。

(5) ぼくはあしたの柔道の試合で必ず勝つ。がんばるぞ。　　　(作例)

このように、決意の「〜てみせる。」は、これから事態を達成させて結果を見せることで自分の「自信」や「能力」を示すことがポイントである。また、「〜てみせた。」に置き換えることはできない。
　共起する動詞を観察すると、前掲の表1、動詞ランキング1位のヲ格を取る「する」や、5位の「なる」は決意用法との関わりが強いようである。決意の「〜てみせる。」と共起する動詞は、動作様態を表さず、結果事態の実現を表す動詞が多いことがわかる。一番多いのは (6) のようなヲ格を取る「する」で、次に (7) のような「なる」、その他には、(8) のような複合動詞「〜切る」、「〜出す」、助動詞「〜せる」、も現れやすいと言える。副詞については、「必ず」「きっと」「いつか」「絶対」が共起しやすいことも特徴である。

(6) うそだ！そんなことをいうなら、ぼくの足の位置が正しかったことを、証明して<u>みせる</u>。

(分類なし『二年間の休暇』PB2n_00069、55830)

(7) 「ぼくは将来、うちの会社の社長になって<u>みせる</u>。いや、少なくとも重役にはなるからねえ。」

(9 文学『背徳』PB39_00458、94710)

(8) いやいや、やはり私は八代丸の船長でありたい。荒波にばかり突っ

込んでも私は必ずや乗り切っ<u>てみせる</u>。乗り切らなければならないのだ。

　　　　　　（3社会科学『負けてたまるか車椅子』PB13_00059、44350）

　また、収集したデータには出現しなかったが、日本語教材類でいう「紹介用法」についても①未来の「〜てみせる。」（未実現）が現れる可能性がある。(2) の用例を (9) のように変更した次のようなものである。

　(9) 私は今から生徒に柔道の型をやっ<u>てみせる</u>。　　　　　　（作例）

5.2　②手順の「〜てみせる。」（14例）

　手順の「〜てみせる。」は人称が不特定になる述べ方で、事態が未実現か既実現も不問である。「〜てみせる」を用いて、単にやり方を説明するタイプである。また、決意用法のように動作主の心的態度を表すものではない。共起する動詞は (10)、(11) のように動作様態を表すという特徴があり、「〜てみせた。」に置き換えることは不可能である。

　(10) 例えば、腕を胸もと組んで、首を右へ左へ、交互にかしげてみせる。それだけで、「ああ、考えているな」と相手にもわかります。
　　　　　　（0総記『金田一京助全集』LBh0_00016、14850）
　(11) make a long nose「〈人を〉ばかにする」は人に向けて鼻先に親指をあて他の指を扇形に広げてみせる。
　　　　　　（8言語『文化とことば』PB58_00008、47620）

　これらは「紹介をしたり、理解をうながしたりするのに、実際の動作で示すことを表す」（グループ・ジャマシイ編2023：241）、という説明に当てはまることから、手順を説明する際に用いられ、事態実現は不問となる「紹介用法」だと考えられる。

5.3 ③恒常性の「〜てみせる。」（17 例）

　事態既実現で、事態が複数回生起したと考えられる「〜てみせる。」を恒常性の「〜てみせる。」とする。これは 1 回の事態ではなく、複数回生起した事態であることから、習慣や属性といった恒常性を表す「ル形」を取る。そのため、「〜てみせた。」に置き換えることはできない。このタイプには動作主の持つ【能力】や【態度】が恒常的であることを表す用例が多い。また、日本語学習教材には記述がない。

> （12）小遊三は「永遠の若い衆」である。加えて、『大工調べ』などを
> 　　　演じれば、ちゃんと棟梁の貫禄を出し<u>てみせる</u>。【能力】
> 　　　　　　　（7 芸術・美術『芸人お好み弁当』PB57_00114、19920）
> （13）大人だって負けてはいない。若者のしゃべり方、たとえば「辛く
> 　　　ない？」のアクセントを無視した【上昇】には眉をひそめ、「耳ざ
> 　　　わり」「ことばの乱れ」と嘆い<u>てみせる</u>。【態度】
> 　　　　　　（8 言語『ささやく恋人、りきむレポーター』LBt8_00014、82340）

　（12）は、小遊三が題目に合わせて様々な年齢の役柄を演じ分けるという能力について述べている。それが 1 回の事態ではなく、恒常性のある主体の属性として述べられている。（13）も若者のしゃべり方に対して大人が取るとされる態度について述べられている。よく生起する事態、つまり一般論のように捉えられる。

　また、データには出現しなかったが、③恒常性の「〜てみせる。」にも「紹介用法」は現れ得る。（2）の用例を（14）のように変更すると、常にその方法で紹介することが表せる。この場合は事態既実現の「紹介用法」だと言うことができる。

> （14）かれは（いつも）柔道の型を教えるためにまずやっ<u>てみせる</u>。
> 　　　　　　　　　　　　　　　　　　　　　　　　　　　　（作例）

5.4　④ 1 回生起の「〜てみせる。」（231 例）

　1 回の出来事として結果事態が実現済みのものを、1 回生起の「〜てみせる。」とする。BCCWJ に現れた文末の「〜てみせる。」の 7 割以上は、このタイプであり、「ル形」であっても文脈から既に実現した事態だと判断できるものである。このタイプは「〜てみせた。」に置き換えることができる。

5.4.1　物語文のテンス

　「〜てみせた。」に置き換えられることに関連して、まず「ル形」、「タ形」の違いについて考えたい。このことは発話時を基準としたテンスの問題として扱われることが多い。しかし、実際には物語文（非対話文）において、既実現の事態であっても「ル形」をとることがある。このような現象はいわゆる「物語文のテンス」として説明される。

　この「物語文のテンス」について、益岡（1991）、井島（2010）の記述がある。両者とも物語文においてはいわゆる通常のテンスの形態とは異なることがあるとしている。

　益岡（1991）はカメラの遠近調節のように、時制の転換が行われていると説明している。「タ」は遠くから生起した事象を眺める形を取るので話の筋を表し、「ル」は付帯的な状況を近くから描写する際に用いられると述べている。井島（2010）は、「ル」と「タ」の違いを物語時の視点か、表現時の視点かという、ウチ、ソトの視点の違いで説明している。その上で「ル」は眼前で物事が起きているような印象を与える効果があると述べている。

　今回抽出した BCCWJ の用例をみると、1 回生起の「〜てみせる。」は書き手が回想しながら他者の様態描写をする際に用いられ、「〜てみせる。」のあとにも描写文が続き、そこで区切れることなく出来事が展開していくことが多い。このように、1 回生起の「〜てみせる。」は、益岡（1991）、井島（2010）で言う「物語文のテンス」として捉えると、既に実現した事態を表すことについて解釈可能である。

5.4.2　1回生起の「てみせる。」の紹介用法（25例／231例）

　まず、1回生起の「〜てみせる。」の中でも、日本語学習教材に記述があった「紹介用法」に該当するものについて考察する。（15）以降、用例に「〜てみせた。」の形態も括弧で併記し、置き換え可能かどうか検証する。また、既実現の事態であることが判断できるよう、必要に応じその前後の文も引用することにする。

（15）「よし、良かったら丸。駄目ならペケ。みんなで一緒にやるんだよ。」両手で丸とペケを作っ<u>て見せる</u>。（作って見せた。）「では、いくよ。発射3秒前、3、2、1、0。どかーん」みんなにこにこ笑いながら頭の上に両手で大きな丸を作る。

　　　　　　　　　（3社会科学『算数授業に子どもたちの生きる姿を見た』

　　　　　　　　　　　　　　　　　　　　　　　PB23_00288、22620）

（16）佐藤さんは胸の前で手を組み合わせ、待子さんの口調をまね<u>てみせる</u>。（まねてみせた。）おお、待子よ、君のその汚れ無き眼。それはうちの近くのペットショップで売れ残っている下がり目の柴犬五万八千円を思い出させるよ。

　　　　　　　　　（9文学『文芸誌「そして」にかかわった作家たち』

　　　　　　　　　　　　　　　　　　　　　　　PB49_00357、72770）

（17）老人たちは、縄と木をどこからか持ってきた。集まっていた少年たちに、それらを使って、どういうふうにヤシの木を運んだかを再現までしてくれた。木を肩に担がせ、少年たちの隊列を整えると、「ホイサー、ホイサー」と掛け声をかけ始めた。老人を先頭に、少年たちが広場をぐるりと回っ<u>てみせる</u>。（回ってみせた。）

　　　　　　　　　（3社会科学『ODAの闇』PB43_00724、15080）

　このように、（15）〜（17）の用例は、「〜てみせた。」に置き換えが可能であり、既に実現した1回生起の事態を表す。また、動作を用いて紹介したと捉えることができることから、この場合も事態既実現の「紹介用法」だと考えられる。

5.4.3　1回生起の「〜てみせる。」の紹介用法以外（206 ／ 231 例）

　1回生起の「〜てみせる。」の中には、「紹介用法」とは捉えにくいものが多数出現している。これらは、実際の動作で紹介するというより、表情や態度、そして事態の結果を見せたと考えられ、日本語学習教材には記述がない。また、この区分では表1のランキングで共起しやすいことを指摘した自動詞が多く見られた。また事態の結果を表す動詞も多く現れている。

（18）別れ際のあたしの態度、頭痛のせいだと思ってくれたの。何つうか…放っとくと泣きそうだから、笑ってみせる。（笑ってみせた。）「で、わざわざお見舞いに来てくれた訳？」ドアを大きく開けようとする。と、桂一郎が外からノブおさえた。【表情】

　　　　　　　　　　　　（9文学『扉を開けて』LBk9_00259、10880）

（19）「東京地検のお友達とね」──へえ。潮は一瞬だけ動きを止めた。しかし、驚きを表情に出さずに、冷静にうなずいてみせる。（うなずいてみせた。）潮の言動はしっかり見張られているらしい。【態度】　　　　　　　　（9文学『殉愛共犯者』PB59_00335、13440）

（20）この杉山のプレーで落ち着いた福井は3番・加守田から三振を奪い、この回を三者交代に抑えてみせる。（抑えてみせた。）すると初回こそ不安を感じさせたが2回以降は完全に吹っ切れ、青学打線に対して凡打の山を築いていく。【結果】

　　　　　　　　　　　　（『Yahoo! ブログ』OY15_22200、5750）

（21）千九百八十六年のゴルバチョフは、一方で民族問題を牧歌的に描写してみせる。（描写してみせた。）報告の他の部分と照らし合わせれば、ソ連の全歴史を通じて唯一の具体的な成功であると思えるし、再建の政策はこの成功を土台にできそうだ。【結果】

　　　　　　　　　　　　（3社会科学『民族の栄光』LBf3_00025、33160）

5.5　分析のまとめ

　BCCWJ における「〜てみせる。」は、「ル形」でありながら8割近い用

例が既に実現した事態を表し、7割以上は「～てみせた。」同様に1回生起の事態を表していることが明らかになった。事態既実現の「～てみせる。」は、その多くが「物語文のテンス」を用いた書き言葉特有の表現で、「～てみせた。」と重なるということができる[3]。また、事態既実現の「～てみせる。」には、日本語学習教材の「決意用法」、「紹介用法」に該当しないものが多数出現していることもわかった。以上の内容を表3にまとめる。

表3　BCCWJにおける文末「～てみせる。」の使用実態

区分		区分に対応する例文 日本語教材における（用法）／該当しない【用法】	タ形置き換え	用例数（割合）	主語人称
未実現のル	未来	・ぼくは明日の柔道の試合で勝ってみせる。（決意） ※データにはないが（紹介）も現れ得る。（用例（9））	不可	58例 （18%）	一人称
既実現のル	恒常性	・彼はいつも大袈裟に溜息を吐いてみせる。【態度】 ・彼はいつも三者交代に抑えてみせる。【能力】 ※データにはないが（紹介）も現れ得る。（用例（14））	不可	17例 （5%）	三人称が多い
	1回生起	・すると、彼は大袈裟に溜息を吐いてみせる。【態度】 ・すると、彼は三者交代に抑えてみせる。【結果】 ・すると、彼は実際にやってみせる。（紹介）	可	231例 （73%）	
不問	手順	・まず、大きい声で読んでみせる。次に…（紹介）	不可	14例 （4%）	不特定

6．まとめと日本語学習者への提示のポイント

本章では以下の2点を明らかにした。

3　この特徴が、「～テミセル」特有のものかについて断言できないが、BCCWJにおけるコロケーションを「～テミル」と比較した場合、「～テミル」は、「～てみる＋条件（と・ば・たら）」（31.9%）、「～てみよう」（16.9%）が多用される（中俣2014）。これに対し、本章で抽出したBCCWJの「～テミセル」2816例を見ると、文末の「～てみせた」（33.4%）、文末の「～てみせる」（15.7%）が上位である。三人称主語文が多いという特徴（本章表2）も総合すると、「～テミセル」は文末で叙述的に用いられる割合が高いことが読み取れる。"みせる"は、行為を他へ向けることを表すことに関連し、書き言葉において、話し手が観察者として他者の様子を捉え、動作主を主語にして描写するのに適していることが要因だと考えている。今後さらに他の形式との比較、検証が必要である。

　　1）書き言葉（BCCWJ）の「〜てみせる。」では、1回生起の事態を表し、
　　　「〜てみせた。」と置き換えが可能な事態既実現の「〜てみせる。」
　　　の出現頻度が高い。
　　2）書き言葉（BCCWJ）の「〜てみせる。」には、日本語学習教材の
　　　「決意用法」、「紹介用法」では説明できない、既実現の事態を描写
　　　する書き言葉特有の表現（【表情】、【態度】、【能力】、【結果】など）
　　　が多数現れている。

　以上を踏まえて、日本語学習教材について述べる。本章で明らかにした
書き言葉における「〜てみせる。」の使用実態は、日本語学習教材の記述
と実際に目にする用例との間で齟齬をきたす可能性があることを示唆して
いる。産出の観点から教材類に「決意用法」、「紹介用法」が記述されてい
るのは妥当であるが、書き言葉の場合には、それらの出現数はさほど多く
なく、書き言葉特有の表現のほうが圧倒的多数出現している。しかも、日
本語学習者がそれらの表現を目にした際、調べたくても解説がないのであ
る。
　そこで、筆者は「〜てみせる。」の書き言葉特有の表現についても、学
習者レベルを絞って資料などに記述する必要があると主張する。具体的に
は、ニア・ネイティブレベルの日本語学習者向け資料に記述するべきだと
考える。
　最後に、本章では触れることのできなかった点について述べる。用例（3）
をはじめとした「決意用法」とも「紹介用法」とも言えない用法の詳細（【表
情】、【態度】、【能力】、【結果】など）について、本章では詳しく述べられ
なかった。本章で示した使用実態を踏まえると「〜てみせる。」の分類（未来、
手順、恒常性、1回生起）ごとに、これらの用法が生じるようである。「〜
テミセル」が多様な意味を表す仕組みについても、日本語学習者にわかり
やすく体系的に示す必要があると考えている。これについては次章で述べ
ることにしたい。

第4章

級外項目「～てみせた」
―書き言葉の文末に現れる「～てみせた。」に注目して―

1．はじめに

　3章で「～てみせる。」について論じたが、「ル形」で表された事態が未実現か既実現かということを中心に論じたため、「～テミセル」[1]から多様な意味が表されることは指摘したものの、その仕組みについては立ち入ることができなかった。本章では、3章に引き続きこの問題に取り組む。

　本章の考察対象である書き言葉の「～てみせた。」とは、動詞のテ形に「みせた。」または「見せた。」が後接した（1）のようなものを指す。（2）と比較するとわかるように、（1）は、「バイオリンを弾く」という動作を提示することを表す。

　　(1)　みんなの前でバイオリンを弾いてみせた。

　　　　　　　　　　　　　　　　（日本語記述文法研究会 2009：139）
　　(2)　みんなの前でバイオリンを弾いた。

　　　　　　　　　　　　　　　　（日本語記述文法研究会 2009：139）

　次に、（1）を元に作例した（3）と（4）を示し、比較する。

　　(3)　彼はみんなにバイオリンを弾いてみせた。　　　　　　（作例）
　　(4)　彼は短時間の練習でバイオリンを弾いてみせた。　　　（作例）

　（3）は「みんなに対して、バイオリンを弾く動作、実技を見せた」という意味だが、（4）では、「彼が短時間でバイオリンを弾いたことを見事だ

1　本章では、「～てみせる。」や「～てみせた。」のように形態を特定して指す場合にはひらがな表記、形態を特定せず文型全体を指す場合には、カタカナ表記で「～テミセル」とする。

とする表現」になる。このように、「〜てみせた。」には、本動詞と同じように相手を表す「ニ格」が生起する（3）のようなタイプと、（4）のように特定の見せる相手が不要なタイプがあり、両者は異なる意味を表すのである。

　さらに、（3）や（4）と同じように解釈できない別のタイプの用例も見られる。

　　（5）　3 週間前の復帰戦では足が痛くなったというウッズだが、「足は
　　　　　少し痛いけど大丈夫。膝も少し痛むけど、年のせいだよ」と<u>笑っ
　　　　　てみせた</u>。
　　　　　　　（『ニュースゴルフダイジェスト』[2] 2018 年 2 月 17 日、下線筆者）
　　（6）　4 月 18 日夜、福田淳一事務次官は辞任を発表。この場で、4 月
　　　　　12 日発売の「週刊新潮」に報じられていた女性記者に対するセク
　　　　　ハラ発言を強く<u>否定してみせた</u>。
　　　　　　　（『東洋経済オンライン』[3] 2018 年 4 月 19 日、下線筆者）

　（5）、（6）は、いずれも「わざとらしさ」を感じさせる表現になっている。

　このように、「〜てみせた。」は、実技を見せる、見事さを表す、わざとらしさを表すなど、様々な意味を持つことがわかる。本章では、書き言葉の「〜てみせた。」がなぜ多様な意味を表すのかについて、「主語の人称」、「共起する動詞の種類」、「何を見せたか」、に注目する立場から、その仕組みを明らかにする。

　本章の構成は次の通りである。まず 2 節で先行研究を踏まえ、本章における課題を示す。3 節で研究方法および使用データについて述べる。4 節で調査結果を示し、5 節で調査結果を分析する。6 節で分析に基づいた考察を行い、7 節でまとめと今後の課題を述べる。

2　https://news.golfdigest.co.jp/news/pga/article/72747/1/（2023 年 9 月 8 日最終閲覧）
3　https://toyokeizai.net/articles/-/217460（2023 年 9 月 8 日最終閲覧）

２．先行研究

　先行研究において「～テミセル」は多様な意味が現れることが指摘され、意味用法が分類されている。その分類には、大別すると３つのアプローチがある。まず、動作の目的から意味を分類したもの（高橋 1969、森田 1977）、文脈および場面に着目し分類したもの（笠松 1991）、構文の特徴から分類したもの（成田 1981、澤田 2009）の３つである。これらを受ける形で、前接動詞・文脈・構文・形態の特徴から、複合的に考察し記述した研究（成 2012、2014）がある。

　その多くにおいて、「～テミセル」は動作主側から述べるものとして分析されている。「動作主側から述べるもの」とは、視点が動作主にある述べ方のことであり、「話し手側から述べるもの」とは、視点が話し手にある述べ方のことである。このような視点、および主語の人称を区別して分析している先行研究は少ない。本章に深く関わる論考としては、動作主が何かを提示したとは言えない用法、(7) のような「～てみせた。」に言及したもの（澤田 2009、成 2012、2014）が挙げられる。

　　(7) 鈴木君はノーヒットノーランを達成してみせた。

　　　　　　　　　　　　　　　　　　　　　　　（澤田 2009：332）

　これは、話し手が主語の行為から感じ取った見事さを表す用法だとされる。動作主側からではなく話し手側から述べる表現であることが指摘され、澤田（2009）、成（2012、2014）いずれも「偉業」という語を用いて話し手が感じ取ったプラス評価を表すとしている。また、この「偉業」を表す場合は、見せる相手が不特定、主語が三人称、という構文的特徴があると言う。このように、「偉業」の場合に限っては、主語が三人称になり、話し手側が述べる表現だと指摘されているが、それ以外の三人称主語文は、動作主側から述べる表現として分析が行われている。

　日本語においては、動作主の内心に関わる事項を述べる場合、人称制限があることが知られている。また、「～テミセル」は「もくろみ動詞」（高橋 1969）と称されるように、動作主の意図に関わる表現だとされている。

これらの点を踏まえると、三人称主語文の「〜テミセル」は「話し手＝動作主」になっておらず、他者である話し手が動作主の内心に関わる事項を述べるのは不自然ではないかという疑問が浮かぶ。そのため、本章ではまず、主語の人称に注目する。

　次に、「何を見せたのか」という点である。先行研究には「〜テミセル」の定義として、「てほんやみせびらかしのためにする動作をあらわす動詞」（高橋1969）、「動作のし手が、あい手になんらかの反応をもとめて、意図的におこなう動作」（笠松1991）、「他者のために試みる行為」（森田1977）、「ある動作の実現を他者に明らかに示す」（日本語記述文法研究会2009）と記述されている。しかし、実際には「動作」や「行為」を見せたとは言い難い用例も存在する。そこで、何を見せたか、その内実に注目する。

　そして、先行研究では、研究者の着眼により様々な分類が行われているが、なぜこのように多様な意味が現れるのか、その仕組みを体系的に示した研究は管見の限り見られない。そこで、本章では主語の人称、視点に注目し「何を見せたか」を基準に「〜てみせた。」という表現の仕組みを探ることにする。

3．研究方法

3.1　研究対象の限定

　本章では「〜テミセル」の中でも、書き言葉の文末に「〜てみせた。」の形態で出現するものを考察対象として限定する。それは、書き言葉では過去の事実を伝える文が多く、「〜てみせた。」であれば必ず事態が既実現となること、また、後続する形式を排除すれば、「〜てみせた。」だけの機能に注目できるからである[4]。

4　3章では考察対象を「〜てみせる。」（ル形）に限定し、用法を整理した（3章表3参照）。事態が既実現の場合の分析に課題が残っており【能力】、【態度】、【結果】など）、本章では、特に書き言葉の「〜てみせた。」に注目する。

3.2　使用データと分析方法

　本章でも国立国語研究所『現代日本語書き言葉均衡コーパス』（以下略称 BCCWJ）を使用データに選定した。このコーパスを選定した理由は、BCCWJ は 3 つのサブコーパスからなる約 1 億語の大規模な均衡コーパスであり様々なテクストジャンルから多数の用例が収集できること、また、本章で注目する「〜てみせた。」という表現は、話し言葉よりも書き言葉で多用されると考えたことの 2 点である。

　次に、データの抽出方法について述べる。用例の抽出にはコーパス検索アプリケーション『中納言』を用いた。その際、すべての年代、すべてのレジスターを対象とした。検索条件は以下の通りである。

　　　短単位検索で、　1）キー：「品詞：大分類：動詞」
　　　　　　　　　　　2）後方共起 1 キーから 1 語：「語彙素：て」
　　　　　　　　　　　3）後方共起 2 キーから 2 語：「語彙素：見せる」

その結果、2816 件が抽出され、そこからひらがな表記の「〜てみせた。」漢字表記の「て見せた。」の形式 919 件を考察対象とした[5]。

　さらに、「残念がってみせた。」[6]や「口を尖らせてみせた。」のような接尾辞や助動詞を含む用例も網羅するため、別途以下の検索を行った。

　　　短単位検索で、　1）キー：「品詞：大分類：接尾辞」、
　　　　　　　　　　　　または、キー：「品詞：大分類：助動詞」
　　　　　　　　　　　2）後方共起 1 キーから 1 語：「語彙素：て」
　　　　　　　　　　　3）後方共起 2 キーから 2 語：「語彙素：見せる」

その結果、得られた 15 件も加え、合計 934 件を研究対象とした。

5　2018 年 2 月 21 日検索。抽出した 2816 件のうち、1865 例が文末に、951 例が文中に出現。
6　「がる」は他者様態を表す接尾辞であり、通常一人称主語文には用いられないが、「〜てみせた。」と共起することで一人称主語文でも出現が可能となっている。

4．調査結果

4.1　前接する動詞からみた「〜てみせた。」

　「〜てみせた。」に前接する動詞、上位 10 位までをまとめたものが表 1 である。10 位までの用例合計数は 531 例と、総数 934 例の半数を超える。表 1 に挙げられた動詞は「〜てみせた。」と共起率が高いものだと考えられる。また、自動詞（頷く、微笑む、笑う、驚く）、再帰動詞（首を振る、肩をすくめる、両手を広げる、目を瞑る）が多くみられる。再帰動詞は「動詞の意味する運動・作用がおよぶのは動作主自身である。（中略）他にむけておこなわれる動作ではない。こうした再帰的な用法には、他動性が欠如している」（村木 1991：184）とされるように、動作主以外への働きかけがない点で自動詞と共通している。反対に、1 位の「する」[7]、6 位の「広げる」、10 位の「出す」には他動詞用法も多く、これらは違うタイプの内容を示すものだと予測される。

表1　「〜てみせた。」に現れる動詞ランキング

順位	動詞	用例数	❶ ヲ格を取らない	❷ ヲ格を取る	❸ ❷のうちの再帰動詞数	❹ ❷に対する❸の割合	❺ 再帰動詞の用例
1	する	190	114	76	4／76	5％	鼻を豚鼻にする
2	頷く	86	86	－	－	－	－
3	笑う	63	63	－	－	－	－
4	振る	49	－	49	36／49	73％	首／手を振る
5	竦める	30	－	30	30／30	100％	首／肩を竦める
6	微笑む	22	22	－	－	－	－
6	広げる	22	－	22	8／22	36％	両手を広げる
7	立てる	16	－	16	14／16	88％	〜指を立てる
8	瞑る	15	－	15	15／15	100％	目を瞑る
9	驚く	13	13	－	－	－	－
9	作る	13	－	13	12／13	92％	力瘤／笑顔を作る
10	出す	12	－	12	2／12	17％	舌を出す
合計		531	298	233	121	52％	

7　「する」の分類は影山（1993：266-276）の単純事象名詞、複雑事象名詞の考え方に従った。

4.2 人称からみた「〜てみせた。」

「〜てみせた。」の主語の人称についてまとめたものが表2である。

表2 文末に現れる「〜てみせた。」の人称

一人称	二人称	三人称		合計
		有情物	非情物	
73	1	852	8	934
7.8%	0.1%	91.2%	0.9%	100%

表2から、「〜てみせた。」では9割を超える用例が三人称主語文であることがわかる。一人称の用例は2番目に多いとはいえ1割未満である。また、非情物が主語に立ち得ることも明らかになった。1例ではあるが、二人称の用例も存在した。

5．分析

5節では、先行研究とは違う5つの区分を示し、主語の人称を分けて分析する。

5.1 用例（BCCWJ）の分析方法

表1で示したように、「〜てみせた。」の前接動詞には特徴が見られた。分析する際、主軸に据えた「主語の人称」に加えて、「動詞の種類」にも着目した。そして、「何を見せたか」という観点から、「〜てみせた。」を【モノ】、【実技】、【身振り・態度】、【作り様態】、【結果】の5つに分類した。

細かな観察に入る前に先取りして全体像を示すと、表3のように整理できる。

表3　「〜てみせた。」は何を見せたか

		一人称	三人称
		動作主視点【発信】	観察者視点【受信】
何を見せたか	対象 ↓	①′モノ　／　①モノ ｛私は／彼は｝仲間に地図を広げてみせた。	
	動作 ↓	②′実技　／　②実技 ｛私は／彼は｝みんなの前で実際にボールを蹴ってみせた。	
	意向 ↓	③′身振り・態度 私は首をかしげてみせた。	③身振り・態度 彼は首をかしげてみせた。
	意図性 ↓	④′作り様態 私は驚いてみせた。	④作り様態 彼は驚いてみせた。
	能力	⑤′結果 私は試験に合格してみせた。	⑤結果 彼は試験に合格してみせた。

（表の④・⑤の中央欄に「評価」とある）

「何を見せたか」が具体的な【モノ】、【実技】は客観性があり、動作主の人称、視点が変わっても同じ事態が表せる。それに対し、【身振り・態度】、【作り様態】、【結果】については動作主の内心に関わる表現であり、その解釈には、主語の人称を区別する必要がある。

　分類の方法は、次の通りである。第一に、「〜てみせた。」を統語的観点から【モノ】、【結果】、および、その中間段階に位置する“その他”の3つに区分した。“その他”とは、表3で示すと【実技】、【身振り・態度】、【作り様態】にあたる。これには、次の（8）、（9）のテストを用いた。

（8）「〜てみせた。」の「動詞のテ形」と「みせた。」の間に語句が挿入できるか。

　　　彼は地図を広げて<u>私に</u>みせた。（できる…本動詞）➡【モノ】

　　　*彼はボールを蹴って<u>私に</u>みせた。（できない…補助動詞）

　　　　　　　　　　　　　　　　　　　　　　　➡“補助動詞”

（9）“補助動詞”の「〜てみせた。」が、提示の相手を表す「ニ格」と共起できるか。

　　　*彼は<u>山田君に</u>大学に合格してみせた。（できない…結果を見せる）

　　　　　　　　　　　　　　　　　　　　　　　➡【結果】

彼は山田君にボールを蹴ってみせた。（できる…行為を見せる）
　　　　　　　　　　　　　　　　　　　　　　➡ "その他"
　　彼は山田君に驚いてみせた。（できる…行為を見せる）➡ "その他"

　第二に、統語的には１つのカテゴリーである"その他"を意味的観点から、３つに区分した。これは、「見せたもの」の具象性に基づくもので、その段階に応じて、【実技】、【身振り・態度】、【作り様態】とした。
　この５つの区分（【モノ】、【実技】、【身振り・態度】、【作り様態】、【結果】）について、5.2節以降、詳しく見ていく。最初に、表３の上部、一人称主語文でも、三人称主語文でも同じ事態が表せる「モノ」、「実技」の用例を観察する。続いて、人称を区別して考える必要がある、表３右側の三人称主語文（③〜⑤）を、その後に、表３左側の一人称主語文（③′〜⑤′）を同様に観察する。１例のみの二人称主語文は最後に述べる。なお、用例中の下線および波線は筆者によるものである。

5.2　「モノ」と「実技」

　「モノ」と「実技」は、提示内容に客観性がある。そのため、主語の人称を変更しても、誰の視点から述べるかの違いだけで、同じ事態が表せる。

5.2.1　モノ（①三人称主語文 110 例／①′一人称主語文４例）

　「モノ」は、動作主が他者に対してモノを提示するタイプである。前接動詞は、モノの認知を促すための準備行為を表す。そのため、前接動詞が取るヲ格対象の位置を変化させる動詞（動かす、掲げる、かざす、出す、突き出す、取り出す）や、状態を変化させる動詞（広げる、開く）が共起しやすい。また、前接動詞のヲ格対象と、"みせた"の取るヲ格対象が異なることもあるが、その場合には、「モノ」は前後の文脈で示されている。次の（10）は三人称、（11）は一人称の用例である。

(10)「ミスター・シーナ、ミスター・タカハシよく来ました」と<u>その青年</u>は言い、かかえていた新聞紙をかたわらにあった自転車の荷台の上で<u>広げてみせた</u>。

（2歴史『インドでわしも考えた』LBc2_00026、20270）

(11)私は頭を抱えた。トランクのいちばん上には三脚ケースがあったのである。「何だ、これは！？」若い兵士が急に大声を出すと、中から着替えの終わったチーフが出てきた。「あっ、いえ。これはトライポッドと言いまして、撮影用の三脚です。どうぞ見てください」<u>私</u>は誤解を受けないようにゆっくりとチャックを<u>開けてみせた</u>。

（2歴史『不肖・宮嶋のネェちゃん撮らせんかい!』PB12_00136、42530）

　(10)も(11)も「新聞紙を広げる動作」や「チャックを開ける動作」を見せようとしているわけではない。これらの動作は、「モノ」を見せるための準備行為である。

　統語面では、(12)のように「前接動詞」と「みせた。」の間に語句を挿入することができ、「みせた。」単独で意味が表せることがわかる。

(12)青年は新聞紙を<u>広げて私にみせた</u>。　　　　　　　　（作例）

　また、「〜てみせた。」を後接させない無標の形式とは事態が異なる。(13)を(14)のように置き換えると、他者へ向けて行ったことが表せなくなる。

(13)青年は新聞紙を<u>広げてみせた</u>。　　　　　　　　　　（作例）
(14)青年は新聞紙を<u>広げた</u>。　　　　　　　　　　　　　（作例）

5.2.2　実技（②三人称主語文 42 例／②′一人称主語文 5 例）

　「実技」は、動作主が他者に対して動作そのものを提示するタイプである。「実技」の前接動詞は、具体的な動作様態を表す動詞が共起しやすい。次の(15)、(16)は三人称、(17)は一人称の用例である。

(15) ある日、<u>ジノ・サニ</u>は選手たちの前で実際にボールを<u>蹴ってみせた</u>。
（7 芸術・美術『狂気の左サイドバック』LBi7_00045、30480）

(16) フルート奏者、永田明さんの周りで、初めてフルートに触れた子供が歓声を上げる。チューバの<u>鈴木浩二さん</u>は、「ぞうさん」を<u>吹いてみせた</u>。（ブロック紙『西日本新聞』PN3g_00013、5580）

(17) 「犬にさわってもいい？」不意に男の子が口を開いた。彼が喋るのをわたしは初めて聞いた。よく響く透き通った声だった。「いいわよ。ここのところを撫でるとね、とても喜ぶの」<u>わたし</u>は沈黙が途切れたことにほっとし、首の回りを<u>撫でてみせた</u>。
（9 文学『妊娠カレンダー』OB4X_00196、15630）

これらは、「ボールを蹴る」、「チューバを吹く」、「犬の首の回りを撫でる」という動作そのものを見せて、いずれもやり方や手本を示している。

また、(16) を (18) のように無標の形式にすると、「モノ」同様、他者に対して行ったことが表せなくなる。

(18) チューバの鈴木浩二さんは、「ぞうさん」を吹いた。　　　（作例）

5.3　三人称主語文の「身振り・態度」、「作り様態」、「結果」

表3の右側、三人称主語文の「③身振り・態度」、「④作り様態」、「⑤結果」を観察する。先に結論から述べると、三人称主語文の共通の意味は次のように捉えられる。

(19) 三人称主語文の「〜てみせた。」共通の意味
　　　<u>観察者視点</u>で「動作主が他者に認知させるためにVした」と捉えたことを有標的に示す。

認知とは、「ある事柄をはっきりと認めること」（『日本国語大辞典（第二版）』第10巻、p.568）とされる。「〜てみせた。」は他者に認知させるために行為を他へ向けたことを意味している。具体的には、「モノ」を視

覚で捉えさせたり、「実技」でやり方を理解させたりすること、それに加えて、何かに気づかせたりすることも表す。三人称主語文の場合は、これを観察者が受信して述べる表現だと考えられる。

　なお、いわゆる「語り」と呼ばれる小説や物語の地の文では、三人称主語文でも動作主寄りの視点を取るものが見られた[8]。これはいわゆる三人称小説に見られる特有の視点である。このような場合を除き、「〜てみせた。」は、観察者視点で事態を描写しているという読みが可能である。以上を踏まえ、各区分の観察に移る。

5.3.1　③身振り・態度（507 例）

　「③身振り・態度」は観察者が動作主の様態について述べるタイプで、「他者の動作様態が意図的だ」という観察者の評価を含意する。

　　(20)「場合によっては（所属する橋本派を）出てもいいんだ。他派閥
　　　　からも引き抜いて三十人から五十人の新派閥をつくることができ
　　　　るんだ」。二千一年四月の自民党総裁選を前に、党総務局長だった
　　　　鈴木宗男が電話口でこう言い切ってみせた。
　　　　　　　　　　　（ブロック紙『北海道新聞』PN2e_00002、4170）

　(20) では電話口で鈴木氏が言い切る様子を観察者が受信し、他へ向けられた行為だと感じていることを表す。

　　(21)　党総務局長だった鈴木宗男が電話口でこう言い切った。　（作例）

　(21) のように無標の形式でも「言い切った。」という事態に変わりはなく、強気な様子は表せる。有標の場合は、意図して行為を他へ向けたと観

8　いわゆる三人称小説では、視点が固定されるとは限らず、事態を俯瞰的に描写する視点に切り替わることもある。この俯瞰的な視点は、観察者視点として判断した。「動作主寄りの視点を取る三人称主語文」と判断したのは、観察では知り得ない動作主の心的態度が地の文に直接述べられている、次のようなものである。13 例見られた。
　　何がおはようだと思ったが、滋子は景気よく笑ってみせた。
　　　　　　　　　（9 文学『模倣犯』OB6X_00093、8640、下線、波線は筆者による）

察者が捉えており、「わざとらしさ」が表される。

　「③身振り・態度」では、表1で特徴的に現れた再帰動詞（手を広げる、首を振る）が多数見られ、身振りとして意向を伝える役割を担っている。他にも自然発生の可能性がない態度を表す動詞（頷く、嘆く、ふくれる、あらがう）との共起が見られる。

5.3.2　④作り様態（81例）

　「④作り様態」も、観察者が動作主の様態について述べるタイプで、「③身振り・態度」と同じく、「他者の動作様態が意図的だ」という観察者の評価を含意する。

> （22）「わかりました。話を聞いたばかりで、まだ気持の整理はついていないけれど、とにかくプラスの方向に…」茂は、こう言って<u>笑ってみせた</u>。その夜、私たち夫婦は、電話の子機を枕元において寝た。
> 　　　　（9文学『見慣れた景色が変わるとき　「癌告知」18人の知恵と勇気に学ぶ』LBn9_00065、76420）

　（22）では、観察者が動作主の様態は自然発生ではない作られたものだと感じ取っている。比較のため（22）を次の（23）、（24）のように変更して示すと、（23）の「笑った。」では、他者が自然に笑う様子が表現されるのに対し、（24）の「笑ってみせた。」では、他者が無理して笑う様子が表されることがわかる。

> （23）茂は、こう言って<u>笑った</u>。　　　　　　　　　　　（作例）
> （24）茂は、こう言って<u>笑ってみせた</u>。　　　　　　　　（作例）

　このように、「～てみせた。」は、観察者が他者の様態を捉え、自然発生ではないとする評価のマーカーだと言える。

　「④作り様態」の前接動詞は、自然発生の用法を持つ自動詞（笑う、立ち尽くす、驚く、震える、戸惑う、など）、つまり感情や生理現象を表す

90

動詞と共起することが特徴である。

5.3.3　⑤結果（有情物112例／非情物8例）

「⑤結果」は、観察者が事態の結果について述べるタイプで、これも観察者の評価を含意する。その評価とは、「他者に認知させるほどの結果だ」というものである。

　　(25) 初めての開幕戦への不安から、松坂と上原浩治に電話でアドバイスを求めた男が、立派に大役を<u>果たしてみせた</u>。
　　　　（総合／スポーツ『Sports Graphic Number』PM21_01314、23430）

これを（26）のように、無標形式にしても、事態の結果には変わりがない。

　　(26) 初めての開幕戦への不安から、松坂と上原浩治に電話でアドバイスを求めた男が、立派に大役を<u>果たした</u>。　　　　　　（作例）

このように、有標の形式では、認知させるほどの結果だという評価が含意され、「称賛」、「意外」などの意味が表れる。先行研究で「偉業」とされるのはこのタイプである。

　統語面では、「⑤結果」の場合、特定の提示先「ニ格名詞句」が生起しない。（27）のように「監督に」を付加すると不自然に感じられる。

　　(27) 初めての開幕戦への不安から、松坂と上原浩治に電話でアドバイスを求めた男が、？<u>監督に</u>立派に大役を果たしてみせた。（作例）

「⑤結果」の動詞の特徴は、動作様態を表さず、結果事態を表すことである。ただし、動作様態を表す動詞でも、動詞を修飾する語との組み合わせによっては、結果を表す。

　　(28) 彼は50メートルを<u>33秒で</u>泳いでみせた。　　　　（作例、⑤結果）

（29）彼は子供たちのためにゆっくり丁寧に泳いでみせた。

（作例、②実技）

　（28）のように、達成限界を表す「33秒で」を組み合わせれば、移動様態を表す「泳ぐ」も「結果」が表せる。反対に、（29）のように結果事態を表さず、他者に対して動作そのものを提示した場合は先述の「実技」を表す。

　また、非情物主語の「〜てみせた。」はすべて「⑤結果」に該当し、この場合も「他者に認知させるほどの結果だ」という観察者による評価を含意する。「数々の記録」は非情物であり、観察者側から述べるものだと言うことができる。

（30）この良き伝統のために伊方発電所は他の原子力発電所よりも人手
　　　が多かった。だが、数々の記録は、それが無駄ではないことを証
　　　明してみせた。

（5技術・工学『送電線の向こうから』PB35_00145、34260）

5.4　一人称主語文の「身振り・態度」、「作り様態」、「結果」

　表3の左側、一人称主語文の「③′身振り・態度」、「④′作り様態」、「⑤′結果」を観察する。三人称主語文と同じく、先に結論を述べると、一人称主語文の「〜てみせた。」共通の意味は、（31）のように捉えられる。

（31）一人称主語文「〜てみせた。」共通の意味
　　　動作主が他者に認知させるためにVしたことを有標的に示す。

　一人称では、動作主が発信する。「モノ」や「実技」を認知させたり、意図して伝えたり気づかせたりしようとすることを表す。この共通の意味を踏まえ、各区分の観察に移る。

5.4.1　③′身振り・態度（25例）

「③′身振り・態度」は動作主から他者へ向けられた非言語コミュニケーションとしての動作、あるいは態度を提示するタイプである。

> （32）泣きっ面の私が陸橋の方角を尋ねると（自分は尋ねたつもり）、彼は私の肩越しに向こうを見ながら「大きいの？　小さいの？」。え？　ほかにも赤い橋が？　不審に思ったが「ア　ビ～ック　ロ～ングワン！」と、両手をいっぱいに広げてみせた。
> 　　　　　　（8言語『英語とんちんかん記』LBn8_00001、5380）

　（32）の両手をいっぱいに広げる動作は、実技としてではなく、「大きいの」という意向の伝達手段（身振り）として間接的に用いられている。動詞の特徴は、先述の「③身振り・態度」と同じである。

5.4.2　④′作り様態（34例）

「④′作り様態」は、動作主が他者に対して意図的に外的な様態を変化させるタイプである。（33）は、見当がついたのに驚いたふりをし、本心とは異なる様態を見せている。

> （33）それは成人男性向けマンガ同人誌のことだと私は見当がついた。物堅い価値観からすればまったくもってけしからぬことであるが、実際、裸の桜が登場する同人誌が大量に出回っており、未成年の目から完全には隔離されていない現状がある。私は、そのときララさんの言葉に対して「えっ、そうなの！」と驚いてみせた。
> 　　　　　（3社会科学『アニメと思春期のこころ』PB43_00185、41430）

　「④′作り様態」の「～てみせた。」は、動作主の行為が意図的に他へ向けて行われたことを表す役割を担っている。動詞の特徴は、先述の「④作り様態」と同じである。

5.4.3　⑤′結果（5例）

「⑤′結果」は動作主が事態を達成させその結果を提示するタイプである。

 （34）僕はおばあちゃんの死から約1週間で<u>立ち直ってみせた</u>。
         （9文学『かまち』LBi9_00187、190）

 （34）を（35）のように、無標の形式に置き換えても立ち直ったという事態は同じである。有標形式は、結果を提示することで、事態を達成した自分の「能力」をあえて示す表現だと考えられる。

 （35）僕はおばあちゃんの死から約1週間で<u>立ち直った</u>。   （作例）

「⑤′結果」の動詞の特徴は、先述の「⑤結果」と同様である。

5.5　二人称主語文の分析

先行研究では触れられていなかった二人称主語文が1例あった。

 （36）それから、ピストルを手に入れて、あなたにその事を相談した。
   すると、あなたは芯からのように、そんなばかげたことがあるも
   のかと打ち消しながら、目の奥に不安の色を漂わせて見せた。
      （9文学『三角館の恐怖』LBs9_00111、104470）

これも観察者が動作主の様態は作られたものだと感じ取って述べている。用例は少ないが二人称主語文でも「〜てみせた。」が使われることがわかった。

5.6　分析のまとめ

ここまでの用例分析を通して、「〜てみせた。」の解釈には人称を区別す

る必要があることを示した。三人称主語文の「〜てみせた。」は、観察者
視点で物事が捉えられる。「③身振り・態度」、「④作り様態」、「⑤結果」
では、他者の様態や、事態の結果について、観察者が受信して述べている。
そのため観察者の評価を含意する。先行研究で「評価」（偉業）とされた
ものは本章の分類でいう「⑤結果」のみであるが、他者の様態についても
「③身振り・態度」や「④作り様態」のように観察者の感じ取った「評価」
が表れていると言える。

　それに対して、一人称主語文の場合は動作主視点で発信している。「③′
身振り・態度」、「④′作り様態」、「⑤′結果」では、動作主自身の心的態度
を述べる表現となる。

　書き言葉では、話し言葉と違って、対話の相手と場を共有しないため、
読み手が想像できるように、流れに沿って事態が描写される。その際には
「観察者が…と感じた。」という述べ方ではなく、動作主が何をしたか、事
態がどうなったかを描く。被写体を主語にして「〜てみせた。」を用いると、
あたかも動作主側が意図的に発信したかのように、非情物にも意志がある
かのように表現されるが、実際には、観察者のフィルターを通して評価さ
れた事態が描かれるのである。

　以上のように、本章では、書き言葉の「〜てみせた。」には、観察者側
が他者の様態や、事態の結果を受信して述べる用法があることを指摘した。

6. 考察

　本動詞「見せる」は3項他動詞であり、複他動詞とも呼ばれる。ヲ格名
詞句、相手を表すニ格名詞句の2つの対象を取り、視覚で捉えられるよう
に相手にヲ格対象を提示することを表す。表3で示した「〜てみせた。」
の5つの区分に照らしてみると、「モノ」は本動詞「見せる」であり、そ
れ以外の4つの区分は補助動詞「みせる」だと考えられる。そして、補助
動詞「みせる」の4つの区分には、本動詞「見せる」の意味を強く残すも
のから、ほとんど残さないものまであり、連続性と段階性が見られる。こ
の意味の抽象化について、本章では表4のように示す。本動詞をA型とし、
補助動詞をB型とした。B型においては「何を見せたか」の内実が抽象化

していく段階に従って B1a ～ B2 型とした。これに対応する用例が（37）である。また、提示の種類は表5の通りである。

表4　「～てみせた。」における意味の抽象化

区分	見せたもの	内実	共起しやすい動詞の特徴
A　型	モノ	対象	動作主が対象の位置や形状を変化させる動詞
B1a 型	実技	動作	動作主が具体的な動作を表す動詞
B1b 型	身振り・態度	意向	動作主の身振りや態度を表す動詞
B1c 型	作り様態	意図性	動作主の感情・生理現象を表す動詞
B2　型	結果	能力	行為の達成・事態の結果を表す動詞

（37）A　型　彼は友達に地図を広げてみせた。
　　　B1a型　彼は友達にピアノを弾いてみせた。
　　　B1b型　彼はその質問に首を振ってみせた。
　　　　　　　彼は疑惑を否定してみせた。
　　　B1c型　彼は「そうなの？」と驚いてみせた。
　　　B2　型　彼は大学に合格してみせた。

表5　提示の種類

区分	提示内容	提示の種類	動作様態（視覚性）	結果の実現	提示先の必要性[9]
A　型	モノ	対象の直接提示	＋	－	＋
B1a 型	行為	動作の直接提示	＋	－	＋
B1b 型		意向の間接提示	＋	－	±
B1c 型		意図性の間接提示	＋	－	±
B2　型	結果	能力の間接提示	－	＋	－

　以上の考察を踏まえ、「～てみせた。」の意味の抽象化についてまとめる。「～てみせた。」の意味の抽象化は、本動詞と補助動詞の2段階ではなく、補助動詞にも段階性が認められる。B1a 型は本動詞である A 型の意味を最も強く残しており、「動作」を直接視覚で捉えさせる。B1b 型、B1c 型は、

9　5つの区分のうち「身振り・態度」、「作り様態」では、提示先が示される場合と示されない場合がある。示されない場合、次の a. と b. の2つの解釈が可能であるが、ここでは a. のように捉えた場合について論じ、見せる相手の有無による意味の違いについては立ち入らない。
　a. 彼は（彼女に）〔首を振る〕てみせた。／b. 彼は（φ）〔首を振る〕てみせた。

96

動作様態を通して、動作主の「意向」や「意図性」を間接的に表す。そして、B2型ではもはや視覚性が失われ、具体的な動作や様態は見せずに結果を見せるタイプへと意味が抽象化しているのがわかる。「～てみせた。」は提示内容の抽象化とともに、本動詞「見せる」の意味が薄れていくのである。これは文法化の一側面として捉えられる。

　文法化について三宅（2005）は次のように述べている。「実質的な意味を持ち、自立した要素になり得る語のことを「内容語」（content word）と呼び、逆に実質的な意味、および自立性が希薄で、専ら文法機能を担う要素になる語のことを「機能語」（function word/grammatical word）と呼ぶことにすると、「文法化」（grammaticalization）とは、概ね「内容語だったものが、機能語としての性格を持つものに変化する現象」と言えるだろう。」（三宅 2005：62）。また、同論文では、共時的な文法化研究の意義と文法化の認定方法についても示されている。それによれば、文法化は典型的には意味的な側面と形態・統語的な側面の変化を合わせ持つ現象だとされる（三宅 2005）が、本章ではこのうちの意味的な側面の変化、「漂白化」が確認できたと言える。

7．まとめと日本語学習者への提示のポイント

　本章では、書き言葉の「～てみせた。」には、観察者側から他者の様態や事態の結果について感じ取って述べる用法があることを指摘し、その場合には観察者の評価を含意することを主張した。そして、「何を見せたか」という5つの区分を用いて、「～てみせた。」の意味の抽象化について述べ、多様な意味が現れる仕組みを示した。

　ここで、第3章での事態実現に関する「～てみせる。」の議論も含めて、「～テミセル」という表現全体についてまとめておきたい。第3章では、主に「ル形」が表すテンスに基づく使用実態を明らかにし、第4章では、必ず事態が既実現になる「タ形」のみを取り出してその用法を分類した。相互の関係性を整理するため、3章で示した日本語教科書で提示されている「決意用法」と「紹介用法」を再度確認する。

（38）ぼくはあしたの柔道の試合で必ず勝ってみせる。がんばるぞ。

（友松ほか 2010：199、下線筆者、3 章（1）再掲）

（39）かれは柔道の型を教えるためにまずやってみせた。

（グループ・ジャマシイ編 2023：241、下線筆者、3 章（2）再掲）

これらを 4 章の分類に当てはめると、（38）は、事態未実現の「結果」に該当し、（39）は事態既実現の「実技」に該当すると説明できる。このように、3 章で示した分類と、本章の 5 つの区分を組み合わせて用例を見ていく必要がある。

これを踏まえ、表 6 に「～テミセル」の用法と日本語教材類との関係を示す。

表 6　「～テミセル」の用法と日本語教材類の関係

区分	用法	例文	日本語教材類での扱い
A　型	モノ	私は／彼は地図を広げて（友達に）みせた	本動詞
B1a 型	実技	私は／彼は友達にピアノを弾いてみせた	紹介用法
B1b 型	身振り・態度	私は／彼はその質問に首を振ってみせた	空白
B1c 型	作り様態	私は／彼は「そうなの？」と驚いてみせた	空白
B2 型	結果	私は／彼は大学に合格してみせた	決意用法 一人称、未実現

日本語教材類で主に扱われているのは、本章の分類で言う「実技」である。「結果」については、一人称主語文で事態が未実現のもののみが取り扱われている。日常会話での産出に必要なものとして、これらが説明されていることは妥当だと考えられる。しかし、書き言葉において出現頻度の高い「身振り・態度」や「作り様態」が空白となっており、特に観察者視点の評価を含意する用法については、解説が必要だと考えられる。

以上を踏まえ、「～テミセル」の日本語学習者向けの提示ポイントを 3 点挙げる。

　　1）三人称主語文の「〜テミセル」は観察者が事態を描写するのに
　　　用いられ、観察者が感じ取った評価を含意することを説明する。
　　2）日本語教材類では説明されない抜け落ちた用法「身振り・態度」
　　　「作り様態」「結果」を含め、全体像を提示する。
　　3）日本語学習者の持つ社会文化によって、「身振り」は表す内容
　　　が変わることに注意する。

　まず、書き言葉（『BCCWJ』）において、「〜テミセル」は事態を描写す
るのに用いられることが多く、観察者が他者の様態から意図性を感じ取っ
たり、事態の結果から他者の能力を感じ取ったりして、評価を加える表現
だということを説明することが重要である。次に、日本語教材類に見られ
ない用法（「身振り・態度」や「作り様態」）は未習となりやすく、「結
果」については「決意用法」として動作主視点の「ル形」（事態未実現）
以外についても解説が必要である。そして、日本語学習者の持つ文化や習
慣により、再帰動詞を通して表す「意向」が共通理解できるものではない
ということに配慮しなければならない。世界の身振りを解説したデスモン
ド（2016）によれば、頭を揺らす動作（Head Roll）は、ブルガリア、イ
ンド、パキスタンなど文化によっては肯定の「はい」、「YES」を表すが、
世界の広範囲で用いられている否定の「いいえ」、「NO」を表す頭振り
（Head Shake）と大変似ているため、混乱を引き起こしやすい(デスモン
ド 2016:417-418)ことが指摘されている。また日本の手招きの仕草は、ヨー
ロッパ大陸の南側（スペイン、イタリア、ポルトガルなど）と同様であるが、
北側のドイツなどでは「あっちへ行け」「帰れ」という意味になる（デス
モンド 2016:106-107）ため、注意が必要である。このように、「〜テミセル」
の部分に加えて、その身振りが何を表すのかについても同時に確認する必
要がある。これには、本章で示した前接語ランキングに現れた共起率の高
い動詞、特に再帰動詞と共に用例を示すことが、「身振り」の紹介に関し
て有効かつ効率的だと言える。
　最後に、本章では十分に論じられなかった点について述べる。本章では
「〜てみせた。」の「主語の人称」、「何を見せたか」に注目し、調査、考察
を行った。そのため構文的特徴（「項の生起」）についての考察は必ずしも

十分であったとは言えない。これについては、今後の課題としたい。

第5章

級外項目「～てよこす」

―「～てよこす」のぞんざいな印象の正体―

1. はじめに

　本章では、動詞のテ形に“よこす（寄越す）”が後接した「～てよこす（～
て寄越す）」（以下、表記は「～てよこす」に統一）について論じる。次の
(1)、(2)のようなものである。

　　(1) 駅前で、客引きがチラシを渡してよこした。　　　　　　（作例）
　　(2) 息子が今年の夏は帰らないって言ってよこしたのよ。　　（作例）

　「～てよこす」は、上級レベルに達した日本語学習者であっても、次の
ような疑問点・困難点が予想されるため、本章ではこの表現の分析に取り
組む[1]。
　1つ目は、「～てよこす」は広義の授受を表し、そして視点性を有する
ことから「～てくれる」や「～てくる」と類似する点についてである。(3)
は、同一事態に対して3種の表現が使用可能になる例である。

　　(3) 駅前で、店員がチラシを渡して（よこした／きた／くれた）。
　　　　　　　　　　　　　　　　　　　　　　　　　　　　　　（作例）

　授受を表す表現や、視点性を有する表現は、日本語学習者にとって理解
に困難が伴いやすいことが知られており、(3)のように同一場面で使える
場合の類義表現との異同や、また、どのような条件で置き換え可能かとい

---

[1]　「～てよこす」は『テーマ別　上級で学ぶ日本語　改訂版』（松田浩志ほか2006）の8課本
　　文に使われており、筆者がその扱いについて悩んだ表現である（8課の新出文法項目ではない）。
　　その一文を以下に示す。なお、同教材は改訂され三訂版の8課本文は別の内容になっている。
　　　結局駅員は、いぶかしげな顔をしながら「さっさと通れ」とばかりに、私に定期券を返し
　　てよこした。　　　　　　　　（『テーマ別　上級で学ぶ日本語　改訂版』p.66、下線筆者）

101

う点を明らかにすることが1つ目の課題である。

　もう1つは、ぞんざいな（粗野な）印象についてである。「〜てよこす」は冒頭（1）のようにぞんざいな印象になる場合と、（2）のように少し古い言い方とも読める場合とがある。また、女性による使用も見られ、一律に粗野な印象になるとは限らない。この理由を明らかにすることを2つ目の課題とする。

　本章の構成は以下の通りである。2節で先行研究を概観し、3節で研究方法について述べる。4節では調査結果と分類別の用例を示し、5節で先に本動詞「よこす」の分析を行う。それを踏まえ、6節では「〜てよこす」の分析を行う。特に、「〜てくれる」や「〜てくる」との異同、および、「〜てよこす」の意味・用法とぞんざいな印象との関係について述べる。最後に7節でまとめを行う。

2．先行研究

　本章の分析に深く関わるものとして、日高（1997、2007）、李（2010）がある。日高（1997）は、方言の授与動詞の体系を扱う論考だが、表1のように標準語（および西部方言）についても触れており、その意味用法をA)、B)、C)の3つに分類した上で、本動詞「よこす」は、意味用法のB)に該当するとしている。

表1　日高（1997）非敬語形の授与動詞の意味用法【標準語・（大部分の）西部方言】

意味用法	受け手の人格性	所有権移動	遠心的方向	求心的方向
A)	前提とする	含意する	やる	くれる
B)		含意しない	やる	よこす
C)	前提としない		やる	

（日高 1997：111（9）、「よこす」の太字は筆者による）

　また、その後の日高（2007）には、本動詞「よこす」および「〜てよこす」が次のように説明されている。

　　標準語の「よこす」は、求心性を帯びた動詞であり、遠心的方向用法

では用いられない。「くれる」との意味的な違いは、所有権の移動が
意味の中心ではないことである。「よこす」は、与え手と受け手の間
に距離があり、その間を物が移動してくるという意味合いが強い。あ
るいは、直接手から手へと物が移動する場合であっても、所有権の移
動やそれに伴う恩恵性といったものとは無関係である。また、本動詞
の意味から離れた補助動詞の用法はない。動詞のテ形に接続して用い
られることはあるが、それも物の移動を表す本来的な意味が残ってい
る。　　　　　　　　　　　　　　　　　　　　　（日高 2007：101）

　これらは、大変示唆に富むものである。しかし、日高（2007）が触れて
いる「直接手から手へと物が移動する場合」に該当し、それでいて、実質
的に所有権が移動することを表す（4）のような例も見られる。

　　（4）（目の前にいる銀行強盗が）早く金をよこせ。　　　　（作例）

　そのため、本動詞「よこす」に関しては、2者間の距離が前提、かつ、
所有権移動を含意しないという指摘の内実を探る必要があると考えられる。
　「〜てよこす」に関しては、他にも李（2010）に文法化についての考察
がある。「〜てよこす」は、（5）に見られるように、抽象的なものの授受
を表すこと、そして、格支配が前項動詞に従っているのか「よこす」によ
るのかが不明であること、前項動詞と「よこす」が時間的継起関係を成し
ていないことを挙げ、「〜てよこす」に文法化の初期段階の様相が見られ
るとしている。

　　（5）黒が炊事室の建物の陰からわずかに手をだしてみせ、 大丈夫 だ、
　　　　としらせてよこした。（李 2010：59（32）、囲み・下線原文通り）

　このように、先行研究において「〜てよこす」は本動詞の意味から離れ
た用法はないとされる一方で、文法化の初期段階にあるとするものもある。
両者とも、使用実態を調査、分析したものではないため、さらなる検証の
余地があると思われる。

3．研究方法

　先行研究を踏まえ、本章では実例調査と用例観察による探索型アプローチで分析を行う。コーパスには国立国語研究所『現代日本語書き言葉均衡コーパス』（以下、BCCWJ）を選定し、『中納言』を用いてすべてのレジスターを対象に短単位検索で用例を抽出した[2]。なお、「〜てよこす」の意味・用法を記述するためには、本動詞「よこす」の分析が不可欠だと考え、本動詞「よこす」についても検索を行った。「〜てよこす」の検索方法は以下の通りである。

　　　短単位検索で、1）キー：「指定しない」
　　　　　　　　　　2）後方共起1　キーから1語：「語彙素：て」
　　　　　　　　　　3）後方共起2　キーから2語：「語彙素：寄越す」

本動詞「よこす」の検索方法は以下の通りである。

　　　短単位検索で、1）キー：「指定しない」
　　　　　　　　　　2）後方共起1キーから1語：「語彙素読み：ヨコス」

　その結果、「〜てよこす」は、218件が抽出され、目視でデータを確認し対象外の「よこすか（横須賀）」を含むものなど5例を除く213例を考察対象とした。また、本動詞「よこす」は788件を抽出、この中から「〜てよこす」を除外し、「〜てよこす」同様に対象外となる用例を除く556例を考察対象とした。

4．調査項目と調査結果
4.1　調査項目

　先行研究で指摘されていた、2者間の距離的関係、所有権移動に注目し、「移動対象物と2者間の距離的関係」、「使用形式」、「「〜てよこす」の前接

2　2021年6月12日検索。

動詞」の 3 つを調査する。

4.2　移動対象物と 2 者間の距離的関係

　BCCWJ の用例を目視で確認し、移動対象物の種類を 5 つ（①派遣物、②情報、③モノ、④表情、⑤行為）に分けた。移動対象物とは、「〔送り手〕が〔受け手（側）〕に〔移動対象物〕を（と）V てよこす／よこす」の〔移動対象物〕から読み取った。加えて、2 者間の距離的関係（別空間、同一空間、不問）も調査した。以下、「〜てよこす」、本動詞「よこす」の順に分類別の用例を示す。用例には出典、ID 番号、開始位置を付した。なお、下線、波線は筆者によるもので、波線は〔移動対象物〕関連部分を示す。

4.2.1　「〜てよこす」の移動対象物

　①派遣物は、送り手が命じることにより、人物や乗り物が受け手側に届くことを表す。人物では、「〜の者」「使者」、乗り物では「車」、「タクシー」、「迎え」などが出現している。①派遣物では 2 者間の距離的関係は別空間になる。

　(6)　数年前に、ドイツ政府が日本に派遣してよこした若くて有能なドイツ語教師が、着任後しばらくして私にこう語った。

（『ドイツと日本』LBi3_00013、370）

　②情報は、送り手の行為により、受け手側に情報が届くことを表す。②情報では 2 者間の距離的関係は別空間になる。

　(7)　母は毎日電話をかけてよこすのだ。

（『きらきらひかる』LBi9_00218、16700）

　③モノは、送り手の行為により、受け手側にモノ（抽象物も含む）が移動することを表す。多くは、具体物の物理的な移動を表し、所有権移動を

含意しない（授与、貸与といった目的は問わない）。2者間の距離的関係が同一空間の場合と別空間の両方が見られる。(8) は別空間、(9) は同一空間である。

(8) そのたばこは南門の金貸しの息子が香港から送<u>ってよこした</u>ものだ。　　　　（『思い出のウクライナ』PB29_00109、114660）

(9) 彼女は<u>免許証</u>をながめたのち、おれの膝にぽんと投げ<u>てよこした</u>。
　　　　（『銃、ときどき音楽』LBk9_00176、38740）

　しかし、5例ではあるが、③モノには、「権利対価」の移動を表す用例も見られる。(10)、(11) のように「権利対価」の移動は、譲渡や支払いであり、所有権移動を含意するため分けて示す。(10) の「生活費」は抽象物で、(11) の「小銭」は具体物だが、勝負事に伴う支払いである。また、(10) は別空間、(11) は同一空間である。

(10) たまに手紙がくると、一緒に暮らすのはお断りだが、<u>生活費</u>だけは送<u>ってよこせ</u>という身勝手な言い分だけを書き連ねてくるので、妻への愛情もすっかり冷めてしまっていた。
　　　　（『パリの王様たち』LBm9_00218、40340）

(11)（中略）これはあなたの勝ちだ」彼はテーブルの<u>小銭</u>を私に押し<u>てよこした</u>。　　　　（『多様なる豊かさ』LBb3_00024、36840）

　④表情は、送り手が受け手に視線や微笑などの表情を向けることを表す。④表情では、2者間の距離的関係が同一空間になる。

(12)「さて」と、老先生は顔を向け、眼鏡のレンズの上のほうから<u>視線を送</u>って<u>寄越した</u>。（『吉行淳之介全集』LBm9_00273、26960）

　⑤行為は、送り手が合図や挨拶のための行為を受け手に向けて行うことを表す。⑤行為では2者間の距離的関係が同一空間になる。

(13) 娘は、かまうなとでも言いたげに<u>ウィンク</u>を<u>してよこす</u>が、そう
　　　もいかない。　　　　　　　　　（『風の祭礼』、LBo9_00058、59670）

4.2.2　本動詞「よこす」の移動対象物

「～てよこす」同様に本動詞「よこす」の分類を示す。5つの分類は重
なるため、本動詞「よこす」の特徴を中心に見ていく。

まず、①派遣物と②情報を示す。(14)は①派遣物、(15)は②情報の用
例である。本動詞「よこす」も①派遣物、②情報では距離的関係が別空間
になる。

(14) 彼は何か用があったら、<u>人</u>を<u>寄越す</u>ように。すぐに来るから、と
　　　念を押したのだった。　　　（『月と六ペンス』LBj9_00043、75130）

(15) 三日後の昼まえ、オフィスで書類をつくる明石のもとへまゆみが
　　　<u>電話</u>を<u>よこした</u>。　　　　　（『情事の会議室』PB19_00313、340）

続いて、③モノを示す。本動詞「よこす」では、具体物の物理的な移動
ばかりでなく、「権利対価」の移動を表す用例が多数見られる。(16)は、
抽象物である「夏休み」の取得、(17)は「小遣い」の受領を主張する。
この場合、(18)や(19)の物理的移動に主眼を置くものとは異なり、所
有権の移動（取得、受領）が目的で、2者間の距離的関係は問題にされな
い。そのため、距離的関係を「不問」とした。なお、(18)は同一空間、(19)
は別空間の例である。

(16) 夏休みの宿題を出すなら<u>夏休み</u>をまず<u>よこせ</u>！（涙）
　　　　　　　　　　　　　（『Yahoo！ブログ』OY14_17430、2030）

(17) 親はわしを生んだ以上、<u>小遣い</u>ぐらい<u>よこす</u>のあたりまえだ。
　　　　　　　　　（『「文芸春秋」にみる昭和史』OB3X_00004、106890）

(18) 「さあ、<u>包丁</u>は危ないから、こっちに<u>寄こし</u>なさい。」
　　　　　　　　　　　　　（『灰色の仮面』LBg9_00160、23090）

(19) これで部品取扱いの業者に聞いたところ「あぁ、あれね。よく出

るのよ。対策品が出てるから」と、言って部品をよこしたらしい。
なるほど到着した部品には（略）

（『Yahoo！ブログ』OY15_15619、9600）

　最後に⑤表情、⑥行為を示す。（20）は⑤表情、（21）は⑥行為の用例である。これらは、「～てよこす」同様、距離的関係が同一空間になる。

（20）さあ、最後のチャンスだ。そう思って彼は待った。しかし彼女がよこしたのは毒々しい笑顔だった。

（『骨ん中』LBr9_00212、54040）

（21）ぼくを見るといつも、どうもと低く言って軽い会釈をよこす。

（『日の湖月の森』LBf9_00173、40920）

4.2.3 「～てよこす」・本動詞「よこす」の分類別使用分布

　移動対象物の種類と距離的関係のまとめとして、それぞれの使用分布を示す。表2が「～てよこす」、表3が本動詞「よこす」のものである。

表2「～てよこす」の使用分布

分類 ＼ 距離	別空間	同一空間	頻度合計
①派遣物	16	－	16
②情報	67	－	67
③モノ	44	61	105
（権利対価）	（3）	（2）	（5）
④表情	－	6	6
⑤行為	－	19	19
合計	127	86	213
割合	60%	40%	100%

表3　本動詞「よこす」の使用分布

分類 ＼ 距離	別空間	同一空間	その他（不問）	頻度合計
①派遣物	120	－	－	120
②情報	211	－	－	211
③モノ	4	133	68	205
（権利対価）	（－）	（18）	（68）	（86）
④表情	－	11	－	11
⑤行為	－	9	－	9
合計	335	153	68	556
割合	60%	28%	12%	100%

　両者に共通で見られる特徴は、別空間のやりとりを表す用例の割合が6割を占めていること、特に②情報の出現頻度が高いことである。
　両者の傾向が大きく異なるのは、③モノである。「～てよこす」では、

108

多くの場合、具体物の物理的な移動に用いられ、権利対価の移動は 5 例（約 5%）しか見られない。これに対し、本動詞「よこす」では、権利対価の移動が 86 例（約 42%）含まれ、距離的関係が「不問」となる用例が多く見られた。

4.3　使用される形式

　次に、使用される形式を比較する。まず、「～てよこす」は文末で叙述的に用いられ、既に実現した事態について述べることが多く、「命令形」の使用は 3 例（1.4%）のみであった。これに対し、本動詞「よこす」には「命令形」が 27% と多数出現している。その詳細をまとめたものが表 4 である。

表 4　本動詞「よこす」の要求を表す形式

分類 ＼ 距離	～をよこせ ～をよこしなさい	～をよこしてくれ ～をよこして下さい	すべての形式 （総数）
①派遣物	12（10%）	13（11%）	120
②情報	10（ 5%）	2（0.9%）	211
③モノ	128（62%）	0（0%）	205
（権利対価）	（ 68（79%））	（ 0（0%））	（86）
④表情	0（0%）	0（0%）	11
⑤行為	0（0%）	0（0%）	9
合計	150（27%）	15（2.6%）	556（100%）

　本動詞「よこす」は、③モノの受け渡しに「よこせ」や「よこしなさい」という命令を表す形式で用いられることが多いことがわかる。そのうちの「権利対価」の要求において、特に命令形の使用率が高い。③モノは、表 3 で見たように、送り手と受け手の距離的関係が「同一空間」または「不問」の場合がほとんどである。言い換えれば、2 者間の距離が前提ではない「よこす」において命令形が多く用いられると言える。反対に 2 者間の距離が前提の①派遣物、②情報のタイプでは、「よこせ、よこしなさい」以外に、依頼の形式「～てくれ」「～てください」の使用も見られる。分類により使用形式の傾向が異なることから、表す意味も異なることが推察される。

4.4 「〜てよこす」の前接動詞

　表5は「〜てよこす」の前接動詞を集計したものである。「〜てよこす」に前接する動詞には偏りが見られ、10位までの動詞で約8割を占める。相手や着点を表すニ格名詞句が生起する動詞が多く、特に「送る」は20％以上を占めている。全体として、別空間にいる相手への情報伝達に関する動詞が多い（〈手紙を〉送る、〈手紙を〉書く、〈電話を〉かける、言う、知らせる）。反対に、2位に「投げる」がランクインしているように、同一空間にいる相手への受け渡し方法を表す「投げる」、「放る」、「押す」、のような動詞も見られる。

表5「〜てよこす」の前接動詞（上位10位まで　総数213・異なり語数49）

順位	1位	2位	3位	4位	5位	6位	7位	9位	10位	10位までの合計
動詞	送る	投げる	書く	かける	言う	返す	知らせる　渡す	放る（抛る）	押す　戻す　つける	
頻度	50	32	20	16	14	10	各6	5	各3	168
割合	23.5%	15.0%	9.4%	7.5%	6.6%	4.7%	2.8%	2.3%	1.4%	78.9%

5　本動詞「よこす」の分析

　4節の調査結果を踏まえ、先に本動詞「よこす」について分析する。

5.1　本動詞「よこす」の語彙的特徴

　調査の結果、本動詞「よこす」は、別空間タイプが6割を占め、③モノにおいて命令形が頻出することがわかった。「遣る（やる）」、「遣す（よこす）」の漢字表記にも見られるように、やはり「与え手と受け手の間に距離があ」（日高2007）るという特性は「よこす」の重視すべき特徴だと考えられる。その上で、なぜ命令形と親和性が高いのかを明らかにするため、ここでは、「よこす」の語彙的性質について、佐藤（1993）を援用し、記述する。

　佐藤（1993）は「教える・教わる」のように格フレームの構文的対応が

ある三項動詞を3つに分類し、その意志性について述べている。なお、考察対象は、次に示すa．～c．の条件に合致するものと規定されている。

a．［送り手］ガ　［受け手］ニ　　　　　［移動物］ヲ　Ｖ

　　［受け手］ガ　［送り手］ニ／カラ　［移動物］ヲ　Ｖ

b．サ変動詞でないもの

c．単独の動詞（複合動詞以外）　　　　　　　　（佐藤 1993：2）

　その分類とは、「与格対応」、「準与格対応」、「非与格対応」の3つで、先に、全体像を示すと、表6のようになる。

表6　佐藤（1993）の三項動詞の分類

分類	分類基準	動詞の例
与格対応	条件ａの対応を有しており、2つの動詞が部分的に形態を共有	「教える―教わる」 「貸す―借りる」 「預ける―預かる」など
準与格対応	条件ａの対応を有しているが、動詞の形態的対応が無い	「やる―もらう」 「売る―買う」など
非与格対応	条件ａに示された2つのうちのいずれか一方の格フレームをもっているが、対応が無い	「送る」「渡す」「配る」「貢ぐ」 「譲る」「奪う」など

（佐藤 1993：2、(4) と (5) より作表）

　以下、分類ごとに動詞の意志性についての説明を見ていく。次に示す(22)は「与格対応」、(23) は「準与格対応」の動詞の例である[3]。

(22) 俊彦が友人に車を借りた　＝＞　友人が俊彦に車を貸した

（佐藤 1993 (10)）

(23) 男が少女からマッチを買った　＝＞　少女が男にマッチを売った

（佐藤 1993 (14)）

3　記号 “＝＞” の左の第一文は「もらう」の類（ガ格名詞句が受け手）で、記号 “＝＞” の右の第二文は「やる」の類（ガ格名詞句が送り手）を表すと説明されている。

111

佐藤（1993）では、上記のように対応のある（22）の「与格対応」や、（23）の「準与格対応」をなす構文が叙述する事態は、「二重の意志性」という意味的特徴を有していると説明されている。（22）、（23）の左側、第一文で用いられた「借りる」や「買う」の場合、「主語が無意識のうちにしてしまったとは解釈しがたい」（佐藤1993：4）とされ、例えば、（22）については、「「俊彦が友人に車を借りた」といった場合、それは必ず第二文に示される「友人が俊彦に車を貸した」という意識的な行為を含意する。」（佐藤1993：4）と述べられている。

　これに対し、次に示す「非与格対応」の「奪う」の場合、送り手の意志性を解釈することができず、逆に送り手の意志性があると文の真偽値に問題が生じるとされる。

　（24）強盗が銀行員から百万円を奪った　　　　　　（佐藤1993（15））

　また、次の用例の「学ぶ」「知る」も「非与格対応」の動詞であるが、送り手の意志性に関しては中立的だとされる。（25）では先生の私に対する意志的な働きかけがあると解釈されるかもしれないが、これは文脈によるもので、（26）と比較するとわかるように、先生の私に対する意志的な働きかけを解釈すべき理由は特にないと説明されている（佐藤1993：5）。

　（25）私は授業で先生から研究の方法論を学んだ／知った

　　　　　　　　　　　　　　　　　　　　　　　（佐藤1993（18））

　（26）私は先生の日ごろの研究の姿勢を見て、研究者としての心構えを
　　　　学んだ／知った　　　　　　　　　　　　（佐藤1993（19））

　このように、佐藤（1993）では、与格対応、準与格対応の構文が叙述する事態は、移動物の送り手と受け手の二重の意志性によって支えられていると指摘されている。これがまとめられた（27）を引用する。なお、（27）における「＋」は意志性が必ずある、「…」は意志性を含意していないことを表すと説明されている。

　(27)　　　送り手の意志性　受け手の意志性　　　動詞の例
　　a)　　　　　＋　　　　　　　＋　　　　教える―教わる「与格対応」
　　　　　　　　　　　　　　　　　　　　　やる―もらう「準与格対応」
　　b)　　　　　＋　　　　　　　…　　　　伝える、贈る「非与格対応」
　　c)　　　　　…　　　　　　　＋　　　　奪う、学ぶ、「非与格対応」
　（佐藤 1993：5（20）、右側の動詞の例は筆者が本文に基づき加筆）

　なお、二重の意志性というのは a)の「与格対応の<u>必要条件</u>」を示した
ものであることに注意されたい。この点について補足すると、佐藤（1993）
では、「非与格対応」の動詞の中にも「与格対応」「準与格対応」と同じよ
うに送り手と受け手の双方の意志性が＋になる場合があると述べられてい
る（1993：6）。具体的に例示されているのは、「習う」、「渡す」で、例と
して（28）が挙げられている。

　(28)　先生の日頃のご姿勢から研究者としての心構えを習った。

　　　　　　　　　　　　　　　　　　　　　　　　　（佐藤 1993：6）

　(28)は、先述の（26）における「「学ぶ」や「知る」と比較すると若干
不自然」（1993：6）で、送り手の意志性も含意していると説明されている。
このように、「非与格対応」にも、双方の意志性を含意していると解釈す
べきものが少なからずあるようである。
　では、「よこす」の意志性はどのように位置づけられるのだろうか。求
心的な方向を表す授受動詞「くれる」と比較し考えてみたい。

　(29)　田舎の父が腐った野菜をよこした。　　　　　　　　（作例）
　(30)　？田舎の父が腐った野菜をくれた。　　　　　　　　（作例）

　まず、（29）も（30）も送り手である田舎の父には意志性が感じられる。
受け手の意志性に関して比較してみると、（29）の「よこす」では、受け
手の意志に関係なく、野菜が遠くから届いたことが表されており、文とし
て不自然ではない。（30）の「くれる」を用いると、腐った野菜であって

も受領し、さらに恩恵も表すことになるため、不自然である。このような違いを踏まえ、佐藤（1993）の三項動詞の与格対応の条件を援用すると、視点制約の違いはあるものの、「よこす」と「くれる」と「もらう」の意志性も（31）のように表せる。

(31)　　　　送り手の意志性　受け手の意志性
　　　a)　　　　　＋　　　　　　＋　　　　くれる―もらう
　　　b)　　　　　＋　　　　　　…　　　　よこす

「くれる」と「もらう」は対応し、「二重の意志性」（佐藤 1993）を有すると考えられるのに対し、「よこす」と「もらう」は対応関係にない。このように、「よこす」は文脈によっては受け手の意志性が感じられることもあるが、受け手の意志を必ずしも含意しない「中立的」なタイプの動詞であると考えられる。

5.2　本動詞「よこす」の用法

　5.2節では、「よこす」の語彙的特性、2者間の距離、移動対象物の種類を踏まえ、本動詞「よこす」の3つの用法を示す。
　1つ目は、データの6割を占め主用法だと考えられる「到着」用法である。この用法は、受領ではなく「別空間にいる送り手の意志によって受け手側に移動対象物が届けられる」（分類①派遣物、②情報、③モノ）ことを中立的に表す[4]。「到着」用法が表す事態は、送り手と受け手が対面しておらず、受け手の意志性は必ずしも必要としない。離れたところから届くという一方向的な事態である。
　2つ目は距離的関係が別空間ではない「受渡」用法（分類③モノ）である。この用法が表す事態は、対面しているため双方向的なのだが、「（受け取りを前提として）送り手の意志で受け手側に移動対象物が差し出される

4　「～てくださる」を後接させて「○○さんが手紙をよこしてくださった」という述べ方が可能であることからも到着用法は中立的であることがわかる。「～てくださる」と承接する事例について、埼玉大学金井勇人先生よりご助言いただいた。

こと」を表す。そのため、受け手が受領の際に「よこす」を用いると、一方的である、あるいは、こちらは望んでいないといった不遜な態度が表される。また、受け手がモノの要求に「よこす」を用いると、依頼するのとは違って、相手の意志で差し出すのが当然だという態度が表される。特に「権利対価」では、所有権移動を含意するので横柄な印象となる。このように、受渡用法では2者が対面し双方向の事態を表すにもかかわらず、送り手の意志のみを表す「よこす」が選択されるため、受け手の事態に対する態度が表され、ぞんざいな（不遜／横柄な）印象となる。このような態度は命令形との親和性が高く、分類③モノにおいて頻出する理由だと考えられる。また、女性には用いられにくい[5]。

　3つ目は同一空間の「方向」用法である。視線や動作は受領するものではなく、一方向的な事態である。「方向」用法では、「送り手の意志で視線や表情、行為が受け手の方向に向けられること」（分類④表情、⑤行為）を表す。

　以上をまとめると、「到着」、「方向」用法の事態は一方向だと言えるが、「受渡」用法は受け取り前提の双方向の事態であるため、「よこす」を用いると受け手である話し手の評価的意味が表されるのである。いずれも「受け手の意志性を必ずしも表さない」という語彙的特性が通底している。

6.「～てよこす」の分析

　本動詞「よこす」の分析を踏まえ、「～てよこす」の分析を行う。本節では「移動対象物」ではなく、「2者間における移動の様相」に注目して「～てよこす」の用法を分析する。先行研究や、実例調査の結果からも、別空間での使用が主用法であると見られ、また、必ず何らかの移動対象物が移動するという特徴を有するからである[6]。

5　男性のくだけた会話では、モノの受け渡しに「よこす」が用いられる。次の作例は、権利の要求でないため、横柄というほどではないが「食べる」に対する「食う」のような粗野な印象が生じる。
　　・それ、こっちによこしてみな。修理してやるから。　　　　　　　　　　　　（作例）
6　④表情、⑤行為に関しても、何らかのメッセージ（情報）が移動すると考えられる。

6.1 「〜てくる」「〜てくれる」との置き換え

　まず、2者間の距離的関係を基準に、別空間タイプと、同一空間タイプに分け、さらに、同一空間タイプでは「〜てよこす」に前接する動詞の種類を「動詞ⅰ：相手／着点のニ格を取らず、移動対象物が受け手側に位置変化する動詞」と「動詞ⅱ：相手／着点のニ格を取り、移動対象物が受け手側に位置変化する動詞」の2つに分けて分析する。先に、同一空間のタイプから見ていく。

　動詞ⅰには「投げる」「放る」「押す」などがあり、これらが前接すると、同一空間での「受渡の方法」を表す。また、(32)のように「〜てくる」、「〜てくれる」に置き換えられたとしても、同じ事態は表せない。「投げてよこす」は、タオルが受け手に届くことを含意するが、「投げてきた」や「投げてくれた」では、タオルの落下位置は不明である。このように、「〜てよこす」は届いたこと、つまり、着点を確定させる役割を果たしていると言える。ただし、「投げる」という方法で渡されたことを受け手が批判的に述べているとも読める。

> (32)（ボクシングの場面で）彼はリングの外からタオルを（投げてよ
> 　　　こした／投げてきた／投げてくれた）。　　　　　　　（作例）

　動詞ⅱには、対面する受け手を前提とした「渡す」「返す」「戻す」などがあり、これらが前接すると、前接動詞だけで移動対象物の着点が決まる。(33)では、「〜てくる」、「〜てくれる」に置き換え可能なことがわかる。このように、動詞ⅱが前接すると、「〜てよこす」は「行為の求心的方向」を表す役割を果たす。3者が異なるのは話し手（受け手）の態度で、(33)の「〜てよこす」は、欲しくもないのに渡されたという評価的意味、つまり、非恩恵[7]を表す。

7　本章では「恩恵」を「好ましいこと（感謝・満足）」という意味、「非恩恵」を「好ましくないこと（迷惑・不満）」という意味で用いる。

(33) 駅前で、店員がチラシを渡して（よこした／きた／くれた）。

　　　　　　　　　　　　　　　　　　非恩恵　　中立　　恩恵

　　　　　　　　　　　　　　　　　　　　　　((3) 改変)

　次の別空間タイプでは、情報伝達を表す「言う」「知らせる」「電話をかける」「手紙を書く」や、送付を表す「送る」などが用いられる。(34) の「〜てよこす」の場合、離れた場所から野菜が「到着」したという中立的な読みと、田舎の父が勝手に送ってきたという評価的意味を含意する「行為の方向」としての読みが可能であり、どちらなのかは、前後の文脈から読み取られる。

(34) 田舎の父が野菜を送って（よこした／きた／くれた）。

　　　　　　　　　非恩恵 or 中立　　中立　　恩恵　　　　(作例)

　これと同様に、情報の伝達を表す動詞が用いられ、引用句で伝達内容が示された場合には、(35) のように、文脈により「(伝達内容の) 到着」、「行為の方向」のどちらとも読める。ただし、(36) のように、移動対象物（伝達内容）が引用句などで示されないと、「〜てよこす」は専ら「行為の方向」の役割を担う。

(35)「息子が<u>今年の夏は帰らない</u>って<u>言って</u>（よこした／きた／くれた）の。」　　　　　　　非恩恵 or 中立　　中立　　恩恵

(36) 母は毎日<u>電話をかけて</u>（よこす／くる／くれる）のだ。

　　　　　　　　非恩恵　　　中立　　恩恵

　　　　　　　　((35)、(36) は (2)、(7) の改変)

　最後に、話し手の視点について補足する。「〜てよこす」は、「受け手＝話し手」、つまり「受け手視点」で用いられるのが基本である。しかし、小説の地の文など、観察者視点で用いられることもある。その場合は、(37)

のように「離れたところから届くこと」を中立的に表す。これは、距離を前提とした「到着用法」で、やや古い言い方という印象になる[8]。

(37) この手紙に対し、良子がまたすぐ返事を書き、ふたりの間で密度の濃い文通がはじまった。療養中で時間があったせいもあるだろうが、田原は筆まめで、女性のようなきれいな文字で書いた手紙を頻繁に送ってよこした。　　　（『凍れる瞳』LBf9_00080、45870）

6.2 「～てよこす」の用法とぞんざいな印象

以上を踏まえ、「～てよこす」の用法と評価的意味の関係を表7に示す。また、（38）は、表7に対応する例である。「～てよこす」は、送り手の行為によって、受け手側に移動対象物が届けられることを表す。受け手視点で用いると、「よこす」の語彙的特性により、多くが評価的意味（一方的だ）を含意する。それが非恩恵（迷惑・不満）となって表され、ぞんざいな印象が生じる。特に「行為の方向」では、求心的方向を表す「～てくる」や「～てくれる」との相対関係から専ら非恩恵を表す。「受渡」では、前接動詞だけでは表せない対象物の着点を表す役割を担うが、受渡方法への不満（非恩恵）を表すようにも読める。別空間タイプの「到着」だけは、評価的意味を帯びない。ぞんざいな印象はなく「中立的な古い言い方」になる。

表7　「～てよこす」の用法と評価的意味

距離的関係 用法	別空間タイプ 手紙を書く・電話をかける 言う・知らせる・送る	同一空間タイプ 動詞 i 投げる・押す	同一空間タイプ 動詞 ii 渡す・返す・戻す
A 型　到着（着点）	◇ （34）、（35）、（37）	－	－
B1型　受渡（着点）	－	○ （32）	－
B2型　行為の方向（非恩恵）	◎ （34）、（35）、（36）	－	◎ （33）

（◇中立　○非恩恵になりやすい　◎非恩恵）

8　「よこす」の受渡用法のぞんざいな印象（不遜／横柄／粗野）が影響し、別空間からの到着を表す中立的な「～てよこす」の使用が敬遠され、「～てくる」にシフトしている可能性があるが、本章では「よこす」および「～てよこす」の各用法の派生関係については立ち入らない。

（38）A 型　田舎の父が手紙を書い<u>てよこした</u>。

　　　B1 型　後輩がタオルを投げ<u>てよこした</u>。

　　　B2 型　店員がチラシを渡し<u>てよこした</u>。

　　　　　　田舎の父が腐った野菜を送っ<u>てよこした</u>。

（いずれも作例）

7．まとめと日本語学習者への提示のポイント

　以上のように、本章では本動詞「よこす」と「～てよこす」の使用実態を調査し、本動詞「よこす」の特性を踏まえ、「～てよこす」の意味・用法を記述した。そして、「～てくる」、「～てくれる」との比較から「～てよこす」には3つの用法があることを指摘し、それぞれの評価的意味の現れ方について分析した。

　「～てよこす」のぞんざいな印象の正体は、本動詞「よこす」の語彙的特性であり、2者間の距離が前提の「到着」用法の場合は文脈により中立的な古い言い方という印象にもなるが、多くの場合、「～てよこす」は非恩恵を表す。

　日本語学習者に対しては、「～てよこす」が求心的な方向性を表すことから、「～てくる」や「～てくれる」との違い、そして、その表現の含みの部分、つまり評価的意味（非恩恵）について解説することが重要である。また、「～てよこす」は、何かしらの対象物の移動を伴うのが基本であり、前接する動詞は限定的である。本章表5（出現頻度ランキング表）を使って、使用頻度の高いものをあらかじめ提示するのが望ましいと考える。

　最後に、今後の課題について述べる。広義の授受表現である「よこす」および「～てよこす」の各用法の派生関係については、「やる（遣る）」との対応関係を含め、通時的な調査、分析が不可欠である。これらについては今後の課題としたい。

第6章

級外項目「〜てナンボ」
―借用される方言に注目して―

1．はじめに

　本章では、動詞などのテ形に「ナンボ（なんぼ、何ぼ、も含む。以下、本文中はナンボで統一。）」が後接した「〜てナンボ」という表現の意味・機能について論じる。「〜てナンボ」の「ナンボ」は、関西地方を出自とする方言で、語彙としても級外であり、日本語学習者が意味を推測しにくい表現である。また、「〜てナンボ」は方言とはいえ、メディアなどを通じて見聞きする表現であるため、日本語学習者にとって気になる表現であるという[1]。この表現はこれまで注目されておらず、管見の限りこれに特化した先行研究は見られない。そのため、本章では、以下に示す2つの課題を設定し、これを明らかにすることを目的とする。

　　1）「〜てナンボ」がどのような仕組みで多様な意味を表すのか。
　　2）"なんぼ不使用者[2]"にも「〜てナンボ」の使用が見られるのはなぜか。

　まず、1）について説明する。テ形接続ではない"なんぼ"は、『日本国語大辞典（第二版）』（10巻）に「数量や程度を限定しがたいさま。また、不明、不定なさま。幾つ。どれほど。幾ら。」（p.357）とあるように、値段（金銭的価値）を尋ねる際などに用いられる方言である。これに対し、考察対

1　劉（2016、2022b）では、ニア・ネイティブレベルを目指す日本語学習経験者の視点から、学習しておく必要性を感じた文法項目（理解項目）に「準標準語」が挙げられている。準標準語とは、「標準語ではないが、著しく広がりを見せ、標準語として定着しつつある勢いを持つ表現」（劉 2016：53）のことで、「〜てナンボ」も日本語学習者にとって気になる表現だと述べられている。
2　筆者は出生地、生育地ともに首都圏の関東方言話者で、値段などが不定・不明の際には"いくら"を用いており、"なんぼ"は不使用である。"なんぼ不使用者"とは、このように値段などが不定・不明なことを表すテ形接続ではない"なんぼ"を使用しない人を指す。なお、筆者自身は「〜てナンボ」は使用することがあると認識している。

象である「〜てナンボ」は、“なんぼ”の金銭的な意味が希薄化し、(1)〜(4)のように多様な意味となって出現する。

(1) 試合は勝っ<u>てナンボ</u>です。

(2) 政治家は政策を論じ<u>てナンボ</u>だ。

(3) 男の子は行儀が悪く<u>てナンボ</u>でしょ。

(4) （ラジオの「今日の占い」で）　1位のやぎ座。

　　“目立っ<u>てナンボ</u>”の1日。積極的にいくのがベスト。

((1)〜(4) 実例に基づいた作例)

　(1) は、「試合は勝つことに価値がある」、「勝たないと意味がない」という話し手の見解を表す。(2) は、話し手の考える政治家の意義や役割を表す。(3) は、「行儀が悪い」というマイナス要素を表す語と共起し、行儀が悪いことをむしろ良いとする。そして、(4) は、「目立ってナンボ」が標語のように1日の行動指針を表す。本章では、この多様な意味を表す仕組みの解明を1つ目の課題とする。

　次に2）について説明する。値段を尋ねる際の“なんぼ”は、国立国語研究所『日本言語地図解説−各図の説明1−』によれば、「巨視的には、東北と西日本にナンボの類が分布し、関東・中部・近畿の一部・九州西部にイクラ類が分布する」(p.30) とあり、『関西弁事典』（真田編2018）の“なんぼ”の項にも、「北海道・東北・四国などにも広く分布する。ただし、いずれにおいても若年層のセンスからは遠ざかりつつある表現である。」(p.420) と解説されている。このように、“なんぼ”は、関東、中部、近畿や九州の一部には分布せず、使用領域内でも若者離れが進んでいるようだが、「〜てナンボ」は、筆者のような“なんぼ不使用者”による使用も観察される。これに説明を与えることを2つ目の課題とする。

　本章の構成は以下の通りである。まず、2節で研究方法、3節で調査結果を示す。4節で1つ目の課題について、統語的観点、意味的観点からの枠組みを用いた分析を行い、5節では、「〜てナンボ」の表現機能について考察し、2つ目の課題について述べる。6節で結論と今後の課題についてまとめる。

2．研究方法

　本章では、コーパスを用いた探索型アプローチで、使用実態を踏まえた分析を行う。コーパスには『筑波ウェブコーパス』[3]（以下『TWC』）を用いる。ウェブコーパスであれば、話し言葉に近い表現も出現しやすく、データ量も確保できるため選定した。

　検索、抽出は以下の通り行った[4]。

　　1）検索ツール NLT の見出し語検索ウィンドウに「何ぼ」と入力
　　2）「何ぼ」の見出し語ウィンドウを展開（頻度 1137）
　　3）表示されたグループ別の用例をすべてダウンロード
　　4）その中から目視で「〜てナンボ」を抽出（514 例）

　なお、用例はセンテンス単位であるため、各用例の出典部分をクリックし、紐づけされた前後の文脈を確認した。このようにして収集した 514 の実例を用いて、その特徴を客観データで示すとともに、用例観察を通して統語的観点、意味的観点からの分析を行う。

3．調査結果

　収集した 514 例のデータを集計したものが表1〜表8である。以下、「〜てナンボ」の特徴的な点について述べる。

　表1から、「〜てナンボ」の前接語の特徴として、動詞が9割を占めていることが挙げられる。少数ながら、補助動詞、形容詞、形容動詞も見られる。前接語が動詞の場合、表2のように、基本の形で用いられる割合が高い。

3　『筑波ウェブコーパス』（Tsukuba Web Corpus：略称 TWC）は、筑波大学が開発した日本語のウェブサイトから収集して構築された約 11 億語のコーパスである。また、コーパス検索ツール NLT（NINJAL-LWP for Tsukuba Web Corpus）を用いると、名詞や動詞などの内容語の共起関係や文法的振る舞いを網羅的に調査・比較することができる。
　　　　　　　　　　（https://tsukubawebcorpus.jp/static/pdf/NLT.manual.1.40.pdf）
4　2021 年 12 月 15 日最終確認。

表1　前接語の品詞別出現数

品詞	用例数	割合
動詞	485	94.4%
補助動詞	23	4.5%
形容詞	5	1.0%
形容動詞	1	0.2%
合計	514	100%

表2　前接動詞の語形

語形	用例数	割合
基本	401	82.7%
受身	43	8.9%
可能	28	5.8%
使役	12	2.5%
受身否定	1	0.2%
合計	485	100%

　表3の前接動詞別出現数に注目すると、金銭の獲得につながる語（稼ぐ、売る、売れる、儲ける）が上位に多数出現していることが指摘できる。

　また、表4の「〜てナンボ」の後続形式では、「〜てナンボのN」という名詞を修飾する形が最多で、総数の2割（102例）と突出して多いことがわかる。

表3　前接動詞別出現数（10位まで）

順位	前接語	用例数
1	して	63
2	使って	17
3	稼いで	15
4	てもらって	14
5	出して・取って	各11
6	売って・できて	各10
7	上げて・走って・動いて	各9
8	あって・楽しんで・使われて	各8
9	売れて・儲けて・させて・されて	各7
10	描いて・目立って	各6

表4　後続形式別出現数（10位まで）

順位	後続形式	用例数
1	てナンボのN	102
2	てナンボ、〜	75
3	てナンボです。	30
4	てナンボ。	26
5	てナンボのものだ。	22
6	てナンボというN	21
7	てナンボだと思う。	17
8	てナンボですから〜	15
8	てナンボなので〜	15
10	てナンボ！	14

　表4で、最も多く出現した「〜てナンボのN」の「N」（102例）に注目したものが表5である。「〜てナンボの世界」が38例と頻出しており、次いで、金銭獲得につながる活動を表す語「商売」、「仕事」の順である。

また、表4で6位の「～てナンボというN」の場合は、Nに突出した語はなく、表6のように、「考え、意見」といった思想・観念に通じる語が多く出現している。

表5「～てナンボのN」の内訳

～てナンボのN	用例数
世界	38
商売	8
仕事	6
人	4
会社ほか9語	各2
国ほか28語	各1
合計	102

表6 「～てナンボというN」の内訳

～てナンボというN	用例数
世界・商売・仕事・考え（4語）	各2
意見・思い・拡張員・考え方・感覚・感じ・姿勢・信念・先入観・道具・報酬の取り方・要素・私の観点（13語）	各1
合計	21

表7は、「Xは～てナンボ」の主題を表す表現の出現数である。「は」が232例と圧倒的だが、それ以外も様々なものが出現している。また、主題を表す表現が用いられていない残りの187例を見ると、表8のように、主題となる名詞句Xが文脈や出典名などから読み取れる省略タイプが121例認められ、名詞句Xが文脈上には現れず、単なる省略とは言えないものが66例見られた。

表7　主題を表す表現を持つ文の出現数

主題を表す表現	用例数
は	232
というのは（てのは、っていうのは）	21
とは（って）	12
も	11
など（なんて）・φ	各10
なら・というものは	各4
としては・では	各3
なんてのは・たるもの・といえども	各2
その他（11語）	各1
合計	327

表8　主題が明示的でない文の内訳

内訳	用例数
文脈上の主題Xの省略	121
上記以外	66
合計	187

４．分析

　３節の結果を踏まえ、頻出の「世界」や、主題Xが文脈上に現れない「〜てナンボ」を手掛かりに、多様な意味が出現する仕組みを分析する。

4.1　「〜てナンボ」の基本的な意味

　本章では「〜てナンボ」の基本的な意味を次のように規定する。

　　(5)「〜てナンボ」の基本的な意味：〜ことによって価値が発生する。

　テ形部分が継起関係を表し、「〜て」が生起した結果、価値が発生することを表す。「〜て」が生起しなければ関係が成立しないため、「〜てナンボ」は「〜なければ価値が発生しない」という裏の意味、反語的解釈を生む。

4.2　統語的観点による区分

　まず、「Xは〜てナンボ」をA型（内容語型）とB型（機能語型）に分ける。その基準を以下に示す。なお、例文（6）〜（12）は作例である。

　　【基準ⅰ】「ナンボ」が金銭的価値を表す「いくら」に置き換えられるか。
　　(6) この仕事は１時間働いて（ナンボ／いくら）の仕事だ。…A型
　　(7) この仕事は客に信頼されて（ナンボ／＊いくら[5]）の仕事だ。

　　　　　　　　　　　　　　　　　　　　　　　　　　　　…B型

4.3　意味的観点による区分

　次に、B型を下位分類する。下位分類の基準は２つある。

5　(7)の文法性判断について、「〜てナンボ」と同じ意味を表す新用法の「〜ていくら」が生じており「いくら」も使用可能ではないかというご意見をいただいたことがある。追加調査を行ったが、十分な新用法の用例は得られなかった。また、筆者の内省では、現時点で広くは認められていないように思われる。動向を注視したい。

【基準ⅱ】「～てナンボ」が示された主題Xの意義について述べているか。

(8) 時計は動いてナンボです。　　　　　　　　　（時計の意義）…B1型

(9) 電化製品は中古品なら安い。でも、動いてナンボだからね。

　　　　　　　　　　（電化製品の意義、主題の省略）…B1型

(10) 1人で悩んでいても仕方がない。とにかく、動いてナンボ！

　　　　　　　（文脈上に出現する主題Xの省略ではない）…B2型

　(8) は主題が明示的なもの、(9) は主題である「電化製品」が省略されたものであるが、いずれも主題の意義を表す。一方で (10) は、文脈上に (9) のような主題Xが出現しておらず、単なる省略ではないものとして区別する。

　続いて、基準ⅱでB1型とされたものを名詞句Xの種類により下位区分する。

【基準ⅲ】B1型の場合、主題Xがモノ名詞か、コト名詞か。

(11) 営業マンはしゃべれてナンボです。（モノ名詞）…B1a型

(12) 恋愛はアタックしてナンボです。（コト名詞）…B1b型

　基準に用いている「モノ名詞」とは、意志を持って活動する存在を表す名詞、あるいは、見たり触ったり作ったりできる存在を表す名詞を指し、「コト名詞」とは人の活動や感覚、概念などのことがらを表す名詞を指す。

4.4　分析の枠組みと用例観察

　以上の区分に基づき、本章の分析の枠組みを示すと、表9のようになる。

表9 「Xは～てナンボ」の分析の枠組み

分類		例文	Xの意義	Xがモノ名詞	用法
A　型	金銭型	この仕事は1つ売ってナンボだ			対価獲得
B1a型	意義型	営業マンはしゃべれてナンボだ	＋	＋	必要条件
B1b型		恋愛はアタックしてナンボだ	＋	－	重要事項
B2　型	主義型	動いてナンボ！	－	－	主義信条

　以下、前接語の種類に注目しながら、A型〜B2型の順に用例を観察する。引用する『TWC』の用例にはID番号を示した。なお、紙幅の都合上、例文を途中までとした場合、（略）とした。下線や波線は筆者によるものである。

4.4.1　A型（金銭型）

　A型の「〜てナンボ」は、内容語としての"なんぼ"であり、「Xは、〜ことで金銭が発生する」という意味を表す。また、「ナンボ」を「いくら」に置き換え可能で、単価、対価の獲得を表す。

　（13）集金者は契約1軒とって何ぼの仕事なんで、次も必ず来ますね。
（081-100.004.36299）

4.4.2　B1a型（意義型・モノ名詞）

　B1a型は、X（モノ名詞）の意義を満たすための「必要条件」を表す。その必要条件は、Xと前接語の格関係を基準として、ア.業務役割、イ.活用方法、ウ.環境属性の3つに分けられる。

　まず1つ目に「ア.業務役割」を示す。この「〜てナンボ」は「Xは、Xガ〜ことによって利益・収入・価値が発生する」という意味を表し、それと同時に「Xは、〜ないと利益・価値が生じない。役に立たない。」という反語的解釈を生む。他動詞または意志的自動詞が前接し、Xが意志的な動きの主体となる（14）、（15）のようなものである。

　（14）ソフトバンクは端末を売ってナンボだったりするので、売上的にも端末の販売による売上の割合が大きかったりします。
（041-060.004.11173）
　（15）"キャスターは現場に入ってナンボ"　　　（001-020.003.46094）

　（14）は、Xの業務を表し、「〜て稼ぐ」に近い意味を表すタイプで、A

127

型との連続性が認められる。(15)はキャスターのあるべき姿、任務を表す。

　2つ目に、「イ．活用方法」を示す。この「～てナンボ」は「Xは、Xヲ・Xニ～ことによって価値が発生する」という意味を表し、それと同時に「Xは、～ないと役に立たない。生かせない。」という反語的解釈を生む。これには他動詞、意志的自動詞、使役動詞（使役形の動詞）が前接し、Xの価値や長所を引き出す方法、秘訣が表される。Xが動作や作用の対象となる（16）～（18）である。

　（16）リゾートマンションは使ってナンボだと思っているので、資産価
　　　　値のことを言う人がいると、馬鹿馬鹿しくなります。

　　　　　　　　　　　　　　　　　　　　　　（001-020.010.49965）

　（17）【血液型別、男ゴコロ攻略法3】「O型の男には甘えてナンボ」

　　　　　　　　　　　　　　　　　　　　　　（101-120.001.36485）

　（18）猫は好き勝手させてナンボです。　　　（021-040.004.32812）

　3つ目に、「ウ．環境属性」を示す。この「～てナンボ」は「Xは～ことが必要だ」という意味を表し、それと同時に「Xは～ないと良さが出ない。十分ではない」という反語的解釈を生む。「ウ．環境属性」では、様々な前接語と共起し、意志的な動きの主体（ガ格）、動作・作用の対象（ヲ格、ニ格）以外の格関係を持つ。以下、前接語別に述べる。

　（19）の「～てもらう」や、（20）の受身動詞である場合はXに必須の影響を表す。

　（19）とにかく、道具は使ってもらってナンボっていうものなので、今
　　　　日は実際に使って頂いている皆さんのお話が聞けてよかったで
　　　　す。　　　　　　　　　　　　　　　　（021-040.009.24586）

　（20）女性は人に褒められて何ぼ。　　　　　（001-020.012.44086）

　（21）の形容詞や、（22）の可能動詞や、（23）の無意志自動詞の場合には、Xに必須の属性を表す。

(21) なぜかと言うと、以前働いていた職場の男性に「女は若く<u>てなんぼ</u>、おばさんになったら誰も女扱いしないし、おばさんは図太くなるから何を言っても平気（略）　　　　　（021-040.004.37426）

(22) 僕は、山の食器は火にかけられ<u>てナンボ</u>だと思ってます。
（001-020.007.04938）

(23) ジュエリーとしての貴金属は光っ<u>てナンボ</u>ですので、粉末になってしまうと台無しですね。　　　　　　　　（041-060.006.06713）

　そして、存在動詞の場合は、（24）のように、Xにとって必須の存在を表す。（24）では、「作品」を直接修飾する形で「（この）作品はアクションとギャグシーンがなくてはその良さが出ない」ことを表す。

(24) ストーリー云々の辻褄等は、TV版当初からあってないようなもので、アクションとギャグシーンがあっ<u>てなんぼ</u>作品（原文ママ）だと思ってたので、そこが残念でした。　　（041-060.008.37785）

4.4.3　B1b型（意義型・コト名詞）

　B1b型はX（コト名詞）の意義として重視すること（重要事項）を述べるのに用いられる。「Xについて言えば、〜ことが重要だ。」という意味を表し、それと同時に「〜ないと始まらない、意味がない」という反語的解釈を生む。なお、B1b型は、動作主体や対象を表す補語が示されないことが多く、前接語の語義が「〜てナンボ」の意味に直結する。そのため、他動詞については「絶対他動詞」と「相対他動詞」を別に記述する（その詳細は4.5節で述べる）。

　まず、（25）の意志的自動詞や、（26）の絶対他動詞の場合は、行動を重視することを表す。

(25) 恋愛は、熱烈にアタックし<u>てなんぼ</u>、と思っている人もいると思います。　　　　　　　　　　　　　　　（001-020.006.13495）

(26) 母曰く、バイキングは食べ<u>て何ぼ</u>よ、あなたもしっかり食べなさ

いね。 (081-100.002.42191)

　次に、（27）の無意志自動詞では結果を、（28）、（29）のような相対他動詞の場合には、釣る、売るという行為よりもその結果を重視することを表す。

　（27）ビジネスは伝わっ<u>てナンボ</u>！ (041-060.002.04182)
　（28）「魚釣りは、釣っ<u>てナンボ</u>のものだから」と彼は言い、さらに藤
　　　園マジックを見せていく…。 (101-120.001.05265)
　（29）「営業は売っ<u>てナンボ</u>」とは言っても相手のある仕事である。
(001-020.012.19997)

　このほかにも（30）の受身動詞では他からの影響を、（31）の形容詞では感情を重視することを表す。

　（30）告白は男から言われ<u>て、ナンボ</u>って思ってるのかも。
(101-120.003.40446)
　（31）遊びは楽しく<u>てナンボ</u>、そんな奴がいてもいいではないですか！
(001-020.007.27279)

4.4.4　B2型（主義型）

　B2型の「〜てナンボ」は、人の主義や信条、組織などのモットーといった考え方そのものを表す。1回的に「（こういう時は）〜ことが重要だ」、あるいは恒常的に「（どんな時でも）〜ことが重要だ」という考えを表し、それと同時に「〜ないとダメだ」という反語的解釈を生む。Xの意義について述べるB1型とは違い、「〜て」で示す内容そのものから価値が生じることを表す。また、前接語と意味の関係は、B1b型と同様である。

　（32）知っていても実践できていないのは、知らないのと同じ。行動し、
　　　習慣にし<u>てナンボ</u>。 (121-140.005.32592)

（33）いいか悪いかは別にして、「売れてナンボ」のこの世界、ファッショ
　　　ンビジネスの世界は常に変化しているのですね。

（001-020.009.20320）

　（32）は、「自分から行動し、習慣にすることが重要だ」という話し手の
信条を表すもので、自己啓発セミナーなどのレジュメで教訓的に用いられ
た例である。（33）は、ファッションビジネス業界の「（どんな時でも）売
れることが第一」という風土を表す。3節で「〜てナンボのN」のNには
「世界」が頻出することを示したが、「世界」という語は、同じ信条、主義
を持つ組織や集団を表すのに用いられやすく、「世界」のほかにも、「〜て
ナンボの国」、「〜てナンボの時代」など範囲を示す語が見られる。

　なお、B2型の中には、文中に「は」などが出現し、B1型かのように見
える（34）のような例もあるが、この場合は、埋め込まれた「〜てナンボ」
で、（35）のように考えられる。

（34）イタリアに限らずヨーロッパの人たちは日焼けしてなんぼ、みた
　　　いですね。　　　　　　　　　　　　　　（021-040.001.27046）
（35）X（主義の持ち主）は〔〜てナンボ（主義）〕だ。

　この場合は、話し手がヨーロッパの人たちの意義について述べるのでは
なく、ヨーロッパの人たちの持っている主義について述べている。

4.4.5　マイナス要素を表す語と共起する「〜てナンボ」

　データの中にはマイナスの要素と共起する（36）のようなものが見られ
た。

（36）恥をかいてなんぼ、結果が全てなので結果がでればその恥も全て
　　　かっこいいものになる。　　　　　　　　（101-120.001.40958）

　このような「〜てナンボ」は、マイナスの事態を受け入れる際や、他者

131

を諭す際に用いられ、一般には良くない事態でもプラスに捉え直せるという話し手の考えを表す。「～てナンボ」の基本的な意味、「～ことによって価値が発生する」が根底にあり、それが「マイナスの事態からも価値が発生する」となり、語用論的に「無駄ではない」、「むしろその方が良い」ことを表す。

4.5　本節のまとめ

　A型の"なんぼ"は、金銭的な価値を表す内容語だが、B型ではその意味が希薄化し、B1型では物事の意義を、B2型では主義や信条を表すというように、価値観を表す機能語になっている。また、主題と前接語に格関係があるB1a型と格関係がないB1b、B2型では表10、表11のようにタイプが異なり、表される意味は、それぞれ前接語との組み合わせによって決まる。

　前接語との組み合わせに関して、B1b型・B2型（表11）の他動詞について補足する。4.4.3節で、絶対他動詞と相対他動詞を区別すると述べた。他動詞であればすべて行動を重視することを表しそうだが、相対他動詞ではそうならないためである。

　この理由に関して、他動詞の意味構造を自他対応の観点から分析している佐藤（2005）に重要な指摘がある。それは、絶対他動詞というカテゴリーの内部には一定の特徴は見られないが、相対他動詞は、「動作様態の透明性」と「結果の事態の達成」という共通の意味構造を有している（佐藤2005：180）というものである。その説明部分、相対他動詞「つける」の例を引用する。

　　(37)　太郎が壁にペンキをつけた。　　　　　（佐藤 2005：174 (7)、(8)）
　　(38)　太郎が壁にシールをつけた。　　　　　　（佐藤 2005：175 (9)）
　　(39)　太郎がけがに薬をつけた。　　　　　　　（佐藤 2005：175 (10)）

　佐藤（2005）は、(37) がハケをペンキにひたして壁に着色する場合でも、バケツ入りのペンキを壁に投げかけて着色する場合でも良いこと、また、

（38）は壁に手で押しあててくっつける場合、（39）はけがにスプレーのボタンを押して薬をかけるという場合でも使用できることを挙げ、「つける」の動作様態の過程は透明だと指摘している。つまり、相対他動詞は動作主が「どのようなやり方で動作しても、意図した結果を達成していれば問題はない」（佐藤 2005：175）タイプの動詞だと言える。また、対応する自動詞を持つということは、同じ結果でも自然的な結果ではないことを表す場合に選択される。このように、主題との格関係を持たない B1b 型や B2型の相対他動詞では、語義を反映し、行為による人為的な結果を重視することが表されるのである。

表 10　B1a 型の前接語と用法

B1a 型の前接語	用法
他動詞 自動詞（意志） 使役動詞	【必要条件】 ア．業務役割 イ．活用方法
自動詞（無意志）	ウ．環境属性
受身動詞・〜てもらう	
可能動詞・形容詞	
存在動詞	

表 11　B1b 型・B2 型の前接語と用法

B1b・B2 型の前接語	用法
絶対他動詞 自動詞（意志） 使役動詞	行動重視
相対他動詞 自動詞（無意志）	結果重視
受身動詞・〜てもらう	影響重視
可能動詞・形容詞	属性・感情重視
存在動詞	存在重視

　以上のように、本節では、価値観を表す表現「〜てナンボ」が多様な意味を表す仕組みを明らかにした。

5. 考察

　5 節では、「〜てナンボ」の表現機能について考察する。標準語と方言の使い分けは、話し言葉の場合、カジュアルかフォーマルかという発話スタイルにほぼ対応するとされ、基本的に、下位場面（くつろいだ場面）では方言スタイル、上位場面（あらたまった場面）では標準語スタイルが用いられるという（真田 2011）。しかし、『TWC』のデータには、下位場面（くつろいだ場面）ばかりでなく、上位場面（あらたまった場面）での使用だとみなせる「〜てナンボ」の用例が少なくない。本節では、この点に着目

し用例を観察する。

『TWC』のデータは、ウェブ上に書かれた文章で、多種多様なものが混在している。また、書き言葉では、話し言葉とは違って、方言話者にとっても標準語スタイルが基本スタイルとなる。そのため、本章の書き言葉データ（『TWC』）における「あらたまったスタイル」の認定方法を次のように検討した。

野田（1998）は、文章・談話の「ていねいさ」の観点から、形態、機能、文体を整理し、文体を「ていねい調」、「非ていねい調」、「中立調」の3つに分けている。そのうちの「ていねい調」は、ていねい形（形態がデスマス形）の文が基調の文体で、ていねいさが考慮されたものだとされる（p.100）。この「ていねい調」の文体は、書き手が読み手を意識したあらたまった述べ方になる。そこで、まず、「標準語スタイル」かつ、「〜てナンボ」の前後の文がデスマス形で書かれている用例、すなわち「ていねい調」の用例を抽出した。次に、前後の文がデスマス形で書かれていても「〜ね、〜よね」などの終助詞が付加された用例は、書き言葉としてあらたまり度が下がるため、考察対象から除外した。以上の方法で、あらたまったスタイルと認定したのは、次のような用例である。

(40) 世の中にはクリエイティブという言葉に対して、いろいろな捉え方をする人がいると思います。ただ僕の場合は、見てもらってナンボ。使ってもらってナンボ。自分の狙った通りの反応を出していくことに、醍醐味を感じています。　　　　　(081-100.008.14269)

(41) 「退職してもう一回転職活動をしてくれたら、また紹介料が入る」と考える悪いコンサルタントもいます。「入社させてナンボ」の会社にだまされないようにしてください。もちろん、誠実で良心的なコンサルタントもたくさんいます。　　　(061-080.004.49594)

このような、あらたまったスタイルに出現した「〜てナンボ」を集計す

6　なお、「標準語スタイル」ではなく、「方言スタイル」（「〜てナンボ」文、およびその前後の文に方言要素「〜やで」などが見られる）で書かれたものは、514例中29例のみである。また、前後の文脈情報が紐づけされていないため確認できない用例が6例あった。

134

ると、514 例中 125 例（24.3％）が該当し、総数の 4 分の 1 近くに上る[6]。

　その内訳を多い順に 3 つ示す。最も多く特徴的なのは、前後の文はていねい形（形態がデスマス形）だが、「〜てナンボ」の部分は（40）のように読点や句点で短く区切った言い切りのタイプで、35 例出現している。次に、（41）のように括弧類（「」、〝〟）を伴ったものが 18 例、そして、ていねい形の「〜てナンボです。」が 11 例となっている。また、（42）は、神奈川県にあるシステム開発企業のホームページの文章で、関東方言領域での使用例である。

　（42）私たちの創っていたシステムは、いまある問題を解決する以上のことをしていませんでした。会社が目指す目標のために動いてはいませんでした。システムは動いてナンボ！　そのとき、気づかされました。結局のところ、自分たちが現場に納めたのは、「机上論で作った理想システム」だったと。　　　　（001-020.014.18059）

　以上のように、「〜てナンボ」は、あらたまったスタイルにも短く区切った形で出現しやすく、近畿方言領域外で使用される例も見られるのである。

　では、なぜこのように使用されるのだろうか。本書では、「〜てナンボ」が「標語的表現」として採用されるためだと考える。標語的表現とは、人の信念や教訓を簡潔に言い表した句や文のことを指す。つまり、「当たって砕けろ」、「言わぬが花」などのことわざに似た役割を「〜てナンボ」が果たすということである。価値観[7]を表す「〜てナンボ」という表現は、前接語を変えれば様々な場面に適用でき、汎用性が高い。しかも、それを一言で端的に表す機能を持つ。そのため、方言ではあるが、標語的位置づけで場面を問わず取り入れられていると考えられる。そうだとすると、「〜てナンボ」は、〝なんぼ使用者〟が標準語スタイルにあえて取り入れるこ

7　「〜てナンボ」は、金銭の獲得を表す動詞が前接しやすく（表3）、本来的には「利益・実益を重視する価値観」を強く打ち出す方言である。その背景には、経済圏として発展した大阪の歴史的社会文化があると見られ、大阪を中心とした文化圏に特有の〝色〟（「儲け」、「損得」を重視するといった価値観）が感じられる。しかし、あらたまったスタイルに用いられる場合は、そういった地域特有の〝方言色〟（地域性やキャラクター性）を表現しようとする意図は感じられないことが多い。

とはもちろんだが、その表現機能が目的で“なんぼ不使用者”にも借用されていることが強く推察される[8]。

6．まとめと日本語学習者への提示のポイント

　本章では、ウェブコーパスのデータに基づき関東方言話者の視点から「〜てナンボ」の意味・機能について論じた。本章冒頭の課題に対する答えは、以下のようにまとめられる。

　　1）-1：「〜てナンボ」の基本的な意味は、「〜ことによって価値が
　　　　　　発生する」であり、この基本的な意味から反語的解釈が生
　　　　　　じる。
　　1）-2：B型の「〜てナンボ」は、“なんぼ”の金銭的意味が希薄化し、
　　　　　　物事の意義や主義信条を表す機能語になっている。その分
　　　　　　類型（B1a、B1b、B2）と、前接語の組み合わせにより多
　　　　　　様な意味が表される。
　　2）　　：「〜てナンボ」は、標語のように、物事の意義や主義信条
　　　　　　を一言で端的に表す表現機能を持つ。そのため“なんぼ不
　　　　　　使用者”にも借用されていることが強く推察される。

　ニア・ネイティブレベルを目指す日本語学習者は、より多くの表現を正確に理解したいと望んでいる。「方言だから」と片づけることなく、メディアで見聞きする可能性のある「〜てナンボ」についても、何らかの形で解説されることが望ましい。「〜てナンボ」が纏っている大阪を中心とする文化圏に特有の“色”を踏まえた上で、あらたまったスタイルでも使われる「標語的表現」としての使い方、使用頻度の高い「〜てナンボの世界」という言い方について紹介すべきだろう。

　最後に、今後の課題について述べる。本章ではウェブ上での「〜てナン

8　「〜てナンボ、なんぼ、何ぼ」の表記は、カタカナが7割（514例中368例）と特徴的である。
　書き手が方言であることや標語的表現であることを認識し、それを際立たせて表示するのに、
　あえてカタカナを使用するものと考えられる。

ボ」の使用実態に基づき論じた。今後は、アンケート調査を通じて「〜て
ナンボ」使用者の実態、およびその使用意識についても明らかにする必要
がある。

第7章

級外項目「～てのける」
―「しにくいこと」に注目して―

1. はじめに

　本章の考察対象「～てのける」とは、次の（1）、（2）のような、動詞の
テ形に"のける"が後接したものを指す。これらは、ネットニュースのス
ポーツ記事に出現した用例である。

> （1）池江の言葉には余裕さえ感じられた。と、満面の笑み。ここまで
> 　　　8レースが終了。疲労がたまる大会終盤も、「思っていたほど、（疲
> 　　　労が）こない」と言って<u>のけた</u>。　　（『スポーツ報知』[1]、下線筆者）
> （2）11日のアストロズ戦では2番でバットを振るのと並行して、7
> 　　　回までマウンドに立った後は右翼の守備にも就く投打守の"三刀
> 　　　流"をやって<u>のけ</u>、さらなる潜在能力の高さを見せつけた。
>
> 　　　　　　　　　　　　　　　　　　　　（『産経ニュース』[2]、下線筆者）

　現代日本語において、（1）や（2）のような使われ方で目にすることの
多い「～てのける」だが、「のける」は、語彙としても級外で、日本語学
習者にとって意味が推測しにくい表現である。そこで、本章では「～ての
ける」という形式全般について、コーパスを用いた探索型アプローチで、
その意味・用法を明らかにすることを目的とする。

　現代日本語において、動詞のテ形に接続し、機能語的に用いられる述語
には、補助動詞[3]（やる、もらう、くれる、いく、くる、いる、ある、おく、
しまう、みる、みせる）がある。これらの主要な補助動詞には、多様な動

1　2021年4月10日閲覧。（https://hochi.news/articles/20210409-OHT1T51021.html?page=1）
2　2021年5月17日閲覧。
　　　　　　　（https://www.sankei.com/premium/news/210517/prm2105170004-n1.html）
3　序章でも述べた通り、補助動詞という術語には色々な立場がある。青木（2020）に詳しい。
　筆者は日本語教育への還元を目的とした現代日本語の研究を行う立場であり、テ形接続のもの
　を補助動詞と呼ぶ。

詞が前接し、用法も複数認められ、共時的にも、通時的にも文法化の観点からなど、研究が盛んである。しかし、その周辺的な形式である「～てのける」に関しては、通時的な観点からの論考（2節で詳述する）は見られるものの、共時的な詳しい分析が見られない。本章では、現代日本語の「～てのける」の次の2点に注目している。

　1つは、「～てのける」の"のける"は、単独で用いられる「のける」とは違って、用例（1）、（2）からも読み取れるように、話し手の評価を表す表現として機能語的に用いられることである。

　もう1つは、「～てのける」の前接動詞は、組み合わせが限定的になっていることである。現代日本語において、「～てのける」の前接動詞は、用例（1）、（2）のように、「言う」と「やる」であることが多い。

　このような興味深い事象が観察されるため、本章では、以下の課題を明らかにすることを目指す。

　　1）「～てのける」は、どのような仕組みで、話し手の評価的な意味
　　　　を表すのか。
　　2）「～てのける」の前接動詞には本当に偏りが見られるのか。偏る
　　　　とすれば、それはなぜなのか。

　本章の構成は以下の通りである。まず、2節で先行研究を概観する。それを踏まえ、3節で研究方法を述べ、4節で調査結果を示す。5節では具体的な用例とともに「～てのける」の用法を示し、「～てのける」がなぜ評価的な意味を表すのか、その仕組みについて述べる。6節では、「～てのける」の前接動詞の偏りの理由について考察し、7節で本章の主張をまとめる。

2．先行研究

　まず、辞書の記述を確認する。「のける」について、『日本国語大辞典（第二版）』（以下、『日国（第二版）』）の記述を確認してみると次のようになっている。

①のかせる。その位置から離れさせる。どかせる。離す。

②距離をおかせる。間を隔てる。

③ほかの場所に移す。どける。離してよそへやる。とりはずす。

④のぞく。はぶく。除外する。　　（『日国（第二版）』第10巻、p.794）

　この辞書で説明されている「のける」の「対象物を移動させる」という本来的な意味は「〜てのける」からは読み取りにくいことがわかる。

　続いて、テ形接続の「〜てのける」について、同じく『日国（第二版）』による説明を見てみると、次の下線部のように「「…てしまう」の意を表す」とある。

【の（退・除）ける】㈡補助動詞。

動詞の連用形に「て」の付いた形に付いて<u>「…てしまう」</u>の意を表す。

①しにくいことをあえてする意を表す。

②事態がはやくも、あるいは不本意にも起こってしまう意を表す。

　　　　　　　　　　　　　　　　（『日国（第二版）』第10巻、p.794）

　『日国（第二版）』に記載されているのは、初出の1477年（『史記抄』）から1889年（『浮雲』）の用例で、上記の説明はこの時期の「〜てのける」に対応するものだと思われる。現代日本語で考えてみると、「〜てしまう」と「〜てのける」は同じ意味を表すとは言い難く、両者を置き換えると（3）のように不自然になる。

　　（3）池江の言葉には余裕さえ感じられた。と、満面の笑み。ここまで
　　　　8レースが終了。疲労がたまる大会終盤も、「思っていたほど、（疲
　　　　労が）こない」と言って（のけた／ ??? しまった）。（（1）改変）

　『日国（第二版）』で説明されている「①しにくいことをあえてする」の"あえて"という部分や、「②事態がはやくも、あるいは不本意にも起こってしまう」の"不本意"という部分は、（1）や（2）の「〜てのける」からは読み取りにくい。辞書の場合、紙幅の都合があり、合理的かつ網羅的

な説明が求められるため、このように説明されていると考えられるが、現代日本語でよく目にする（1）や（2）は、『日国（第二版）』で説明されている古典的な「～てのける」とは、使われ方が異なっている。

　次に、その古典的な「～てのける」について、通時的な研究における「～てのける」の記述を見ていく。沖森（2017）は、「テ形＋補助動詞」の形式の発達について述べる中で、（4）を挙げ「～てのける」は中世後期（室町時代）に出現し「「しにくいことを敢えてする」の意を表す」（沖森2017：275）と述べている。

　　（4）そいつめをば打ち殺いて、皮をはい<u>でのけ</u>うぞ（faide noqeozo）。
　　　　　　　　　　　　　　　　（『天草本伊曽保物語』、沖森2017：275）

　また、高山（2011）では「テンス・アスペクトを表す述部」について述べる中で、（5）を挙げ、近世期（江戸時代）に「テシマウ」が用いられるまえには、「テノケル」が用いられていたと指摘している。

　　（5）太刀のきっさき五寸ばかり打ち折って捨て<u>てのけた</u>
　　　　　　　　　　　　　　（『天草版平家物語』、高山2011：53、用例（67））

　そして、山口（2001）では、完了表現を通時的に考察する中で、「～てのける」と「～てしまう」が共存していた時期があったが、次第に「人為的な動作の完了（てのける）」と「自然的な変化の終了（てしまう）」を表す表現として分化していったと分析されている。

　以上のように、辞書や先行研究を踏まえると「～てのける」は、「～てしまう」が出現する前に完了の表現として用いられていたようだが、通時的な変遷を経て、（1）や（2）のような用いられ方になっていったことが窺える。

　これまで、共時的な「～てのける」の分析は十分に進められていないため、辞書で説明されている「しにくいこと」とは、具体的にどのようなことを指すのかなど、その使用実態は明らかでない。また、通時的な研究で示された当時の用例とのつながりも見えにくい。そこで、本章では、コー

パスを用いて現代日本語の「～てのける」の用例を収集し、その特徴を客観データを用いて示す。さらに、用例観察を通して意味・用法を分析するとともに、先に述べた課題について検討を加える。

3．研究方法

　現代日本語における「～てのける」の使用実態を調査、分析するため、国立国語研究所『現代日本語書き言葉均衡コーパス』（以下、BCCWJ）を用いて実例を収集した。「～てのける」は、話し言葉よりも書き言葉で用いられると考えられ、また、頻出する表現ではないことから、データ量を確保するため大規模な書き言葉コーパスである BCCWJ を選定した。検索には検索アプリケーション『中納言』を使用し、すべての年代・レジスターを対象として用例を収集した。検索条件は、以下の通りである[4]。

　　　短単位検索で、1）キー：「指定しない」
　　　　　　　　　　2）後方共起1キーから1語：「語彙素：て」
　　　　　　　　　　3）後方共起2キーから2語：「語彙素読み：ノケル」

　検索の結果、396件が抽出され、目視で確認後、全件を考察対象とした。なお、後方共起1キーから2語を「語彙素：退ける」で検索すると、「のける」だけでなく「しりぞける」も抽出されるためこのように検索した。

4．調査結果

　現代日本語における「～てのける」の使用実態を明らかにするため、BCCWJ で収集した用例を観察し、すべての用例に関して、6項目（前接語、主語の人称、文中のヲ格補語関連の3項目、文中の副詞的要素）を調査した。結果を以下に示す。

4　2021年4月6日検索。

4.1　前接動詞

　表1は「〜てのける」の前接動詞の出現頻度順のランキングである。表1から、「〜てのける」の前接動詞には大きな偏りが確認できる。1位の「やる」、2位の「言う」だけで総数の9割以上を占めている。それ以下は、「その他」にまとめた。内訳を示すと、「する」が18例、「書く、伝える、開かせる、下げる、跳び越す、斬る、弾く、評する、外す、演ずる」の10語がいずれも1例ずつの合計28例となっている。また、これらの前接動詞はすべて意志的行為を表す動詞である。

表1　「〜てのける」の前接語

順位	動詞	頻度	割合（%）
1	やる	256	64.7%
2	言う（云う・謂う・いう）	112	28.3%
3	その他	28	7%
	合計	396	100%

4.2　主語の人称

　主語の人称に注目し集計したのが表2である。

表2　「〜てのける」の主語の人称

人称	一人称	二人称	三人称 （有情物）	三人称 （非情物）	不特定	合計
頻度	35	5	319	21	16	396
割合	8.8%	1.3%	80.6%	5.3%	4.0%	100%

　表2からは、三人称主語文が8割を占めていることがわかる。特に、「彼は〜てのけた。」というように既に実現した事態に対して用いられることが多い。「話し手≠動作主」の視点、つまり、観察者としての視点から述べることが多いという特徴が指摘できる。

4.3 ヲ格補語の特徴

　表3は文中のヲ格補語がどのようになっているかを集計したものである。表3からは、ヲ格補語が文中に出現しないタイプが最も多いことが指摘できる。このタイプでは、既に説明された行為について「彼はあっさりとやってのけた」や「彼はさらりと言ってのけた」のように副詞とともに用いられ、何をしたかではなく、どんな様子かが叙述される。具体的に何をしたのかについては、文中には示されず、前後の文に示されることが多いということである。次に、頻度が高いものを見てみると、前接語が「やる」の場合、「～ことを」というヲ格名詞句を取ることが多く（63例）、「言う」の場合でも「～ことを」や「それを」というヲ格補語を取ることがわかる。これらの詳細は次の表4に示す。また、名詞を取る場合には「離れ技」、「荒技」、「大仕事」など、名詞だけで単なる技、単なる仕事ではないことが表せる語が上位に出現していることがわかる。

表3　文中のヲ格補語（頻度3以上、上位5位まで）

ヲ格補語	頻度	前接動詞別内訳		
		やる	言う	その他
ヲ格補語なし	139	37	96	6
～ことを	74	63	9	2
それを	15	13	1	1
離れ技を	7	7	0	0
大仕事を	3	3	0	0
冒険を	3	3	0	0
これを	3	3	0	0
仕事を	3	2	0	1
荒技、荒業を	3	3	0	0

4.4 ヲ格名詞句（～ことを）の詳細

　表4は、表3で見たヲ格補語「～ことを」の詳細である。出現した74例は様々であるが、複数出現したものとしては、「できないこと、驚くべ

きこと、できないようなこと、すごいこと」がある。いずれも「やってのける」に出現している。また「言ってのける」では、「凄まじいこと、どこまでも計算高いこと、大胆なこと、記者が口をつぐんだこと、天地の理に関わること」など9例が見られた。このように、「～ことを」では、行為に対する話し手の評価的な内容を表すことが多い。

表4　ヲ格名詞句「～ことを」の内訳（表3「～ことを」の内訳）

ヲ格補語「～ことを」	出現数	やる	言う	その他
できないことを	4	3	0	1
驚くべきことを	2	2	0	0
できないようなことを	2	2	0	0
すごいことを	2	2	0	0
その他（1例×64）	64	54	9	1
合計	74	63	9	2

4.5　「言ってのける」の発話内容の現れ方

　表5は、表3でヲ格補語なしとされた「言ってのける」文の発話内容の示し方についてまとめたものである。「～と言ってのけた」、「～などと言ってのけた」というように直接発話内容が示される場合と、前後の発話文を指して「こう言ってのけた」、「そう言ってのけた」が用いられることもある。また、同一文中には発話内容が一切示されないタイプが48例と最も多く、その場合、発話内容は前後の文に示される。

表5「言ってのける」文の発話内容を示す語（表3のヲ格補語なし96例の内訳）

発話内容を示す語	～と、～などと	こう、そう	なし	合計
出現数	38	10	48	96

4.6　文中の副詞的要素

　表6は「～てのける」の文中に出現する副詞類を集計したものである。表6から、「やってのける」と「言ってのける」の両者に用いられやすい

副詞的要素は「平然と」であることがわかる。「やってのける」では「見事に、簡単に」が、「言ってのける」では「さらりと、こともなげに、あっさりと、ずばりと、きっぱりと、堂々と」が用いられやすい。これらに共通するのは「しにくいと感じさせない態度」だと考えられる。

表6　文中の副詞的要素

文中の副詞的要素	出現数	前接動詞別の内訳		
		やる	言う	その他
見事に、見事、ものの見事に	16	14	1	1
さらりと、サラリと	13	1	12	0
平然と	11	5	6	0
簡単に	8	6	1	1
こともなげに、事もなげに	8	1	7	0
あっさりと、あっさり	6	0	6	0
ずばりと、ズバリと、ずばり、ズバリ	5	0	5	0
堂々と	5	0	4	1
きっぱりと	5	0	5	0

4.7　本節のまとめ

　コーパスのデータに基づき「～てのける」の使用実態をまとめる。調査の結果、「～てのける」の前接動詞には偏りが見られ、「やる」と「言う」で9割を占めていることが確認できた。また、主語の人称に注目すると、三人称主語文で用いられる割合が高く、観察者の視点から書かれた用例が8割を超えることが明らかになった。また、文中のヲ格補語には、行為の具体的な内容ではなく、評価的な内容が示されることが多いことも特筆すべき点である。それに加えて、文中の副詞的要素の特徴を集約すると、「しにくいと感じさせない様子」が動作主の態度の共通点として挙げられる。

5．分析

　調査結果を踏まえ、用例観察を通して分析を行う。本節では「～てのける」

を統語的観点から、内容語型（A 型）と機能語型（B 型）に分けて分析する。A 型は本動詞として用いられ、モノを空間的に遠ざける空間的用法である。B 型はヲ格補語がモノ（具体物）ではなく、コト（ことがら）になったもので、コトを遠ざける用法である。B 型には、意味的観点から、時間的用法（B1 型）、認識的用法（B2 型）という下位用法を認める。さらに、B2 型の認識的用法においては事態を動作主の視点から述べるか、観察者の視点から述べるかを区別し、観察者の視点から述べる場合に、評価的な意味を含意することを示す。

　以下、空間的用法、時間的用法、認識的用法の順に用例を示す。BCCWJ の用例にはサンプル ID と開始番号を付す。なお、下線・波線は筆者によるものである。

5.1　空間的用法（A 型、1 例）

　A 型は、空間的かつ物理的な移動を表し「V て、モノを遠ざける」ことを表す。(6) では、バルカンの弾道から機体を外して、ぶつからないように遠ざけたことを表している。これは、物理的な移動を表す用法であり、本動詞として用いられている。

(6) 態勢の崩れたそこにすかさずバルカン砲を撃ち込むが、〈アッシュ〉は素早く身体を捻り、バルカンの弾道から機体を外してのける。　　　　　　　　　　　　　　（『アルマゼノン』LBo9_00117、14930）

5.2　時間的用法（B1 型、11 例）

　B1 型は、モノではなく、「V て、コトを遠ざける」、つまり、「事態を終わらせる」ことを表す時間的用法である。前接動詞がその手段を表す。また、単に事態を終わらせるのではなく、動作主が「頓着しない様子で」終わらせることが共通点として読み取れ、動作主は「しにくい」とは認識していない。気にせず片づける、処理するといった状況で用いられるようである。まず、(7) を示す。

(7) この間ある雑誌社が「私の母」という小さな感想をかけといって来た時、私はなんの気もなく、「自分の幸福は母が始めから一人で今も生きている事だ」と書いてのけた。そして私の万年筆がそれを書き終えるか終えないに、私はすぐお前たちの事を思った。私の心は悪事でも働いたように痛かった。

（『小さき者へ　生れ出ずる悩み』PB49_00107、6330）

　（7）の前文脈を補足すると、引用した部分の前に、我が子が母親を去年永遠に失ったこと、つまり妻を失ったことが書かれており、波線部には「なんの気もなく」また「私の心は悪事でも働いたように痛かった」とある。このことから、ここでの「〜てのけた」は、動作主がしにくいと認識せずに、「「私の母」という小さな感想を書く」ということがらを、「自分の幸福は〜（略）」と書いて片づけたという解釈ができる。「あえてそうした」という意図は読み取れない。

　もう2例、挙げる。（8）は、聞き手であるディレクターの意見など気にかけず、処理する様子が表されている。「あの写真を家族に見せるべきなのかどうか、持っていくべきなのかどうか」という議論を、その発言で片づけたことが表されている。（9）も、しにくいことをあえて実行するという意味は表さない。

(8) 前の晩、ディレクターとふたり、長々と話をした。あの写真を家族に見せるべきなのかどうか。持っていくべきなのかどうか。「でも、これだけ世界中の人が見ている写真ですよ。それに十七年も経っているんです。家族が知らないわけないじゃないですか。絶対に持っていくべきですよ」私は疑うことなく言ってのけた。

（『以上、現場からでした。』LBr6_00029、16760）

(9) 虫を小鳥が食べ、その小鳥を猛禽が捕食します。わたしたちはそれを「仕方がない」と言ってのけるのですが、シッダールタ太子はそうは思えなかった。（『釈迦物語』PB41_00052、9330）

5.3　動作主視点の認識的用法（B2型、28例）

　動作主視点（主に一人称主語文）の認識的用法は「しにくいことを頓着せずにVする」ことを表す。これには2つのタイプが認められる。1つは、話し手の認識における「しにくいこと」（後述、しにくいこと①・②）を頓着せず完遂することを表す。つまり、苦難が伴うことがらだと知りながら、あえてやり遂げるという用法である。もう1つは、話し手の認識における「しにくいこと」（後述、しにくいこと③・④）を頓着せず着手、実行することを表す。こちらは、考えに反することがら、抵抗感が生じることがらだと知りながら、あえてするという用法である。以下、動作主の視点から述べた用例を「しにくいこと」の内実に注目しながら見ていく。

5.3.1　しにくいこと①

　（10）は、「〜てのける」の後方部分に「〜てしまった」も使われている珍しい例で、負荷が多大で厄介なことをあえて完遂することを表す。ヲ格補語に「この大仕事」とあるように、この「〜てのける」では、話し手がヲ格補語で示したことがらを「苦労が多く厄介なことだと知りながらやりとげる」という意味を表している。

> （10）むしろ聴衆に向かって、はたして『源氏』の全訳に、十年もの歳月を費やすのが賢明かどうか、疑問を呈する趣旨の講演だったのだが、結局、実際に十年を費やして、この大仕事をやってのけることになってしまった。　（『流れゆく日々』LBs2_00078、33350）

5.3.2　しにくいこと②

　（11）の「〜てのける」は、難度が高く困難なことをあえて完遂することを表す。ヲ格名詞句に具体的な行為内容は示されていないが「何か大きなこと」とあるように、「実現が困難なことをあえて完遂する」という意味を表している。

（11）私の心の奥に、<u>何か大きなこと</u>をやっ<u>てのけたい</u>という欲求があった。英雄的な行為を演じてみせて、父に感心してもらいたいという願望があった。　　　　　（『孤独の発明』LBk9_00086、10630）

5.3.3　しにくいこと③

　（12）は、「〜てのける」に「〜ている」が後接した例で、物事が展開する局面を捉えた表現になっている。ここでの「〜てのけ」は、意に沿わないことをあえて実行することを表す。ヲ格補語は「カラス・テングにお願いする動作」である。これは、具体的な動作でもあるが、ここでは、本当はやりたくない媚び諂う動作を、うまくいくように、あえてやっていることを表し、「本意ではないことを頓着せず実行する」という意味で用いられている。

　（12）あっしは、クチバシを下げて、足の爪に二度も三度もこすりつけて、そりゃあ、もう知りたいですとも、教えてくださいと、<u>カラス・テングにお願いする動作</u>を、やっ<u>てのけている</u>うちに。ブナの木の梢のところへ、はりきったテングが、声はりあげて、順番にとびのってくる。　　（『ともかく道づれ』PB2n_00002、45530）

5.3.4　しにくいこと④

　（13）の「〜てのける」は、社会通念上ためらわれることをあえて実行することを表す。ヲ格名詞句に「天下の大立者がずらりと顔を揃えた舞台」とある。社会通念上、実力派揃の舞台を遠慮や忖度なく批評することは難しいと話し手が認識しており、それをあえて実行できたら痛快だと仮定的に述べている。

　（13）たしかに、<u>天下の大立者がずらりと顔を揃えた舞台</u>を「御一同唯無事無事であるが無事でないのも欲しいもの」などと評し<u>てのけ</u><u>られたら</u>、さぞかし痛快に違いない。

（『歌舞伎の情景』LBl7_00018、3850）

　以上のように、動作主の視点からの認識的用法では、『日国（第二版）』の記述のように、「しにくいこと」を頓着せずにあえて完遂する、あるいは、着手、実行することを表している。また、「しにくいこと」として、4つのタイプが確認された。

5.4　観察者視点の認識的用法（B2型、356例）

　続いて、観察者の視点から述べた用例を示す。表2で示した通り、現代日本語の書き言葉データにおいて、「〜てのける」は、三人称主語文の用例が8割を占めている。これは、他者の行為を観察者の視点から叙述する際に用いられることが多いということであり、この用法が「〜てのける」の主たる用法になっていると考えられる。

　この用法では、観察者にとっての「しにくいこと」を動作主がしにくいことだとは感じさせずに実行したり、完遂したという話し手の評価を表す。つまり、動作主が涼しい顔[5]で型破りなことを完遂した／着手、実行したという話し手の評価を表す表現になる。

　次に示す（14）と（15）では、反常識的なことを動作主が気にも留めず実行したという話し手の評価が表されている。（16）と（17）では、動作主が高難度のことを「しにくいことだとは感じさせずに」完遂したという話し手の評価が表されている。いずれも動作主が、見せつけるような態度ではなく、気にもかけない様子で完遂／実行したことに対する驚きとともに、その奇異さや、見事さを表現する際に用いられている。

　（14）「ワシはねえ、銭さえ積まれりゃあ、死んだおふくろの顔だって、
　　　　足で踏むよ」　ぞろりと、凄まじいことを、力王山は言ってのけた。
　　　　　　　　　　　　　　　　　　　　（『餓狼伝』LBp9_00153、44950）

5　文化庁（2022）によると、現代日本語の「涼しい顔」という表現は、本来的な「関係あるのに知らんぷりする」という意味だけでなく、「大変な状況でも平気そうにする」という意味でも理解され、後者の方が優勢であるという。本稿では、「〜てのける」の「気にしない様子」や「平気そうにする様子」はこの意味に通じると捉えて、「涼しい顔」という表現を用いる。

(15) 鷲は公安特科隊時代、大狂人・僧首保行のテロルを押え込むために前代未聞の殺しをやっ<u>てのけた</u>。（『鷲』LBp9_00105、30450）

(16) たしかに、マスキー法の基準をクリアすることは、当初、世界のだれもが無理だと思っていたことなので、それをいち早くクリアしたのはたいへんなことなのですが、それ以上にすばらしいことを本田さんはやっ<u>てのけた</u>、と私は考えています。

(『わが友本田宗一郎』OB4X_00035、60820)

(17) （略）そこにいるタウンゼント氏と同じ陣営に属しているが、残念ながらたがいに敬意をいだいているわけではない」最初の一書で、クラークは、彼とタウンゼントとの関係を正確に始に伝え<u>てのけた</u>。（『創竜伝』OB3X_00251、6900)

5.5　本節のまとめ

「〜てのける」の用法をまとめると、表7のようになる。（18）はそれに対応する例である。

表7　現代日本語における「〜てのける」の用法

用法	対象	動作主視点	観察者視点	
空間↓時間↓認識	モノ↓コト↓苦難・抵抗感が生じるコト	「モノ」をVて遠ざける（A型：除去）		
		「コト」を頓着せずにVて終わらせる（B1型：処理）		
		「しにくいこと」を頓着せずに完遂する（B2型：逸脱行為の完遂）	評	涼しい顔で型破りなことを完遂する（B2型：逸脱行為の完遂）
		「しにくいこと」を頓着せずに実行する（B2型：逸脱行為の実行）	価	涼しい顔で型破りなことを実行する（B2型：逸脱行為の実行）

(18) A 型　私はバルカンの弾道から機体を外し<u>てのけた</u>。

　　　B1型　私は依頼された感想文を何の気なく書い<u>てのけた</u>。

　　　　　　私は部下の不満を「仕方がない」と言っ<u>てのけた</u>。

　　　B2型　彼はすばらしいことをやっ<u>てのけた</u>。

　　　　　　彼は凄まじいことを言っ<u>てのけた</u>。

（(6)、(7)、(9)、(16)、(14) に基づき作例）

152

　空間的用法では単に対象物を遠ざけるという物理的移動を表すが、時間的用法では、動作主があることがらを頓着せずに終わらせることを表す。そして、認識的用法では、話し手にとって「しにくいこと」を頓着せずに完遂／実行することを表す。

　また、用例で示したように、認識的用法における「しにくいこと」は、負荷が多大で厄介なこと、難度が高く困難なこと、意に沿わないこと、社会通念上ためらわれることの4つに分けられる。

　動詞「のける」の本来的な意味は、動作主が移動対象物を遠ざけることである。なぜ遠ざけるのかと言えば、対象物が動作主にとって避けたく邪魔である、あるいは、不要なためである。それゆえ、「のける」からは、動作主が対象に対してあっさりと、あるいは平然と遠ざける様子が想起される。この特性、すなわち、動作主が対象について頓着しないという特性が「～てのける」の時間的用法、認識的用法それぞれに通底しているものと考えられる。

　以上の分析を踏まえ、現代日本語における「～てのける」の主用法である観察者視点からの認識的用法が表す意味をまとめる。

(19) 動作主が涼しい顔で型破りなことを完遂／実行するという観察者の評価を表す。

6．考察

　4節では、現代日本語の「～てのける」の特徴として、前接動詞が「やる」、「言う」に偏ることを指摘した（前掲表1）。この特徴を手掛かりに、いつごろから「～てのける」が現代日本語と同じような使われ方になったのか、国立国語研究所『日本語歴史コーパス』[6]（以下CHJ）を用いて考察する。

6　『日本語歴史コーパス』（Corpus of Historical Japanese、略称CHJ）は、以下の時代区分別に複数の日本語史料が収録され、かつ、テキストに読み、品詞、時代区分などの形態素情報が付与されたコーパスである。現在も構築が続けられ、随時データが増補、改訂されている。
　　奈良時代編（Ⅰ万葉集／Ⅱ宣命／Ⅲ祝詞）、平安時代編（Ⅰ仮名文学／Ⅱ訓点資料）、鎌倉時代編（Ⅰ説話・随筆／Ⅱ日記・紀行／Ⅲ軍記）、室町時代編（Ⅰ狂言／Ⅱキリシタン資料）、江戸時代編（Ⅰ洒落本／Ⅱ人情本／Ⅲ近松浄瑠璃／Ⅳ随筆・紀行）明治・大正編（Ⅰ雑誌／Ⅱ教科書／Ⅲ明治初期口語資料／Ⅳ近代小説／Ⅴ新聞など）
　　　　　　　　　　　　　　　　　（https://clrd.ninjal.ac.jp/chj/、2023年9月11日閲覧）

前接動詞に注目するという目的から、このコーパスを選定し、検索アプリケーション『中納言』を用いて、形態素情報をもとに「〜てのける」の用例を抽出した[7]。検索方法は、以下の通りである。

　　短単位検索で、１）キー：「指定しない」
　　　　　　　　　２）後方共起１キーから１語：「語彙素：て」
　　　　　　　　　３）後方共起２キーから２語：「語彙素読み：ノケル」

　その結果、100 例が抽出され、考察対象外の「ゐてのけよ（時代区分：平安／１例)」、「〜て仰け様に（時代区分：鎌倉／７例)」の８例を除く92 例を考察対象とした。

　このようにして抽出した各時代の出現数とその前接動詞を集計したものが表８である。データの数も少なく、時代別に資料の種類も異なるため、出現数を比較することは目的としないが、前接動詞の特徴に注目すると、明治時代と江戸時代の資料では前接動詞の種類に異なる特徴が見られることがわかる。室町期や江戸期を見ると、「やる」、「言う」の使用はそれぞれ０％、６％と低い。一方で、明治期、大正期は、それぞれ69％、91％となっており、３節で示した BCCWJ での特徴に近づく傾向が現れている。特に江戸期のデータには、「やる」「言う」以外の動詞を用いた用例が多数出現している。

表８　CHJ における「〜てのける」の出現数と前接動詞（やる・言う）の割合

時代区分（CHJ）	室町	江戸	明治	大正	現代（BCCWJ）
①「〜てのける」の出現数	11	32	26	23	396
②「やる・言う」が前接する「〜てのける」の出現数	0	2	18	21	368
①に対する②の割合	0%	6％	69%	91%	93%

　次に示す（20）〜（23）がその江戸期の用例である。（20)、(21) は、「〜てのけう」の形で出現しており、やり遂げることを表す意志的な用法であ

7　2021 年 4 月 28 日検索。

るように読み取れる。現代日本語の「〜てのける」の前接語はすべて意志
的行為を表しており、これらとのつながりが感じられる。

(20) こな様に会ひしだい死ん<u>でのけう</u>と覚悟を据ゑ剃刀は身を離さぬ。
　　　　　　　　　　　（『心中刃は氷の朔日』51- 近松 1709_17002、24110)

(21) そんなことに今までに歩いたことなけれどもてんぽの皮、行<u>ての</u>
<u>けう</u>　　　　　　　（『長町女腹切』51- 近松 1712_09002、43380)

　これに対し、次の（22）、（23）は不覚にもそのようになったという無意
志的な用法であるように読み取れる。これらは現代日本語の「〜てしまう」
と重なるように見え、現代日本語における「〜てのける」とは異なる様相
である。また、先述の（20）と（22）では、いずれも動詞「死ぬ」が用い
られているが、用法は異なると考えられる。

(22) 餅がのどに詰つて、つひ死ん<u>でのけました</u>
　　　　　　　　　（『丹波与作待夜のこむろぶし』51- 近松 1707_07001、37150)

(23) アアほんに、どこでやら落し<u>てのけた</u>
　　　　　　　　　　　（『心中天の網島』51- 近松 1720_20002、4000)

　以上のことを踏まえると、「〜てのける」は、先行研究で述べられてい
たように、「変化の終了、行為の完了」を表す表現として中世後期に出現し、
その後は、同類の表現として近世期以降、意味機能を拡張した「〜てしまう」
（梁井 2009）が勢力拡大したことや、相対的に「〜てのける」の方が人為
的な変化を表すのに適していた（山口 2001）ことで、「〜てしまう」と重なっ
ていた無意志的な用法は衰退したと見られる。
　そして、現代日本語の使用実態から推測すると、「〜てのける」は「変
化の終了、行為の完了」を表していたが、意志的な行為を表す表現として、
「コトを頓着せずに片づける➡しにくいことを頓着せず完遂する／しにく
いことを頓着せず実行する」のような流れで「しにくいことをあえてする」
という話者の認識に関わる意味が焼きついていったのではないかと考えら
れる。遠ざけようとする対象が単なるコトの場合には、「行為の完了」を

表すものであったのだろうが、それがあえて終わらせるという意志的な行為に偏ることによって、「苦難」や「抵抗感」を遠ざける、すなわち、「しにくいことをあえてする」という意味が焼きついた可能性がある。対象に「しにくいこと」を取ることが定着すれば、前接動詞は、具体的内容を表さない動詞である「やる」と「言う」に代表させても何ら問題ないため、前後の文脈に「しにくいこと」の具体的な情報を預ける形で使用されるのではないだろうか。現代日本語の「やる」は、「ついにやった」のように完遂も「今すぐやる」のように実行も表すことができる。「やってのける」、「言ってのける」の２つがあれば、「〜てのける」で表す行為全般が表現可能であり、この形で固定化したと考えられる[8]。

7．まとめと日本語学習者への提示のポイント

　以上の分析、考察を踏まえ冒頭の２つの課題に対するまとめを行う。

　　１）現代日本語における「〜てのける」を観察すると、空間的用法、時間的用法、認識的用法が認められる。時間的用法と認識的用法では、動詞「のける」本来の物理的移動の意味が希薄化し、機能語的に用いられている。いずれの用法にも通底しているのは、動作主が対象に対して頓着しないという特性である。BCCWJのデータにおいて、「〜てのける」には、意志的な行為を表す表現として「対象を物理的に遠ざける（空間的）➡対象となることがらを頓着せず処理する（時間的）➡しにくいことを頓着せず完遂する（認識的）／しにくいことを頓着せず実行する（認識的）」用法があり、連続性が認められる。また、コーパスで収集した用例の８割以上は、観察者視点からの認識的用法であり、この話し手の評価を表す用法が主用法であると言える。観察者の視点から事態を叙述する際により多く用いられ、この場合に、観察者が「し

8　代表的なテ形接続の補助動詞（「〜てある」の'ある'など）は、多くの場合、前接する動詞の種類が文法化に伴って拡大するが、「〜てのける」の'のける'はそのようにならず、特殊である。

にくい」と認識していることが反映されるため、評価的な意味が
生じる。

2）現代日本語における「～てのける」の前接語は、行為の具体的内
　　容を表さない特性を持つ「やる」と「言う」で9割を占めている。
　　認識的用法の「～てのける」では対象となることがらが「しにく
　　いこと」に限定される。そのため、行為の具体的内容を表す必要
　　がなく、「やる」「言う」の2つで事足りるため、「やってのける」、
　　「言ってのける」の形でほぼ固定化している。

　1）、2）のまとめを受けて、ニア・ネイティブレベルを目指す日本語
学習者への提示のポイントを示す。日本語学習者は「のける」（級外）と
いう語彙自体になじみがなく、ニア・ネイティブレベルの日本語学習者で
あってもこの表現の意味の推測が難しいと考えられる。そのため、「のける」
の意味を紹介し、「～てのける」の全体像を示す方法もあるが、「～てのける」
の場合は、現代日本語の使用実態からみて、「認識的用法」を取り出して
示すので十分だと考える。具体的に述べると、主用法である観察者視点か
ら述べる三人称主語文が、（19）で示した話し手の評価的な意味（奇異さ
や見事さ）を表すことについて解説し、前接語は「やる」と「言う」の2
語に絞って「やってのける」、「言ってのける」の形で提示することを提案
したい。

　最後に、本章では立ち入ることのできなかった点について述べる。本章
で示した「～てのける」の各用法および、その連続性については、現代日
本語の使用実態に基づく考察である。各用法の変遷に関する詳細について
は、史料に基づいた詳細な分析や方言に関する調査が別途必要だと考えら
れる。動詞「やる」に「問題事・通常ではないこと」を表す新用法が生じ
た（豊田2014）時期との関連、文体の変化、翻訳文学による影響も考え
なければならないだろう。これらの立証については、今後の通時的な研究
を待ちたい。

第8章

級外項目「〜てたまるか」
―「Vるものか」との比較から―

1．はじめに

　本章の考察対象「Vてたまるか」は、動詞のテ形に動詞「たまる」、終助詞「か」が後接したものである。先行研究において、「Vてたまるか」は、疑問文の形をしているが、相手への問いかけ性を失い反語の解釈が固定化した形式だとされる。このような専ら反語を表す表現で、日本語学習者に提示されるものには、「ものか」（『日本語能力試験出題基準〔改訂版〕』2級項目）があるが、「負けてたまるか」と「負けるものか」のように置き換えられる場合と「二度と行くものか」と「*二度と行ってたまるか」のように置き換えられない場合があり、その違いが気になるところである。

　そこで、本章では、一般に日本語学習教材類に詳しく解説されない「Vてたまるか」について、「Vるものか」との比較考察を行うことによって、その特徴を明らかにし、日本語教育における提示のポイントを示す。

　本章の構成は以下の通りである。まず2節で先行研究を概観する。3節では、研究方法について述べ、4節で調査結果を示す。5節と6節では、用例観察を通して、類似する表現との異同を整理する。最後に7節でまとめを行う。

2．先行研究
2.1　反語専用形式とは

　『日本語文法事典』の「反語」の項には、「反語とは、疑問文によって問いかけることによって、聞き手や読み手が当然認識しているべき内容を再認識させるというものである。質問の形を取りながら、実際には強い主張を表すという形式と機能のずれを捉えて、修辞疑問文（rhetorical question）とも呼ばれるものである」（pp.510-511、執筆者安達太郎）と説

明される。反語文と疑問文は連続的であり、その線引きは必ずしも明確ではないことが知られているが、「反語」と呼ばれる表現の中には、文末の音調が下降イントネーションで発話され、聞き手への問いかけ性を失って専ら反語文になる「Ｖてたまるか」、「Ｖるものか」などの表現形式がある。案野（2014）ではこれを「反語専用形式」と呼んでいる。本章でもこのような表現形式を「反語専用形式」として扱う。

2.2　日本語教材類における「Ｖてたまるか」の記述

「Ｖてたまるか」という表現は、級外項目ということもあり、日本語教材類に記述が少ない。日本語学習用の代表的な文型辞典、グループ・ジャマシイ編（1998、2023）や近年構築された文型データベースの堀ほか（2015）[1] にも「Ｖてたまるか」は立項されていない。記載のあるものとしては、文法問題集の落合・原（2004）がある。同書には「悔しいので〜わけにはいかない」（落合・原 2004：53）という意味説明と３つの用例が示されているが、「Ｖるものか」との違いなど詳しい解説はなされていない。

2.3　「Ｖてたまるか」と「Ｖるものか」の両者を扱う先行研究

日本語記述文法研究会（2003）は、「Ｖてたまるか」、「Ｖるものか」の両者を反語的な意味が固定化した形式だとした上で、「てたまるか」は「個人的な評価に基づいて逆の判断を訴えるもの」（日本語記述文法研究会 2003：51）、「ものか」は「一般的な性質に基づいてそれが成り立たないことを確認させるもの」（日本語記述文法研究会 2003：51）と説明している。また、両者の置き換えに関しては、次に示す（1）、（2）を挙げて、以下の指摘がある。「ものか」は真偽疑問文でも補充疑問文でも使用できるのに対し、「たまるか」は真偽疑問文にしか使用できないというものである。

1　『機能語用例文データベースはごろも』
　（バージョン 2.3、https://www.hagoromo-text.work/、2023 年 9 月 2 日最終確認）

(1) 私たちの仕事をあいつが ¦手伝うものか/手伝ってたまるか¦。

(日本語記述文法研究会 2003：51)

(2) こんな不便なところまでだれが ¦来るものか/＊来てたまるか¦。

(日本語記述文法研究会 2003：51)

　次に、反語専用形式4種（たまるか・ものか・たまるものか・（人名詞）があるか）について、コーパス、小説、ライトノベル、漫画、シナリオ、雑誌などの実例を用いて、その特徴を詳細に記述した案野（2014）を見ていく。案野（2014）は、「Vてたまるか」について、動詞の受身形と共起することが多いことを指摘し、「「たまるか」は反語マーカーであり、その特徴として、抵抗可能でしかも迷惑、不本意、不快なことを示す命題のテ形に接続しそのことを話し手が阻止したり、拒絶したりする文を構成する単位である」（p.59）と述べ、マイナス方面の感情を表すとした。「ものか」は、「意志動詞を述語とする命題に接続すると強い否定的意志を、無意志動詞を述語にする命題に接続すると強い否定的確信を表す」（p.62）と述べ、プラス方面の感情も表すと説明している。さらに「たまるものか」に関しては、動詞から発した助動詞相当語句「たまる」に終助詞化した「ものか」が承接した形式で、「命題の絶対的否定或いは絶対的拒絶を表す」（p.65）とし、使用文脈を観察した上で「たまるか」単独より強い気概を表すと述べている。しかし、それぞれの形式が別々に分析されているため、両者の置き換えには言及されておらず、さらなる分析の余地があると考えられる。

　そこで、本章では「Vてたまるか」と「Vるものか」を比較考察することによって、その特徴を明らかにし、日本語学習者に有用な情報提供を行うことを目指す。

3．研究方法

　コーパスを用いて実例を収集し、「Vてたまるか」および「Vるものか（撥音化した「もんか」を含む）」の特徴を分析する。実例の収集には、国立国語研究所『現代日本語書き言葉均衡コーパス』（以下、BCCWJ）を選定し、検索[2]には検索アプリケーション『中納言』を用いた。まず、「Vてたまるか」

の検索方法を以下の通り示す。

　　　　短単位検索で、1）キー：「指定しない」
　　　　　　　　　　　2）後方共起1キーから1語：「語彙素：て」
　　　　　　　　　　　3）後方共起2キーから2語：「書字形出現形：たまる」
　　　　　　　　　　　4）後方共起3キーから3語：「語彙素：か」

　その結果、110件の「Vてたまるか」が抽出され、目視で確認後すべて
を考察対象とした。次に、「Vるものか」の検索方法を以下の通り示す。

　　　　短単位検索で、1）キー：「品詞：大分類：動詞」＋「活用形：連体形」
　　　　　　　　　　　2）後方共起1キーから1語：「語彙素：物」
　　　　　　　　　　　3）後方共起2キーから2語：「書字形出現形：か」
　　　　　　　　　　　4）後方共起3キーから3語：「品詞：小分類：補助
　　　　　　　　　　　　　　　　　　　　　　　　　記号－句点」

　検索の結果、「Vるものか」は389例抽出され、目視で全件を確認し、
そのうちの「〜によるものか」などの考察対象外となる用例60例を除外
した329例を考察対象とした。

4．調査結果

　調査項目は、1）前接動詞の形、2）前接動詞別の出現頻度、3）使用場面、
である。以下、結果を示す。なお、BCCWJの用例には、括弧でサンプル
ID、出典を付した。

2　2020年7月13日最終確認。なお、「〜てたまるか」の「たまる」は語彙素「堪る」、「溜まる」
　が見られたため「書字形出現形」で検索した。他方「Vるものか」の「もの」は「もん」を網
　羅するため「語彙素：物」で検索し、文末に出現する「ものか」に絞り込むためこのように検
　索した。

4.1　前接動詞の形

　前接動詞の形に注目し、その出現数をまとめたものが表1、表2である。

表1　「Ｖてたまるか」前接動詞の形式別用例数

基本テ形	受身テ形	使役テ形	合計
61（55.5%）	46（41.8%）	3（2.7%）	110（100%）

表2　「Ｖるものか」前接動詞の形式別用例数

辞書形	可能形	複合形式	合計
248（75.4%）	26（7.9%）	55（16.7%）	329（100%）

　表1と表2の比較から、「Ｖてたまるか」は出現した用例の9割以上が基本テ形または受身テ形で占められており、特に受身テ形の出現率の高さが特徴的である。これに対し、「Ｖるものか」は辞書形だけで7割を占め、そのほかに複合形式や可能形との共起が見られた。複合形式の内訳は、「～てたまるものか（29例）」、「～てなるものか（11例）」、「～てやるものか（8例）」、「～ずにおくものか（3例）」、「てくれるものか（1例）」、「～ているものか（1例）」の6種で合計55例となっている。

4.2　高頻度の前接語

　どのような語と共起しやすいかという特徴を探るため、「Ｖてたまるか」、「Ｖるものか」の前接語を出現頻度順に示した表3、表4を示す。

表3　「Ｖてたまるか」高頻度順前接語（総数 110　異なり語数 40）

頻度順	動詞	用例数	使用例	基本テ形	受身テ形	使役テ形
1	する	22	して／されて／させて	3	16	3
2	負ける	11	負けてたまるか	11	0	0
3	死ぬ	11	死んでたまるか	11	0	0
4	ある	9	あってたまるか	9	0	0
4	わかる	9	わかってたまるか	9	0	0
6	なる	5	なってたまるか	5	0	0
7	食う	4	食われてたまるか	0	4	0
8	とる	3	取られてたまるか	0	3	0
9	やる	2	やられてたまるか	0	2	0
9	捕まる	2	捕まってたまるか	2	0	0
9	なめる	2	なめられてたまるか	0	2	0
9	いる	2	いてたまるか	2	0	0
10	その他（各1語）	28	渡して・逃してなど	12	16	0
	合計	110	内訳	64	43	3

　表3から、「Ｖてたまるか」の前接語には、話し手の意志的な行為を表す動詞の出現数が非常に少ないという特徴が見られる。出現率の高い「受身」というのは、話し手の意志的行為を表さないものであり、そして、基本テ形の場合にも、話し手の意志的行為を表さない自動詞（負ける、死ぬ、ある、わかる、なる）が上位を占めている点が特徴的である。他動詞は非常に少なく、現れたのは10位の「渡す」「逃す」など、数語のみで、不本意な結果を表すのに用いられている。

表4 「Ⅴるものか」高頻度順前接語（総数 329 異なり語数 76）

頻度順	前接語	用例数	用例	辞書形	可能形	複合表現 など
1	ある	55	あるものか	55	0	0
2	する	50	する／できるものか	33	17	0
3	たまる	29	てたまるものか	0	0	29
4	かまう	19	かまうものか	19	0	0
4	なる	19	なる／なれる／てなるものか	4	2	13
6	居る	15	いる／ているものか	14	0	1
6	わかる	15	わかるものか	15	0	0
8	言う	9	言う／言えるものか	7	2	0
9	やる	8	てやるものか	0	0	8
9	知る	8	知るものか	8	0	0
11	負ける	7	負けるものか	7	0	0
12	行く	6	行くものか	6	0	0
12	逃がす	6	逃がすものか	6	0	0
14	信じる	4	信じるものか	4	0	0
15	死ぬ	3	死ぬ／死ねるものか	2	1	0
15	要る	3	要るものか	3	0	0
15	変わる	3	変わるものか	3	0	0
15	おく	3	ずにおくものか	0	0	3
15	来る	3	来るものか	3	0	0
それ 以下	2例×7語 1例×50語	64	答える／貰える／笑える ／てくれる　など	59	4	1
合計		329	内訳	248	26	55

　表4から、「Ⅴるものか」の特徴について述べる。まず、3位の「てた
まるものか」や4位の「てなるものか[3]」のように、複合表現「～てたまる」「～
てなる」と共起し、固定化したとみられる表現が含まれているという点が
挙げられる。そして、「Ⅴてたまるか」とは違って、話し手の意志的な行
為を表す動詞との共起も多数見られる。

3　「Ⅴてなるものか」も反語専用形式の類義表現だが、その詳細は別稿を期したい。

164

4.3　使用場面

　「対人発話」か「心内発話」かという観点から「Ｖてたまるか」と「Ｖ
るものか」の使用場面について調査した。「対人発話」とは、（3）のよう
に、他者に対して伝達することが目的の発話であり、「心内発話」とは、（4）
のように、他者に対して伝達することが目的ではない発話を指す。

> （3）「バカ言え。捕まっ<u>てたまるか</u>！」俺は、拳銃を構えて、<u>言い返し</u>
> 　　<u>た</u>。　　　　　　　（9 文学『ライダーの墓標』LBi9_00225、26010）
> （4）悲報をきいた美音が躊躇なく自らの命を絶つのはまちがいなかっ
> 　　た。ということは、自分は絶対に死んではならないのだ。死ん<u>で</u>
> 　　<u>たまるか</u>、<u>と思った</u>。　　（9 文学『闇の剣』LBq9_00064、37660）

　（3）は、波線部に「言い返した」とあり、聞き手に対して伝達するため
の発話であることがわかる。これに対し、（4）は、波線部に「と思った」
とあるように、聞き手に対する発話ではないことが読み取れる。このよう
に、「～と思った」など、他者に伝達することを目的としないものを「心
内発話」とした。「～と思った」の他にも、前後の文脈にある「つぶやい
た」、「心の中で叫んだ」などの表現から判定し、カウントした。それを集
計したものが表5である。

表5 「Ｖてたまるか」と「Ｖるものか」の使用場面

	対人発話	心内発話	合計
Ｖてたまるか	35（31.8%）	75（68.2%）	110（100%）
Ｖるものか	174（52.9%）	155（47.1%）	329（100%）

　表5から、「Ｖてたまるか」は心内発話での使用の割合が7割弱と、対
人的な使用が少ないことがわかる。これに対し、「Ｖるものか」では対人
発話と心内発話の割合がほぼ半数ずつという結果が得られた。『日本国語
大辞典（第二版）』第8巻の「たまる」には、「多く、下に打消しの語を伴っ
て否定の意味で用いる。→たまらない」（p.1124）とあり、「たまらない」
は「我慢できない。こらえられない。やりきれない。たえがたい。」（p.1124）

と説明される。このように「たまる」を含む「Ｖてたまるか」は、話し手の感情を直接表すため、対人的な使用には相手や状況が選ばれていることが推測される。

5．分析
5.1　置き換えの可否

　分析に際し、反語の種類を「事態否定型」と「事態否定不能型」に分けて、「Ｖてたまるか」と「Ｖるものか」の置き換えに関する使用制約を見ていく。「事態否定型」とは、動詞「来る」で例を示すと、〔（あいつが来る）コト〕のように、〔～コト〕という事態を否定するものを指し、「事態否定不能型」とは、〔（決して来る）コト〕、〔（誰が来る）コト〕など、〔～コト〕の形にできないものを指す。

5.1.1　事態否定型：仮定タイプ（未生起事態）

　事態否定型の仮定タイプは、未生起の事態について否定的に述べるものである。先行情報なしに話し手の意志的行為を表す（5）や、（6）、（7）のように他者の意志的行為や他者に生じる事態を仮定し否定する場合には、「Ｖてたまるか」が不自然になる。

　　（5）わざわざ混んでいる週末に（行くものか／？行ってたまるか）。
　　　　　　　　　　　　　　　　　　　　　　　　　　　　　（作例）
　　（6）魚嫌いな彼が、すし屋に（行くものか／？行ってたまるか）。（作例）
　　（7）前回優勝の信子ちゃんが（負けるものか／？負けてたまるか）。
　　　　　　　　　　　　　　　　　　　　　　　　　　　　　（作例）

5.1.2　事態否定型：事実不認定タイプ（状態・先行情報）

　状態を表す動詞（ある・いる・できる・わかるなど）が前接して、その事態を事実認定しないことや、先行情報を受け、その内容を事実認定しな

いことを表すのが、事態否定型の事実不認定タイプである。この場合、両
者は置き換えが可能である。(8)、(9) は「わかる」の例、(10)、(11) は「そ
んな N がある」の形式で出現する先行情報不認定の例である。(10) の N
(馬鹿な事) は、波線部の〔(ザビエル公園にイルカがいてる) コト〕を指
し、その事実を認定しないことを表す。また、調査データを見ると、N に
は、先行情報を内容として受けることができる名詞（こと、話）の使用が
見られる。

(8) おまえのような奴に、俺の気持ちがわかってたまるか。平穏な生
　　活を崩したのはおまえのほうさ。

　　　　　　　　　　　　(9 文学『沈黙者』PB19_00436、13280)

(9)「生意気を云うな。軽薄な教訓はやめろ。君に俺の心の中がわか
　　るものか。　　　(9 文学『達磨峠の事件』PB29_00184、20250)

(10) 何ぃ !? ザビエル公園にイルカがいてる !? そんな馬鹿な事があって
　　たまるか!　　　　　　　(『Yahoo! ブログ』OY11_04583、290)

(11) お金を払えば浮気じゃないの？そんなバカな事があるもんか !!

　　　　　　　　　　　　(『Yahoo! 知恵袋』OC09_07237、2660)

　なお、他者からの先行情報を受け、その情報内容を事実認定しない場合、
事態が未生起でも、既生起でも用いられる。そして、未生起、既生起に関
わらず「V るものか」はル形、「V てたまるか」はテ形で用いられる。ただし、
「V てたまるか」では感情的に直接訴える形の反論になるためか、出現頻
度は低く、(12) の 1 例のみである。

(12) カズマ　「おい！一匹残っていた魚は！俺のグッピーはどうした
　　　　　　　んだ！（汗）」
　　　嫁　　「グッピー？　あぁぁ、お昼に見たら死んでたわよ！」
　　　カズマ　「しっ、死んだ (°Д°)…。お前、朝見たときはいつも
　　　　　　　と変わらず元気に泳いでいたやないか！　そんな簡単に
　　　　　　　死んでたまるか!、 (`д´;)／」

　　　　　　　　　(3 社会科学『実録鬼嫁日記』LBt3_00009、53370)

5.1.3　事態否定不能型：（「ない」の代用・全量否定）

　「Ｖるものか」は、「かまわない」、「決して〜Ｖない」など、必ず「Ｖない」で用いる定型表現の否定辞「ない」の代用ができる。また、形容詞「ない」を含む定型表現、「良いも悪いもない」、「〜はずがない」などでもその代用ができる。「Ｖてたまるか」は、〔〜コト〕を否定するため、(13) 〜 (16)の「Ｖるものか」とは置き換えられない。

> (13)〈死んでもいい〉と彼は思った。〈こんな人生などどうなったって<u>かまうもんか！</u>〉　　（9 文学『青春の門』OB1X_00156、82860）
>
> (14)<u>決して</u>（<u>許すものか</u>／＊許してたまるか）。　　　　　　　　（作例）
>
> (15) あの店には、<u>二度と</u>（<u>行くものか</u>／＊行ってたまるか）。　（作例）
>
> (16) 山岡は一升ばかり飲んで、いい気分になっていたが、「<u>そんなは</u><u>ずがあるものか</u>。人間にけだものが自由にならぬなんて意気地がねえ」と言ったもので（略）
>
> 　　　　　　　　　　　　（2 歴史『山岡鉄舟』PB22_00136、96480）

　また、先行研究で指摘されているように、補充疑問文を用いて、全量否定を表す「Ｖるものか」も〔〜コト〕の否定ではないため「Ｖてたまるか」と置き換えができない。

> (17) こんな不便なところまでだれが ｛来るものか／＊来てたまるか｝。
> 　　　　　　　　（日本語記述文法研究会 2003：51、本章 (2) 再掲）

5.2　置き換え可能で、意味が近似するケースと近似しないケース

　同じ前接語が使用でき、「Ｖてたまるか」と「Ｖるものか」で意味が近似する場合と、そうではない場合を比較しその理由を検討する。話し手の非意志的な事態を表す「負ける」の用例 (18) 〜 (20) で「Ｖてたまるか」と「Ｖるものか」の比較を行う。

(18) 「どうとでも言ってください。うちは本編の出来で勝負しますから」小坂は受話器を叩きつけるように置いた。「あんな野郎に負け<u>てたまるか</u>」そう呟くと、いても立ってもおられず、オフィスを出ると撮影所へ向かった。

　　　　　　　　　　　（9 文学『ホンペンの男たち』LBi9_00188、16350）

(19) 「いや、<u>負けるもんか</u>。おれは親方のおくさん、病気でなくなったおくさんとも約束したんだ」

　　　　　　　　　　　（9 文学『だんまり鬼十』LBin_00015、36470）

(20) この傘を取り上げてあたしを叩こうとしたってそうはいかないんだと、信子は稲妻のような早さで考えた。クラスの軟弱男たちと腕相撲をしたって負けたことのない腕力なんだ。<u>負けるもんか</u>。

　　　　　　　　　　　（9 文学『理由』LBs9_00076、88460）

　まず、(18) の「Ｖてたまるか」では、第三者「あんな野郎」に負けるという事態が成立することは、不快で受け入れられないことを表し、「負けるのはいやだ、絶対に負けたくない」という心情が強く打ち出されることがわかる。これに対し「Ｖるものか」は、理由を示し、「当然Ｖない」と事態の生起を否定する。用例 (19) では、病気で亡くなった奥さんとの約束を果たしたいという心情的な理由があって、その事態の生起を否定したため、「負けることはできない・負けたくない」というニュアンスが生じる。その結果、(19) は「Ｖてたまるか」に意味が近似すると考えられる。これに対し、次の (20) では、私は男子に負けたことのない腕力だという物理的・客観的な理由から、「当然Ｖない」と否定しており、「負けるわけがない・あり得ない」というニュアンスが表される。このように「Ｖるものか」は、「（理由があって）当然Ｖない」という話し手の主張を表す。理由が心情的なものだと、「Ｖてたまるか」に近似するのである。

5.3　分析のまとめ

　以上の分析から「Ｖてたまるか」、「Ｖるものか」の基本的な意味は次のように導かれる。

(21)「Vてたまるか」の基本的な意味

　　話し手にとって「Vて〔〜コト〕」という事態は、「堪えがたく受け入れられない・いやだ」という強い反発心を表す。

(22)「Vるものか」の基本的な意味

　　「(理由があって) 当然、V ない」という主張を表す。

　そして、これまでの分析を整理し「Vてたまるか」の特徴をまとめると表6〜8のようになる。○は使用可、×は使用不可、△は不自然を表す。なお、両者が○の場合でも、表す意味が近似するとは限らない。

表6　事態否定型：仮定タイプ

事態〔〜コト〕の種類		Vてたまるか	Vるものか
【未生起事態】話し手の事態	非意志的	○負けてたまるか ○やられてたまるか ○あいつに渡してたまるか（不本意）	○負けるものか ○やられるものか ○あいつに渡すものか
	意志的	△　※出現なし	○教えてやるものか
【未生起事態】他者の事態	非意志的	△　※出現なし	○あいつが負けるものか
	意志的	△　※出現なし	○あいつが来るものか

表7　事態否定型：事実不認定タイプ

事態〔〜コト〕の種類		Vてたまるか	Vるものか
【物事の状態】	状態	○公園にペンギンがいてたまるか	○公園にペンギンがいるもんか
【先行情報】未生起事態も既生起事態も可	情報内容	○死んだ？うそを言うな！あんなに元気だった金魚が死んでたまるか　※出現頻度低	○死んだ？うそを言うな！あんなに元気だった金魚が死ぬものか

表8　事態否定不能型

否定の種類	Vてたまるか	Vるものか
【「ない」の代用】	×かまってたまるか ×〜はずがあってたまるか	○かまうものか ○〜はずがあるものか
【全量否定】	×「疑問詞＋Vて」たまるか	○「疑問詞＋Vる」ものか

　両者の置き換えに関しては、第一に、「Vてたまるか」は話し手にとって「受け入れがたい」という否定的な心情を直接訴えるものである。その

ため、話し手の意志的な行為を表す動詞とは共起しにくく、「受身」で表したり、「非意志的自動詞」が用いられることが多い。これに対し、「Vるものか」は行為の実行も否定するため、前接語の種類に制限はなく使用範囲が広い。否定の理由も心情的なもののみならず、物理的、客観的な理由も可能である。同じ前接語で置き換えられる場合を比較すると、文脈上に心理的理由が示された「Vるものか」は、「当然Vない」と主張することによって、間接的に「Vたくない」といった感情が表されるため、「Vてたまるか」と意味が近似する。

　第二に、「Vてたまるか」は、〔〜コト〕を否定することが必須である。「Vるものか」とは違い、「ない形」の代用、全量否定としては用いることができない。

6．類義表現「Vてたまるものか」の考察

　収集した用例の中には、「Vてたまるか」、「Vるものか」に意味的・形態的に類似した表現「Vてたまるものか」が29例出現していた。そこで、「Vてたまるものか」の前接形式・使用場面についてのデータを示してその特徴を考察する。

表9　「Vてたまるものか」の前接形式別用例数

基本テ形	受身テ形	使役テ形	可能テ形	合計
16（55%）	9（31%）	3（10%）	1（3%）	29（100%）

表10　「Vてたまるものか」の使用場面

表現形式		対人発話	心内発話	合計
Vてたまるか（110例）		35（31.8%）	75（68.2%）	110（100%）
Vるものか（329例）	Vてたまるものか	10（34.4%）	19（65.6%）	29（100%）
	上記以外	164（54.7%）	136（45.3%）	300（100%）

　表9、表10から、「Vてたまるものか」は、受身テ形出現の割合や、対人発話よりも心内発話で用いられるという点で「Vてたまるか」に近い傾向が見られる。また、表6〜8で示した「Vてたまるか」の使用制約は、「V

171

てたまるものか」にも適用できる。このことから、「Ｖてたまるものか」は、反語マーカーとして「か」の代わりに「ものか」が後接したもので、両者は置き換えても問題は生じないと思われる。本章（21）、（22）の基本的な意味からは、「Ｖてたまるものか」は「当然、「〜て」の事態を受け入れられない」となり、「当然だ」という主張が加味された表現だと考えられる。

７．まとめと日本語学習者への提示のポイント

　以上を踏まえ、日本語教育における「Ｖてたまるか」の提示のポイントについて述べる。「Ｖてたまるか」は、話し手の心情を「たまる」という動詞を用いて直接訴える反語形式で、話し手の反発心を強く表す。そのため、「対人発話」として使用すると、吐き捨てるような言い方となり、挑発的な印象を与える。用いられる文中の呼称を表す名詞に「お前・くそ親父・小僧」などが多く見られることからも、敵意や侮蔑的態度を表す際に使用される点に注意を促す必要がある。一方で、「心内発話」として用いた場合には、事態の生起に対する反発心を示すことで強い決意を表したり、直接他者には向けることのできない本音を吐露したりするのに用いられる。それゆえ、対人発話と心内発話のそれぞれについて説明することが重要である。

　もう１つは、「Ｖてたまるか」の指導における提示順序である。本章では事態否定型を仮定タイプと事実不認定タイプに分けて分析を行ったが、出現頻度の観点から、仮定タイプを優先するのが良いと考えられる。「話し手自身の変化や結果（非意志的な自動詞）」、と「話し手にとって不快な他者の行為（受身形：〜ニ〜される）」を中心に紹介し、話し手の意志的な行為には用いにくいことを確認することが重要である。

　最後に、今後の課題を述べる。

　本章は「Ｖてたまるか」の意味・機能の解明に主軸を置き、動詞接続の「ものか」との比較考察を行った。形容詞接続の「ものか」や、「ものか」の文法化など、「ものか」全体像の解明は今後の課題としたい。

第9章

級外項目「～てしかるべき」

―「～べきだ」との比較から―

1．はじめに

　本章の考察対象である当為表現[1]の「～てしかるべき」とは、動詞のテ形に"しかるべき"が後接した（1）のようなものを指す。（1）は新聞の見出しとして用いられた例で、日本における COVID-19 の感染状況と世相について言及した、当時の麻生財務大臣の発言を取り上げたものである。

> （1）お願いで少ない死者「もっと誇ってしかるべき」麻生財務相
> 　　（ネットニュース『産経ニュース』[2] 2020 年 6 月 5 日、下線筆者）

　この「～てしかるべき」は、『日本語能力試験出題基準［改訂版］』に記載のない表現、いわゆる級外項目である。（1）のネットニュースの見出しのように、実際に目にしたり、耳にしたりする機会が少なくないのであるが、日本語学習者が手に取る文型辞典や教材類には詳しい解説がほとんどなされていない。

　そこで、本章では、日本語教育分野への応用を視野に、「～てしかるべき」の使用実態を明らかにし、意味・機能について詳細に記述することを目的とする。

　本章の構成は以下の通りである。2 節で関連する先行研究を概観し、3 節で研究方法について述べる。4 節で調査結果を示し、5 節で「～べきだ」

1　～なければならない、～てもいい、～ほうがいい、～ざるをえない、～といい、～べきだ、など義務や許容などを表すこれらの表現類を指し示す術語は研究者により様々である。井島（2013）は、「当為表現」以外の術語にした場合の文法理論上の問題点を挙げ、最も伝統的である「当為表現」を用いると述べている。その際、外延が狭くなりすぎる「当為」をやや拡張した意味で用いるとも説明している。筆者も、「～てしかるべき」を含めたこれらの表現類を広く捉えて「当為表現」とする。これは井島（2013）の用いている「当為表現」よりもさらに広い範囲を指すものである。なお、これらの表現類は、他にも「策動的ムード」、「価値判断のモダリティ」、「当為評価のモダリティ」、「評価のモダリティ」などの呼び方がある。
2　https://www.sankei.com/article/20200605-R77E5GS7QJMIPH7VNPLLE6RMNU/
（2023 年 9 月 2 日最終確認）

173

との比較分析も加えながら「~てしかるべき」の意味、特徴を記述する。
6節で日本語教育への提言とまとめを行う。

2. 先行研究

「~てしかるべき」という表現を中心に論じた先行研究は管見の限り見られないため、2節では「~てしかるべき」の辞書の記述、および、テ形接続ではない「しかるべき」という表現について言及のある先行研究を確認する。

まず、『日本国語大辞典（第二版）』第6巻によると、「しかるべき」は次のように説明されている（p.527）。本章が考察対象としているのは（2）の③に該当する。当然な、当たり前なと説明されている。

> （2）〔連語〕（動詞「しかり（然有）の連体形「しかる」に助動詞「べし」の連体形「べき」のついたもの）
> ①→「しかり（然有）」の小見出し「しかるべし」
> ②（現代語で、連体詞的に用いる）適当な。相応しい。そうあるべき。相当な。
> ③（現代語で、「…てしかるべき」の形で用いる）<u>当然な。当たり前な。</u>　　　　　　　　（『日国（第二版）』第6巻、p.527、下線筆者）

次に、テ形接続ではないものの、「しかるべき」に言及している高梨（2005、2010）を確認する。高梨（2010）は、「評価のモダリティ[3]」に関する論考で、その中の1つに「~べきだ」の章がある。「しかるべき」は、古典語「べし」の残存した表現で、「~べきだ」の関連表現（べし、べからず、べく、べくしてなど）として示されている。これらは、大きく3つのタイプ（妥当・必然・可能）に分けて紹介され、「しかるべき」は、3つのうちの「妥当を表すと考えられるもの」（高梨2010：103）に分類されている。

3　高梨（2010）は、「ある事態が実現することに対する、必要だ、必要でない、許容される、許容されないといった評価的な捉え方を示すモダリティ」を「評価的モダリティ」と規定している（高梨2010:25）。~ほうがいい、~てもいい、~なくてもいい、~てはいけない、ものだ、ことだ、など多数の表現が扱われており、その1つに「~べきだ」が取り上げられている。

(3) カンタータは、まだまだ、しかる<u>べき</u>ほどには聴かれていないと
　　思う。(礒山雅『続・氷点（上）』p.229、高梨 2010：103 用例（50））

　このように、高梨（2010）では古典語「べし」に関連する現代語の表現
が妥当系・必然系・可能系のどのタイプに該当するかが整理されている。
多くの表現を扱っており示唆的であるが、「〜てしかるべき」については、
触れられておらず、分析の余地が残されている。
　以上のように、辞書や先行研究において「〜てしかるべき」は詳しく調
査分析が行われていないため、本章ではコーパスを用いて「〜てしかるべ
き」の使用実態を調査し、意味・機能を分析する。また、中級（旧2級[4]）
の文法項目である「〜べきだ」と比較することにより、「〜てしかるべき」
の特徴を示す。

3. 研究方法

　「〜てしかるべき」の使用実態とその特徴を明らかにするため、コーパ
スを用いた探索型アプローチで、調査、分析を行う。コーパスには国立国
語研究所『現代日本語書き言葉均衡コーパス』（以下、BCCWJ）を選定し、
すべての年代、レジスターを対象に検索アプリケーション『中納言』を用
いて用例を抽出した[5]。検索方法は以下の通りである。

　　短単位検索で、1）キー：「指定しない」
　　　　　　　　　2）後方共起1 キーから1 語：「語彙素：て」
　　　　　　　　　3）後方共起2 キーから2 語：「語彙素：然り」
　　　　　　　　　4）後方共起3 キーから3 語：「語彙素：べし」

その結果、361 件が抽出され、全件を目視で確認し、考察対象外[6]とな

4　『日本語能力試験出題基準〔改訂版〕』（2002）による。
5　2020 年7 月2 日検索。
6　対象外としたのは、複合辞＋しかるべき（「（N として）しかるべき…」「（N について）しか
るべき…」「（N に応じて）しかるべき…」など）や、「状況を読んでしかるべき指示を出してゆく。」
のように、「しかるべき」の前が動詞の連用中止形で、区切れるものである。

る用例18例と、「〜べく」や「〜べし」などの形式で抽出された13例を除く、330例を考察対象とした。分析の際には、コーパスを用いて「〜てしかるべき」の類義表現である「〜べきだ」の分析を行った加藤(2016)[7]を参照し、両者の異同についても考察する。

4．調査結果

本章では「〜てしかるべき」に関して4つの項目（前接語の品詞と形態、共起しやすい動詞、レジスター別出現頻度、共起しやすい副詞類）を調査した。以下、BCCWJの用例を示しながら、その特徴を見ていく。なお、BCCWJの用例には、ジャンル、出典、サンプルID、開始番号を付した。用例中の波線、下線は筆者が施したものである。

4.1　前接語の品詞別用例数

表1は、出現頻度の高い前接語を品詞別にまとめたものである。表1から、「動詞」では、基本または受身の形で用いられる用例が非常に多いことがわかる。

表1　前接語の品詞別用例数

前接語	動詞				補助動詞 （テ形接続）	形容詞 （ない）	合計
	基本	受身	使役	可能			
出現数	207	108	1	1	12	1	330
割合	62.7%	32.7%	0.3%	0.3%	3.6%	0.3%	100%

受身の形で3例以上出現したものを示すと、「評価されてしかるべき」8例、「検討されてしかるべき」7例、「与えられてしかるべき」3例、「認められてしかるべき」3例、となっている。（4）〜（7）のようなものである。

7　加藤（2016）はBCCWJを用いて「〜べきだ」のコロケーションとコンテクストに注目し、共起語や出現頻度の高いレジスターなどについての調査結果を示している。

(4) この本田さんの功績は、もっともっと<u>評価されてしかるべき</u>もの
だ、と私は考えています。

　　　　　　　　　（2 歴史『わが友本田宗一郎』OB4X_00035、84970）

(5) 過失率修正の理由としては、・割込み時点の車間距離と相対速度・
割込車の割込み直後の減速・被割込車の割込み直後の加速・被割
込車の余所見による割込車発見の遅れ等が<u>検討されてしかるべき</u>
である。

　　　　　　　　　（6 産業『交通事故「過失割合」の研究』PB46_00034、60470）

(6) だが、紀元前三百十二年に建設されたという「アッピア街道」か
ら始まったローマの軍事道路網とはいえ、当時の広域的商業道路
としても、極めて重要な機能を果たしていた点に、多大の評価が
<u>与えられてしかるべき</u>である。

　　　　　　　　　（6 産業『日本の道世界の道』LBf6_00014、63210）

(7) なお、注文者による相殺が認められるとすれば、請負人による相
殺も<u>認められてしかるべき</u>である。

　　　　　　　　　（5 技術・高額『建築請負・建築瑕疵の法律実務』
　　　　　　　　　　　　PB45_00101、89320）

　使役と可能の形での使用はわずかであった。使役の形で用いられたのは
(8) に示す「（努力を）させてしかるべき」の1例、可能の形で用いられ
たのは (9) に示す「（〜が）できてしかるべき」の1例である。

(8) これはまあ私から知恵を授けるのもなんでありますが、少なくと
もそれは日石開発に問い合わせてみて、国会で審議の必要上こう
いう要求が出ているがどうだろうかというような努力はやっぱり
<u>させてしかるべき</u>だと思うんです。

　　　　　　　　　（『国会会議録』OM15_00003、118220）

(9) ○坂口委員初めにも申しましたとおり、今回の改革は大改革でご
ざいまして、大改革でありますだけに、人事院として調査研究と
いうものがかなり<u>できてしかるべき</u>問題ではなかったかと私は思
うわけでございます。　　　（『国会会議録』OM21_00009、216920）

補助動詞が前接する用例は 12 例見られた。内訳としては、「知っていてしかるべき」のような「〜ていてしかるべき」が 6 例と最も多く、「〜ていってしかるべき」2 例、「〜てきてしかるべき」2 例、「〜てもらってしかるべき」1 例であった。

(10) こういった見解に鑑みれば当然ネイティヴの主権は、国家を超えた、生きのこりという概念と理論において、倫理的にも歴史的にも確立され<u>ていてしかるべき</u>だろう。

(7 芸術・美術『逃亡者のふり』PB27_00087、23830)

(11) この代替奉仕サービスを遂行していくにあたり、日本は世界平和と公正のためのもっとも有意義な非暴力の貢献の 1 つとして、これらの活動を全世界に向かって宣言し周知せしめ<u>ていってしかるべき</u>だろう。

(3 社会科学『地球憲法第九条』PB13_00022、74050)

(12) とんでもない落札者ですね。早く届けて欲しいのなら、迅速に返信し<u>てきてしかるべき</u>です。

(『Yahoo! 知恵袋』OC14_06639、4150)

(13) 思い残しの問題…保護者などに、し<u>てもらってしかるべき</u>ことをしてもらっていないことで傷ついている問題のこと。

(1 哲学『生きなおしたいあなたに』PB51_00142、5130)

形容詞は「(そうしたものが) なくてしかるべき」という 1 例のみが見られた。

(14) ただ、政党のように、みにくい部分が見えても、多くの人がさもありなんと感じる組織と、本来そうしたものが滅多に<u>なくてしかるべき</u>という前提をもたれがちな宗教団体とでは、影の部分への風当たりもおのずと異なってくる。

(9 文学『村上春樹スタディーズ』LBn9_00005、40480)

4.2 動詞基本形の用例数内訳

　表2は表1で「動詞」の基本形で用いられたもののうち、出現頻度の高い動詞の一覧である。異なり語数は64であるが、上位5位までの142例は207例の約7割を占め偏りが見られる。

表2　動詞基本形の用例数内訳（基本形207、異なり語数64、高頻度5位まで）

動詞基本形	ある	する	考える	なる	払う	5位までの合計
出現数	86	40	7	6	3	142　（330）
割合	26.1%	12.1%	2.1%	1.8%	0.9%	43.0%（100%）

　以下では、それぞれの動詞がどのように用いられたか確認していく。まず、最多の「ある」の場合は、抽出した用例330例の4分の1を占めている。その中でも「（説明が）あってしかるべき」、「（そう）あってしかるべき」が4例ずつと多く見られる。(15)、(16)のようなものである。

(15) 私はそれらの研究が「まったくの無意味である」と主張しているわけではありません。「意義がわからないし、説明も受けていない」と言っているだけです。少なくとも私は、何千万分の一かの「スポンサー」ではあるはずですから、説明があってしかるべきだと思いますし、ちゃんと説明してもらえれば、理解できる「はず」だと思います（専門外の人間には到底理解できないほど難しいことなんですか？）。

　　（3社会科学『よく解るニッポン崩壊地図入門』LBo3_00027、12800）

(16) ○湯山委員　いま政務次官お答えになった制度資金、系統資金、これらの措置、それは当然そうあってしかるべきだというように考えます。ただ、返還期日の来たようなもの、返済期日の来たようなものについては、借りかえか何かでつないであげないと、そのまま延長というのはなかなかむずかしい問題もあるかと思うのですが、それはどうなりますか。

　　　　　　　　　　（『国会会議録』OM12_00003、1396150）

このように、最多の「ある」では（15）、（16）のような用例が多く見られたが、他にも様々な語と共に用いられており、「ある特定の語＋あってしかるべき」というコロケーション上の偏りは見られない。

次に、「する」を見ていく。「する」の場合もそのような偏りは見られず、「努力をしてしかるべき」（2例）、「議論してしかるべき」（2例）のほかは、1例ずつ様々な語と共起している。

(17) 分配原理として、具体的には、社会資本という考え方が挙げられます。ここでは、市場原理による個人の能力に応じた分配を、社会へ還元する方法について議論してしかるべきでしょう。
    （3 社会科学『マルクスだったらこう考える』PB43_00788、6720）

(18) 髪を長くしていると、ウザイしヘアケアも大変だけど、愛を得るには、そのくらいの努力をしてしかるべきだと思う。
    （9 文学『横森理香の恋愛指南』LBn9_00116、27480）

「考える」については（19）のように「検討する」という意味で用いられているものが6例、（20）のように「認定する」という意味で用いられているものが1例であった。

(19) なお、組合として経営事項審査も受けておかなければならないことを忘れてはなりません。以下のような事例もありますから、官公需適格組合の積極的な活用も考えてしかるべきです。
    （5 技術・工学『建設業許可 Q&A』PB15_00315、10950）

(20) 「（中略）…このように正義の力は強盗団の力ですら増強させるほどに強力なのだから、法律と裁判を持った秩序ある国家において正義がそれと同じくらい強力だと考えてしかるべきであろう。」
    （3 社会科学『西洋政治思想史』LBj3_00097、31400）

「なる」に関しても、用いられ方は様々で、「暗くなる」、「中心となる」、「批判の対象となる」、「議論の的となる」、「全国有数の豊かな県になる」、「そういう検討作業にお入りになる」がそれぞれ1例ずつ見られた。（21）は「暗

くなる」の例である。

(21) 朝の『公園』ほどじゃなかったものの、窓から射す光はまだまだ
柔らかい。体育館に並ぶ全校生徒の制服を、あわあわと白っぽく
させてた。詰め襟とセーラー服がズラリと列をなせば、館内はもっ
と暗くなってしかるべき。それを救ってるのが外からの光だ。

(9文学『＜愚者＞は風とともに』LBh9_00165、8460)

「払う」は「注意を払う」、「敬意を払う」、「授業料を払う」が1例ずつ
出現している。(22)は「注意を払う」の例である。

(22) 現代の社会において、およそ地役権が無償であるとは考えられず、
もし無償である場合には、それくらいの注意を払ってしかるべ
きだからである。(3社会科学『民法講義』PB33_00432、77350)

4.3　レジスター別粗頻度と調整頻度

　表3は、出現頻度の高いレジスターを左から順に示したものである。表
3の下段は粗頻度（出現数）、上段は各レジスターの調整頻度（pmw：Per
Million Words）である。レジスターごとの総語数が異なるため、比較す
る単位として、100万語当たり何度出現するかという調整頻度を用いた。
なお、特定目的の「韻文」、「教科書」、「広報誌」、「法律」では0件であった。

表3　レジスター別調整頻度（上段）と粗頻度（下段）（高頻度7位まで）

レジスター	国会 会議録	図書館・ 書籍	出版・ 書籍	ベスト セラー	出版・ 雑誌	Yahoo! ブログ	Yahoo! 知恵袋
調整頻度（pmw）	19.9	3.48	3.04	2.40	1.12	0.98	0.87
粗頻度（出現数）	102	106	87	9	5	10	9

　まず、調整頻度が最も高いのは国会会議録であることがわかる。話し言
葉の中でも、国会のような改まった場面で議論する場合、個人の意見を主
張するのに用いられやすいものと見られる。また、書き言葉においては、「書

籍」や「ベストセラー」での頻度が高い。注目したいのは、新聞や白書といった公的な文書、つまり、客観性が求められるようなレジスターでは 1 例ずつしか見られず、上位 7 位に入っていないことである。古典的な表現であり、硬い印象にはなるが、むしろ、Yahoo! ブログ、Yahoo! 知恵袋のような個人の主張を述べるのに適したレジスターでの使用頻度の方が高く、興味深い。

　先行研究において、BCCWJ における「〜べきだ」のレジスター別の出現頻度（pmw）が高いものとして「国会会議録（268.2）」、「出版・新聞（213.5）」、「出版・書籍（111.2）」の 3 つが報告されている（加藤 2016）。pmw を見るとわかるように「〜てしかるべき」は「〜べきだ」よりも出現頻度が圧倒的に低く、頻繁に使われる表現ではないことがわかる。また、レジスターの特徴としては、国会会議録、出版書籍で多く出現するという点は共通するが、2 番目に多い「出版・新聞」において出現頻度が高くなく、その点が異なる。

4.4　共起する副詞類

　表 4 は、出現頻度の高い副詞を意味の近いものでまとめ、上位 4 種を示したものである。

表 4　共起する副詞類（高頻度 4 位まで）

副詞類	当然	もっと・もう少し類	本来・元来類	やはり・やっぱり類	4 位までの合計
出現数	29	17	13	7	66　（330）
割合	8.8%	5.2%	3.9%	2.1%	20.0%　（100%）

　全体に対し 20％の用例に、これらの副詞が使用されている。特に「当然」の出現率が高い。「当然」が用いられている（23）を示す。

　(23)「情報と改善提案」による人事評価（業務改善度）が、学歴、年功序列、男女、ゴマすり、好き嫌いを排除することができるのであれば、これこそ公平な人事評価が可能ということですから、当

然人材登用にも活用され<u>てしかるべき</u>と考えます。

　　　　（3科学技術『成果主義よ、さようなら！』PB53_00643、36430)

　また、何かが不足していることを表す「もっと」や「もう少し」、物事の道理を示す、「本来」「元来」が用いられていることからは、話し手が何らかの基準を持っていることを感じさせる。

(24) ともかく、いきなり森本レオさんに会った女性は、<u>もっと</u>驚い<u>てしかるべきだ</u>！
　　　　　　（0総記『神菜、頭をよくしてあげよう』PB30_00118、21910)

(25) そういう意味では、私はスポーツはそれ自体が独立した一つの文化であり、この振興と施策の推進を図るためには、<u>本来</u>それなりの独自の行政組織や財源があっ<u>てしかるべき</u>だと考えております。
　　　　　　　　　　　　　　　　（『国会会議録』OM45_00005、833710)

　「やはり」が使われる場合は、色々考えても話し手の基準となる考えに変わりがないという述べ方となる。

(26) それで、沖縄開発庁設置法というのがあります。これは法律でありますからでしょうが、淡々として開発の方針を述べているだけであって、沖縄に対する国としての戦争に対する責任、あるいは戦争によって大変な惨害を与えたということに対する反省なり、それに対して国は十分やっていかなければいけないんだという、そういう文言は一つもないということでありますけれども、沖縄開発庁設置法にも<u>やはり</u>そういう文言があっ<u>てしかるべき</u>ではないか。
　　　　　　　　　　　　　　　　（『国会会議録』OM31_00003、35740)

　以上のように、「～てしかるべき」は、話し手が、話題にしていることがらの現状に対して、自分の持っている基準に照らし、批判的な立場から、「～て」の部分で表される状態が成立することが当然で正しいという判断を表している。

5．分析

5.1 「〜てしかるべき」の基本的な意味

　4節の調査結果を踏まえ、「〜てしかるべき」の意味を記述する。

　　(27) そうあること（〔〜て〕の部分で差し出した事態が成立すること）
　　　　が当然で正しい。

　「〜てしかるべき」という表現は、話し手の常識や信条に基づき、現状
に対して、「そうあること（〔〜て〕が成立すること）が当然で正しい」と
いう判断を表す。〔〜て〕の部分に「そうあること」の内容、「あるべき姿」
が差し出されているのが特徴である。〔〜て〕の状態が成立していない場
面で用いられることが多く、その場合には、現状への不満や批判を表明す
る機能を果たす。話し手の常識や信条に基づいた述べ方ではあるが、それ
が社会通念から見ても規範的、あるいは、多くの人が認めるものだ、といっ
た「尤もらしさ」を表現し、話し手の判断の正当性を主張する。

5.2 「〜てしかるべき」と「〜べきだ」の比較

　「〜てしかるべき」の特徴を明らかにするため、類義表現である「〜べ
きだ」との比較を行う。
　まず、「〜べきだ」の意味について、日本語教師や日本語学習者が手に
取ることの多い代表的な文型辞典であるグループ・ジャマシイ編（2023）
の記述を確認する。同書によると、「〜べきだ」は「…するのが当然だ・…す
るのが正しい・しなければならない」という意味を表す」（p.449）と説明
されている。それに加えて、一般的なことがらについて話し手が意見を述
べる場合に用いるだけでなく、相手の行為について用いると、忠告や勧め・
禁止・命令などになるという機能面についての言及が見られ、書きことば
でも日常の話しことばでもよく使われると説明されている（p.449）。上記
の意味記述は、本章の（27）で示した「〜てしかるべき」の意味と重なる
点が多い。

　次に「〜べきだ」の先行研究についても確認する。「〜べきだ」の先行研究の多くは、類義表現である「〜しなければならない」や「〜たほうがいい」との重なりや違いについて議論されている。先述のグループ・ジャマシイ編（2023）の意味記述に見られるように、「〜べきだ」は文脈によって「〜しなければならない」という意味に近似することがあり、反対に「〜たほうがいい」寄りの意味で用いられることもある。そのため、意味が互いに重なり合うこれらの当為表現をどのように位置づけるかについての見解が示されている[8]。ただし、構成要素の中に「べき」を含む「〜てしかるべき」は、「〜べきだ」と同様に位置づけられることが予想され、両者の違いは見えにくい。

　そこで、以下では「〜べきだ」と「〜てしかるべき」を統語・意味・機能の 3 つの面から作例により比較分析する。

5.2.1　統語面から

　統語面から見た「〜てしかるべき」と「〜べきだ」の違いについて述べる。先行研究において「〜べきだ」の否定形は「〜べきではない」であり（森山 1997、高梨 2010、井島 2013）、「〜べきだ」の前に否定の「ない」を接続させた「〜ないべきだ」の形は非文法的[9]だとされる。

　（28）本件は特例として許可されるべきだ。　　　　　　　　（作例）
　（29）＊本件は特例として許可されないべきだ。　　　　　　　（作例）
　（30）本件は特例として許可されるべきではない。　　　　　　（作例）

　一方の「〜てしかるべき」の場合は、次のようになる。まず、（31）の

8　これらの表現類を指す術語が複数見られることは本章注 1 の通りだが、「〜べきだ」の位置づけとその手法も、研究者により様々である。代表的なものを挙げると、森山（1997）では「相対的価値付与型」に、高梨（2010）では「〈必要妥当系〉の妥当類」に、井島（2013）では「義務判断」に該当するものとされている。詳しくはこれらを参照されたい。
9　加藤（2016）では、BCCWJ のデータにおいて「V ないべきだ」の使用が 11 例見られたことが報告されている。それらの場合は言い切りの「〜べきだ」ではなく、「V るべきか、V ないべきか」や「V ないべきでしょうか」のような用例で、レジスターでは Yahoo! 知恵袋で多く出現しているという。この調査結果から加藤（2016）は今後「V ないべきだ」という表現が増えていく可能性があるという見解も示している。

ように「〜てしかるべき」に「ではない」を後接させた「〜てしかるべきではない」の形は非文法的である。

(31) ＊本件は特例として許可され<u>てしかるべきではない</u>。　　　（作例）

　また、「〜てしかるべき」の「べき」に前接する「しかる（しかり）」は「しかあり」からの変化だとされており（『日国（第二版）』第6巻、p.524）、この部分も肯定形で固定されている。そのため、「〜てしかるべき」は、常に肯定の判断を表す表現だと考えられる。その上で、「〜て」の部分に注目すると、肯定的な事態を取ることがほとんどで、否定的な事態（非存在を含む）は取りにくいことが指摘できる[10]。「〜ないでしかるべき」、「〜なくてしかるべき」の順に見ていく。
　まず、動作性を否定する「〜ないでしかるべき」はほとんど使用されておらず、作例しても（33）のように不自然になりやすい[11]。

(32) 本件は特例として許可され<u>てしかるべき</u>だ。　　　（作例）
(33) ？本件は特例として許可され<u>ないでしかるべき</u>だ。　　　（作例）

　次に、非存在や状態性の否定を表す「〜なくてしかるべき」の場合は、頻度は低いが使用されているようである。次の非存在の例では、援助を受ける人の状況をどのように想定するかによって（34）も（35）も可能である。つまり、意味の上で整合性があれば、否定的な事態も取ることができるということである。また、繰り返しになるが（36）は不可である。

10　否定的な事態（非存在を含む）は出現頻度が非常に低くBCCWJでは形容詞「ない」の1例のみ（表1参照）である。この点については、意味上の関係で頻度が少なくなっているが、文法的には問題ないと考えている。なお、否定形式のあり方を「〜べきだ」と比較することの必要性や、「〜あってしかるべき」と「〜なくてしかるべき」の分布に大きな偏りが見られることの重要性については、埼玉大学金井勇人先生よりご教示いただいた。
11　「〜ないでしかるべき」はBCCWJのデータには出現しなかった。ウェブ検索したところ、次に示すように不可能を表す「〜ないでしかるべき」が1例認められた。
　・（略）その要請に応えつつもそれを超えた部分で本当に将来に役立つものをどうにか組み入れたいという思いは、抑えきれない<u>でしかるべき</u>だと思う。
　　　　（https://isourou2.exblog.jp/23172637/、2023年1月19日検索、下線筆者）
　また、（33）の作例は、否定的な事態「特例として許可されないこと」が当然のこととして想定されにくい設定になってしまうため、意味的に不自然なのだと考えられる。

（34）（まだ成人年齢に達していない状況）

　　　親からの援助はあって<u>しかるべき</u>だ。　　　　　　　　　（作例）

（35）（自分で稼げるようになった状況）

　　　親からの援助はなく<u>てしかるべき</u>だ。　　　　　　　　　（作例）

（36）＊親からの援助はあって<u>しかるべき</u>ではない　　　　　　（作例）

次に、状態性の否定を表す（37）を示す。

（37）旅行の全日程が雨だったのなら、楽しくなく<u>てしかるべき</u>だ。

　　　　　　　　　　　　　　　　　　　　　　　　　　　　　（作例）

（38）＊旅行の全日程が雨だったのなら、楽しく<u>てしかるべき</u>ではない。

　　　　　　　　　　　　　　　　　　　　　　　　　　　　　（作例）

以上のように、「〜てしかるべき」では「〜べきだ」とは異なり「〜ではない」を後接させた「〜てしかるべきではない」という否定形式は用いられない。また、出現頻度は非常に低いものの、前接する「〜て」の部分には、否定的な事態を取ることも可能だ[12]と考えられる。

5.2.2　意味面から

意味面からは、前接動詞の傾向を踏まえ、その特徴を指摘する。「〜てしかるべき」は、動詞の受身形や、存在動詞との共起が顕著で、両者を合計すると総数の6割弱になる（表1、表2）。裏を返せば、意志的行為を表す前接語の割合が低いということである。このことから、「〜てしかるべき」は、「あるべき状況」について述べる傾向が強いと見られる。一方の「〜べきだ」は、「す」（〜すべき）の使用が最も多い（加藤 2016）ため、「なすべき行為」について述べられる傾向が強いと見られる。具体的には、同

12　出現頻度が極めて少ない理由については、「然り」が「しかあり」に由来し「そうである」という肯定の意味を持つ語であること、そして、肯定的な事態のほうが正しさや望ましさと結びつきやすく、この表現と意味的に相性が良いためだと考えるが、その詳細は今後の課題としたい。また、動作性を否定する「〜ないで」と、非存在、状態性を否定する「〜なくて」と共起する場合の詳細な比較分析も今後の課題としたい。

じ場面であっても（39）のように謝罪がない状況を問題にする場合は「～てしかるべき」、（40）のように人の行為を問題にする場合は「～べきだ」が用いられる。

 （39）謝罪があっ<u>てしかるべき</u>だ。   （作例）
 （40）謝罪す<u>べきだ</u>。   （作例）

 上記のような傾向があるとはいえ、「～てしかるべき」、「～べきだ」が同じ前接語とともに用いられることもある。この場合の違いについても考えてみたい。

 （41）被害者が救済されるように厚労省は努力し<u>てしかるべき</u>だ。
                   （作例）
 （42）被害者が救済されるように厚労省は努力す<u>べき</u>だ。 （作例）

 （41）は、社会通念を前提に、そうすることが厚労省の役割なのだから当然だという述べ方になる。このように「～てしかるべき」を用いると「公の基準（社会通念など）に照らして、そうするのが当然で正しい」ことが示され、反対に「そうしないのはあるべき姿ではない、正しくない」という語用論的意味も生じる。そのため（41）では「努力する」ことが絶対的で、それ以外は認めないという排他的な述べ方になる。
 その一方、（42）の「～べきだ」は、厚労省の役割に基づき、絶対的な正しさを主張するとは限らない。単に被害者が困っているなどの理由から「努力するのが妥当で望ましい」ことを表すこともできる。
 次の例も同様である。（43）の「～てしかるべき」は、過去の事例など何らかの基準を前提に、基準を満たしているのだから評価されて当然だ、評価されないのは不当だ、という述べ方になる。その一方、（44）の「～べきだ」は、そのような排他的な述べ方になるとは限らない。単に実績が素晴らしいなどの理由から「評価されるのが妥当で望ましい」という意味にもなる。

　（43）田中さんの実績は評価されてしかるべきだ。　　　（作例）

　（44）田中さんの実績は評価されるべきだ。　　　　　　（作例）

　このように、「〜てしかるべき」を用いると、社会的通念や過去の事例など、公の基準に基づいていることが有標的に示される。社会通念や過去の事例の捉え方は人それぞれであり、結局は話し手個人の常識や信条によるものなのだが、公の基準に基づく判断であると示唆することで、話題にしていることがらの「あるべき姿」を一般論として尤もらしく述べる表現だと言える。また、「〜てしかるべき」からは、「当該事態が成立しないのは基準に照らして不当だ」という語用論的意味も生じる。そのため、現状を批判する場合に用いられやすい。

5.2.3　機能面から

　機能面からは、「〜てしかるべき」が聞き手個人への忠告や助言としては用いられにくいという特徴を指摘する。これは、これまで見てきたように「〜てしかるべき」が話題になっていることがらの「あるべき姿」を一般論として述べるためである。具体的には、次に示すように、特定の動作主は主題になりにくいことがわかる。（45）の「〜てしかるべき」は、（46）が「忠告」になるのとは違って不自然である。

　（45）？？（あなたは）毎日メールをチェックしてしかるべきだ。

　　　　　　　　　　　　　　　　　　　　　　　　　　　　（作例）

　（46）（あなたは）毎日メールをチェックすべきだ。　　（作例）

　（45）を改変し、「あるべき姿」、「一般論」を述べた（47）なら、間接的な「忠告」として解釈可能である。

　（47）社会人は毎日メールをチェックしてしかるべきだ。　（作例）

　これと同様に、「〜てしかるべき」は、「これから実行するのに相応しい

行為」を聞き手個人に直接述べる「助言」としても用いられにくい。

(48)（あなたは）早く病院に行くべきだ。　　　　　　　　（作例）

(49)　？？（あなたは）早く病院に行ってしかるべきだ。　　（作例）

6. まとめと日本語学習者への提示のポイント

　以上のように、本章では、コーパスを用いて、「〜てしかるべき」の使用実態を調査し、それを踏まえ、「〜てしかるべき」の基本的な意味を規定した。さらに「〜べきだ」との比較を行いながら、統語・意味・機能の面からその特徴を記述した。そのまとめとして、「〜てしかるべき」の提示のポイントを3つ示す。

　　①「〜てしかるべき」は、現状に批判的な立場から「あるべき姿」について述べる表現である。
　　②「なすべき行為」には用いられにくい。
　　　→高頻度の「あってしかるべき」「〜れてしかるべき（受身）」の2つを中心に提示する。
　　③国会会議録に見られたように、個人レベルの判断を公のレベル[13]（一般論）に寄せた述べ方にして、その正当性を主張する表現である。
　　　→古典語の名残で硬い印象にはなるが、公的な文書などでは用いられにくい。

　日本語学習者は「〜べきだ」という表現を旧2級レベルの表現として中級レベルで学習し、その後、「べし」関連表現（べからず、べくもないなど）を旧1級レベルの表現として上級で学習することが多い。「〜てしかるべき」は使用頻度も高くないため、すべての学習者に提示する必要はないが、さらなる上達を目指す日本語学習者に対しては、古典語「べし」の関連表現である「べからず」、「べくもない」などを提示する際、あるいは、それ

13　埼玉大学新井高子先生より、「公のレベル」という表現をご教示いただいた。

以降のタイミングで、古典的な表現を整理して集中的に示すのが良いだろう[14]。

　この提示方法は、劉（2022b）によるものである。劉（2022b）では、古典語の名残である数々の表現が日本語学習者の困難点になることが示され、学習経験者の視点から具体的な指導案が提示されている。そこに示された古典語の学習項目は、現代語においても使われている古典語の名残を理解するために厳選されたものになっており、体系的に古典語の指導までできない教師であっても、このリストを用いれば、指導可能になるという。こういった資料を活用し、学習者の支援、学習者のニーズに応える取り組みにも力を入れる必要がある。

14　埼玉大学嶋津拓先生よりテ形接続ではない「しかるべき」や「しかるべく」についても提示する必要性があるのではないかというご指摘をいただいた。これらは「～てしかるべき」とは異なり「ふさわしい、適切な」という意味を表すため、日本語学習者が混乱する可能性があり、その通りだと筆者も考える。混乱を避けるためには、まず単独の「しかるべき」や「しかるべく」を提示し、それを踏まえて、テ形に接続した「～てしかるべき」へと進むこと、そして、テ形接続の場合と単独の場合とでは意味が異なることに注意を促す必要がある。

第 10 章

級外項目「～ておくれ」
―「～てくれ」との比較から―

1. はじめに

　本章の考察対象である「～ておくれ」とは、動詞などのテ形に接頭辞「お」、そして「くれる」の連用形が後接したものである。以下に用例を示す。(1)は歌謡曲の歌詞、(2) は童謡の歌詞、(3) は創作物に登場する人物のセリフとして用いられたものである。

  (1) 島唄よ　風に乗り　届け<u>ておくれ</u>　私の涙

  　　　　　　　　　　　　　　　　(『島唄』作詞作曲：宮沢和史)

  (2) てるてる坊主　てる坊主　明日　天気にし<u>ておくれ</u>

  　　　　　　　(『てるてるぼうず』作詞：浅原鏡村／作曲：中山晋平)

  (3) (『白雪姫』お妃様のセリフ[1])

  　　「あの子を森へ連れ出し<u>ておくれ</u>。もう、顔も見たくないんだから。
  　　そして殺して、その証拠に肺ときもを持ってき<u>ておくれ</u>。」

  　　　　　　　　　　　　　　　　　　　(『グリム童話 2』p.103)

　(1) ～ (3) のような表現は、学習者向けの文型辞典類に詳しく説明されていない。日本語学習者の体験談によれば、「～ておくれ」という表現に遭遇した際、既知情報から類推した結果、「～ておくれ」を「遅れ」や「送れ」、あるいは「～ておく」の一部として処理し十分な理解ができないままになったり、上級レベルに達していても、1 文字違いの「～てくれ」との違いは何なのかといった疑問が生じたりする可能性があるという[2]。

　そこで、本章ではさらなる上達を目指す日本語学習者向けの資料作成を

1　北京語言大学の孫佳音先生より学習者視点で第一に想起する例として『白雪姫（お妃様のセリフ）』をご教示いただいた。
2　埼玉大学劉志偉先生、李兮然氏、徐乃馨氏からの直話による。

視野に、コーパスを用いた探索型アプローチで、級外項目である「〜ておくれ」の使用実態、および意味・機能を詳細に記述する。

　本章の構成は以下の通りである。2 節で先行研究を概観し、本章で取り組む課題を示す。3 節で調査方法、4 節で調査結果を示す。5 節で用例を観察し、「〜ておくれ」と「〜てくれ」との違いを分析する。6 節でまとめと今後の課題について述べる。

2．先行研究

　2 節では、現代日本語の「〜ておくれ」に関する記述を中心に先行研究を確認し、本章で取り組む課題について述べる。

2.1　現代日本語の「〜ておくれ」に関する記述

　通時的な研究である森（2018）には、現代日本語の「〜ておくれ」についても詳細な分析が見られる。特に重要な部分を 3 つに分けて見ていく。

　1 つ目は、日本語母語話者が「〜ておくれ」からイメージするキャラクター像についての分析である。森（2018）は、国際交流基金のウェブ教材『アニメ・マンガの日本語』[3]で、「〜ておくれ」がおじいさんの役割語[4]として、「依頼するときに使う、優しい言い方」と説明されていることを示し、「〜ておくれ」の話者は、おじいさんだとは限らないのではないかと疑問を呈している。そして、「〜ておくれ」からイメージするキャラクター像についてアンケート調査を行い、日本語母語話者（大学生）がイメージする人物像は多様であることを指摘している。その調査結果によれば、他の役割語（〜じゃ、〜わ）と比較した場合、役割語度が低いこと、つまり、文末の「じゃ」であれば一般的に男性の老年層の話者を想起するが、「〜ておくれ」に関しては、老年層に偏りは見られるものの、男女差はそれほどの違いがないと述べている。また、「〜ておくれ」からは、優しい、昔話（昔

3　https://anime-manga.jp/en/character-expressions/character-dictionary/old-man
4　役割語とは「特定のキャラクターと結びついた、特徴ある言葉遣いのこと」（金水 2003）で、「そうじゃ」（博士）、「ごめん遊ばせ、よろしくってよ」（お嬢様）などの言葉遣いが紹介されている。

の人）、時代劇、物語、魔女、田舎など、時代や地域、性格に関する様々な要素が想起されることが示されている（森2018：256）。

　2つ目は、現代小説の会話文における、「～ておくれ」を用いる人物の特徴についての分析である。以下の5つの特徴を挙げている。

　　a. 老年男性
　　b. 中年以上の女性
　　c. 田舎の人物
　　d. 江戸時代の人物
　　e. 平安時代・戦国時代の人物　　　　（森2018：262、項目名のみ抜粋）

　これらの特徴は、通時的に確認できる位相や、方言資料で見られる周圏分布から知りえる使用実態を反映したものであることがデータで示されている。このうちのe. については、本来は江戸時代に多く用いられた「～ておくれ」が『源氏物語』の現代語版などで使用されている点から、使用実態とのズレがあるとも指摘している。また、明治期以降の翻訳文学作品で多く見られることについては、「～てくれ」と比べて、上品なイメージがあり、翻訳世界のような非現実の世界を喚起するのに選ばれやすかったのではないかとの見解が示されている。

　3つ目は、現代日本語における「～ておくれ」の位置づけに関する記述である。「～ておくれ」という表現は、特定のキャラクターとは結びつきにくいものの、小説会話文で上記a. ～ e. のように、人物の造形や作品世界の形成に用いられていることを踏まえ、森（2018）は、「～ておくれ」が現代日本語の話し言葉としてはほとんど用いられないバーチャルな言葉になっていると述べている。人物を特定する程度が低い（役割語度が低い）理由については、「～ておくれ」は敬語を付与した丁寧な依頼表現で、地域的にも位相の上でも広く使われてきたこと、依頼表現自体が多様で、1つの表現がある特定のイメージとは強く結びつかなかったことが挙げられている。

2.2　本章で取り組む課題

　このように、森（2018）は、なぜ「～ておくれ」が役割語度の低い表現として形成されてきたのかという観点から論じたものである。アンケート調査に加え、通時的な変遷や方言資料を踏まえ、多角的に考察されており、イメージされる話者像について重要な知見が示されている。

　本章では、これらを踏まえた上で、現代日本語の「～ておくれ」について、森（2018）で行われていない数量的な調査を行うことで、その特徴をより詳細に明らかにしたい。それと同時に「～とくれ」や「～ておくんなさい」といった関連表現の使用実態も調査し、日本語学習者および日本語教師の参考となるデータを提示することを目指す。

　特に、掘り下げたい部分は以下の通りである。本章(3)で示した『白雪姫』での「～ておくれ」は、森（2018）で説明される人物の造形や作品世界の形成のために用いられるタイプに該当する。しかし、(1)、(2)の歌詞に見られる用例は、それとは異なるように思われる。広く「役割語」と称される「～じゃ」（博士）、「～ってよ」（お嬢様）などと比べて、特定のキャラクターとの結びつきの弱い「～ておくれ」の「バーチャルさ」とは一体何なのだろうか。なお考察の余地があると考えられる。

　また、「～ておくれ」は、これまで主に通時的研究において、行為指示表現[5]の 1 つとして分析が進められてきた。近代小説や下層武士の日記、洒落本、滑稽本、人情本などの「セリフ部分」を資料とした多数の研究が見られる（工藤 1979、陳 2006、山本 2010、山田 2015、森 2018 など）。どういった行為指示表現が衰退し、新たな表現にとってかわられたのか、またそれはいつ頃なのか、誰がどんな場面で誰に対して用いたのか、なぜそのような変化が起きたのかといった変遷や位相について分析されている。しかし、現代日本語の「～ておくれ」は、対人的なコミュニケーションの場ではなく、冒頭に示した歌の歌詞などで目にすることが多いように感じられる。これまで、そういった「セリフ以外」で用いられる「～ておくれ」に関する分析はなされておらず、十分ではないようである。そのため、本

5　「行為指示型表現」（柏崎 1993）、「行為指示表現」（熊取谷 1995）、「行為指示型発話行為」（姫野 1997）などと称される表現で、聞き手に何らかの行為を促すことを指示する表現とされる。

章では、創作物の登場人物のセリフとして役割語的に現れるものはもちろん、それ以外についても観察することにより、「〜ておくれ」の全体像を明らかにしていく。

3．研究方法

　現代日本語の書き言葉における「〜ておくれ」および、その関連表現の使用実態を観察するため、『現代日本語書き言葉均衡コーパス』（以下、BCCWJ）を用いて、すべての年代、レジスターを対象に広く用例を収集し、探索型アプローチでその特徴を捉え、意味・機能を記述する。その際、表現を3系統に分けて調査する。①「〜ておくれ」系、②「〜とくれ」系、③「〜ておくんなさい」系の3つである。②は①の「〜ておくれ」が縮約化したタイプ、③は「〜ておくれ」の「れ」が撥音化し「なさい」類が後接したタイプである。用例検索には検索アプリケーション『中納言』を用いた。検索方法と考察対象は以下の通りである[6]。

　　①「〜ておくれ」系の用例　【考察対象254例（296抽出）】
　　　　短単位検索：1）キー「指定しない」
　　　　　　　　　　2）キーから1語：語彙素「て」
　　　　　　　　　　3）キーから2語：語彙素「御」
　　　　　　　　　　4）キーから3語：語彙素「呉れる」
　　　　　　目視で③「〜ておくんなさい」系および考察対象外を除外[7]
　　②「〜とくれ」系の用例　【考察対象88例（177抽出）】
　　　　文字列検索：「とくれ」目視で対象外を除外
　　③「〜ておくんなさい」系[8]の用例　【考察対象49例（296抽出）】
　　　　短単位検索：1）キー「指定しない」
　　　　　　　　　　2）キーから1語：語彙素「て」

6　2022年5月23日検索。
7　除外したのは次のような行為指示型ではない「ておくれ」1例である。
　　それから、血液のことに関しまして<u>おくれ</u>をとっていると申されましたけれども、（略）
　　　　　　　　　　　　　　　　　　　　　　　　　　　　　　（OM31_00001、604010）
8　「〜ておくんなまし」4例、および「〜ておくんねえ」4例が、「て／置く／の／だ」のように形態素情報が登録されていたため、文字列検索で抽出し、③の41例に合算した。

　　　　　3）キーから 2 語：語彙素「御」
　　　　　4）キーから 3 語：語彙素「呉れる」
　　目視で① 「〜ておくれ」系および考察対象外を除外

　それと同時に、考察対象となった用例について、BCCWJ の小説会話文に付与された発話者情報[9]（性別／年齢層／発話者名）も調査する。なお、『日常会話コーパス』[10] で「〜ておくれ」を検索したところ、1 例しかヒットしなかった。森（2018）で指摘されているように、本章でも現代日本語の日常会話において「〜ておくれ」はほとんど使われなくなっているものとみなして議論を進めていく[11]。

4．調査結果

　4 節では BCCWJ から抽出したデータに基づき、結果を示す。

4.1　系統別出現数

　「〜ておくれ」がどのような形で出現するのか、後接する部分に注目した調査の結果が表 1 である。
　まず、3 系統に分けて見た場合に、「〜ておくれ」、「〜とくれ」、「〜ておくんなさい」の順で出現頻度が高い。「〜ておくんなさい」系は江戸期において 3 系統の中で最もていねい度が高いとされる（工藤 1979）が、明治後期に完全に姿を消した、あるいは衰退の傾向が見られる（工藤1979、陳 2006、山田 2015）表現である。このように「〜ておくんなさい」系は、衰退する時期が早く、残存する度合いが、3 系統の中で一番低いと

9　小説会話文のサンプルに人手により話者情報のタグが付与されたものである。中納言では、話者名・性別・年代のみが検索可能である。詳しくは山崎ほか（2022）を参照されたい。
10　2023 年 9 月 2 日最終確認。国立国語研究所『日常会話コーパス』（Corpus of Everyday Japanese Conversation、略称 CEJC）は、200 時間分の自然な日常会話をバランス良く収め、映像まで格納されたコーパスである。　　（https://www2.ninjal.ac.jp/conversation/cejc/design.html）
11　森（2018）はその理由として、語形成上は「お＋連用形」だが、「お＋命令形」のように見えるため、使用が避けられ新しい依頼表現にとってかわられたという過程が想定されると述べている。

考えられる。

　特徴的な点としては、「～とくれ」系に近畿地方の方言[12]「～やす」が後接した「～とくれやす」が18例と比較的多く出現していることである。また、時折メディアなどで耳にする「～ておくんなまし[13]」という表現はBCCWJ の用例では4例のみであった。

表1　後接形式別出現数（BCCWJ）

～ておくれ系		～とくれ系		～ておくんなさい系	
～ておくれ	187	～とくれ	53	～ておくんなさい	28
～ておくれよ	51	～とくれやす	18	～ておくんなさいよ	4
～ておくれな	4	～とくれよ	8	～ておくんなせえ	4
～ておくれや	3	～とくれな	3	～ておくんねえ	4
～ておくれよぉ	1	～とくれやすや	1	～ておくんなまし	4
～ておくれね	1	～とくれやっしゃ	1	～ておくんなさいな	1
～ておくれよね	1	～とくれやさへん	1	～ておくんなさいなぁ	1
～ておくれっ	1	～とくれへんか	1	～ておくんなせい	1
～ておくれやすか	1	～とくれっ	1	～ておくんなせえまし	1
～ておくれかい	1	～とくれやア	1	～ておくんない	1
～ておくれかの	1	－	－	－	－
～ておくれかのう	1	－	－	－	－
～ておくれでないよ	1	－	－	－	－
合計	254	合計	88	合計	49

4.2　前接語の特徴

　表2は、それぞれの形式の前接語の出現頻度について調査した結果である。頻度の高い順に上位のものを並べて示す。

　まず、表の左に示した「～ておくれ」系を見ていく。「～ておくれ」は話し手にとって望ましい事態を成立させるための依頼表現として用いられ

12　『関西弁事典』（真田編：2018）によれば、「～やす」は標準語の「～です」、「～ます」に該当する（p.428）。
13　お笑い芸人ぺこぱが「～ておくんなまし～！」という表現をネタとして用いているようである。また、有名芸能人（二宮和也氏）がTwitterにて「～ておくんなまし」を使っている例も見られた。

る傾向が読み取れる。例えば「歌っておくれ」「教えておくれ」などが指摘できる。また「〜（さ）せておくれ」が2番目に多い。内訳を確認すると、聞き手への依頼を表す「聞かせておくれ」（4例）のようなタイプのほかに、「（花を）咲かせておくれ」（2例）のような神頼み的な表現として用いられていることが特徴である。

表2　前接語別出現数（BCCWJ）

〜ておくれ系		〜とくれ系		〜ておくんなさい系	
前接語	出現数	前接語	出現数	前接語	出現数
する	30	する	16	する	5
（さ）せる	16	待つ	6	てやる	4
Vない	15	やめる	6	ている	4
てくる	8	聞く	4	待つ	3
ていく	7	やる	4	てみる	3
てやる	7	行く	4	Vない	3
教える	7	言う	3	やる	2
言う	6	手伝う	3	ひっかける	2
歌う	5	（さ）せる	3	なさる	2
やめる	5	−	−	たすける	2
伝える	5	−	−	−	−

　次に「〜とくれ」を見ていく。「待っとくれ」や「やめとくれ」が上位に見られ、最多の「する」の内訳に複数出現しているものとして、「静かにしとくれ」（3例）、「堪忍しとくれ」（3例）、「いい加減にしとくれ」（2例）が挙げられる。このことから、「〜とくれ」は、上の者が下の者を諭したり注意したりするような場面で、聞き手の行為を阻止しようとする際に用いられやすい傾向が読み取れる。なお「堪忍を用いて許しを求める言い方（謝罪）」は、近畿地方に多い表現である。標準語では、堪忍よりも勘弁を用いるのが一般的だと考えられることから、近畿方言との関連も示唆される。

　最後に「〜ておくんなさい」を見ていく。「〜ておくんなさい」で特徴的なのは「なすっておくんなさい」が2例見られることである。「なすって」は「なさる」連用形の促音便だが、時代劇を想起させる表現である。

4.3 小説会話文での発話者の属性

4.3 節では、役割語的な使用に注目するため、BCCWJ の小説会話文に
タグが付されたデータを用いて、話者の属性について調査する。

表3　小説会話文のタグが付与された用例数と割合（BCCWJ）

形式	〜ておくれ	〜とくれ	〜ておくんなさい
小説会話文 タグが付与された用例数	96 (37.8%)	45 (51.1%)	23 (46.9%)
BCCWJ 出現総数	254 (100%)	88 (100%)	49 (100%)

　まず、表3に小説会話文のタグが付された用例数とその割合を形式別に
示す。なお、山崎ほか（2022）によれば、BCCWJ に採録されたすべての
小説会話文にタグが付されているわけではないが、2845 サンプルに発話
者情報が付加されているため、一定の傾向が読み取れると考えられる。
　表3から「〜とくれ」系や「〜ておくんなさい」系の用例は、小説会話
文としての割合が5割程度と、比較的高い割合であることがわかる。小説
会話文の割合が高いということは、創作物のセリフなどにおいて、キャラ
クター性を際立たせるための使用、つまり、役割語としての使用の割合が
高い可能性がある。また、「〜ておくれ」は、3者のうち、最も小説会話
文の割合が低いことがわかる。以下では、表現形式ごとに、タグが付され
た発話者属性を示す。

4.3.1 「〜ておくれ」の発話者属性

　表4は、「〜ておくれ」の発話者属性を集計したものである。「〜ておく
れ」においては、表4のように男女差はほとんど見られない。年代に関し
ては成年層の話者が最も多く、老年層の女性の話者も比較的多く見られる。
なお、同一作品中、同じ人物が何度も発話することがあるため、延べ数で
はなく異なり数を集計した。

表 4　「〜ておくれ」系発話者別情報（異なり数）

	若年層	成年層	老年層	合計
男	7	28	2	37（51.4%）
女	3	22	10	35（48.6%）
合計	10（13.9%）	50（69.4%）	12（16.7%）	72（100%）

　次に、「〜ておくれ」が使用された作品の中で、作品中に「〜ておくれ」が複数回使用されたものを列挙する。各作品情報については紀伊國屋書店のウェブサイト[14]の内容説明欄を参照し、江戸時代以前を舞台とする作品に★、翻訳作品に▲、童話に●印をつけた。無印はその他（近現代や近未来を舞台とする作品）である。

　　　【「〜ておくれ」が複数回使用された作品情報】
　　　　　● 『おばあさんとあかいいす』（5 例、おばあさん）
　　　　　★ 『古典落語』（3 例、亭主）
　　　● ▲ 『ふしぎなオルガン』（3 例、ハイノ［2 例］、王さま［1 例］）
　　　　　『忘れられた人びと』（3 例、保子）
　　　★ ▲ 『西遊記』（3 例、大奥さま［2 例］、三蔵［1 例］）
　　　　　『殺ったのは誰だ？！』（3 例、康代）

　各印は無印も含め 2 作品ずつとなっており、様々なタイプの作品で「〜ておくれ」が用いられていることがわかる。

4.3.2　「〜とくれ」系の発話者属性

　表 5 は、「〜とくれ」の発話者属性を集計したものである。「〜とくれ」では、女性の使用が若干多い。年齢層で最も多いのは成年層であるが、老年層の女性の話者も比較的多いようである。

14　https://www.kinokuniya.co.jp/（2022 年 10 月 14 日最終閲覧）

表5 「～とくれ」系発話者別情報（異なり数）

	若年層	成年層	老年層	不明	合計
男	1	7	2	1	11（42.3%）
女	2	7	5	0	14（53.9%）
不明	0	1	0	0	1（3.9%）
合計	3（11.5%）	15（57.7%）	7（26.9%）	1（3.9%）	26（100%）[15]

次に、「～とくれ」が複数回使用された作品名を示す。

【「～とくれ」が複数回使用された作品情報】
- ●『おばあさんとあかいいす』（12例、おばあさん）
  『D-聖魔遍歴』（3例、'蝮'婆さん）
- ▲『互いの友』（3例、ウェッグ）
- ★『鈴河岸物語』（2例、おつね［1例］、斉藤剣次郎［1例］）
- ★『闇十手』（2例、お徳）
- ★『花咲ける上方武士道』（2例、お悠［1例］、百済ノ門兵衛［1例］）
- ★『肥後の石工』（2例、里）
- ★『お庭番吹雪算長』（2例、おうの）
- ★『惜別の海』（2例、岩吉［1例］、重兵衛［1例］）
- ●『あぶくアキラのあわの旅』（2例、オフクロネズミ）

　作品名や話者名から、江戸時代以前を舞台とする作品が多いことがわかる。また、童話も複数見られ、おばあさんや、オフクロネズミといった成年～老年の女性が話者となっている。『おばあさんとあかいいす』については、1作品で12回も使用されているのだが、この場合、「～とくれ」は役割語的に用いられていると見ることができる。また、おもしろいことに、同作品では「～ておくれ」も5例使用されている（4.3.1節参照）。そこで、この絵本の現物を確認したところ、このおばあさんは怒りっぽい人物で、次の（4）ように、怒っている場面では「～とくれ！」を使って命令的な指示をし、夢の中で機嫌の良い様子を描いた（5）では依頼表現として「～

15　各項目の割合は小数点第二位を四捨五入したものであるため、それぞれの割合を合計した場合には100%にならない場合がある。表8も同様である。

202

ておくれ」を用いていた。同一人物が両者を使い分けていることも興味深い点である。

(4)「ふん、こどもなんてだいきらいさ。とっととかえっとくれ！」
　　おばあさんがどなりました。　　　（『おばあさんとあかいいす』p.8）
(5)「まっておくれ！そんなにかけたらころんでしまう」
　　おばあさんはいきをはずませながら、はしりました。とってもたのしそう。　　　　　　　　（『おばあさんとあかいいす』pp.44-45）

4.3.3　「〜ておくんなさい」系の発話者属性

　表6は、「〜ておくんなさい」の発話者属性を集計したものである。「〜ておくんなさい」では成年層の男性の用例が多く出現していることがわかる。

表6　「〜ておくんなさい」系発話者別情報（異なり数）

	若年層	成年層	老年層	合計
男	0	18	1	19（90.5%）
女	0	2	0	2（9.5%）
合計	0（0.0%）	20（95.2%）	1（4.8%）	21（100%）

【「〜ておくんなさい」が複数回使用された作品情報】
　★▲『金瓶梅』（3例、武松）
　★『坂東侠客陣』（2例、龍造［1例］、千波の霧太［1例］）
　★『北斎の娘』（2例、重四郎［1例］、宗次［1例］）

　次に作品情報を見ていく。「〜ておくんなさい」が複数回用いられた上記3作品は、いずれも江戸時代以前を舞台とする作品であることがわかる。発話者が男性に偏った理由として、江戸を舞台とした作品では物語の中心に男性が描かれることが多いことや、「〜ておくんなさい」が昔の男性の日常的な話し言葉として、役割語的に用いられやすい可能性が考えられる。

4.4　本節のまとめ

　まず、「～とくれ」系は、一部の絵本を除くと江戸時代以前を舞台とする作品に多く用いられ、舞台となっている時代の日常的な話し言葉として、時代演出のために用いられることが多い。「～とくれ」は通時的には「～ておくれ」に遅れて、明治期に入り出現した（森2018）とされているので、やはり時代演出のための使用だと考えられる。また、絵本においては成年～老年の女性の役割語としての使用が目立ち、特に、怒っている場面での命令的指示表現として使い分けられていることも特筆すべき点である。「～とくれやす」に関しては、関西方言との関連が示唆された。

　次に、「～ておくんなさい」系も、江戸時代以前を舞台とする作品に多く用いられている。先行研究では、江戸後期から明治期へと衰退の方向ではあるが「～ておくんなさい」は男性にも女性にも使用されており、明治期には年配の女性に使用が偏るという指摘もある（山田2015、2017）。本調査では男性の割合が高い結果となったが、時代演出のために用いる際には、当時の使用実態とは異なり、男性語として用いられやすい可能性も考えられる。

　上記の2系統に対し「～ておくれ」の場合、江戸時代以前を舞台とする作品に偏らず、現代の作品や、翻訳作品、童話でも多くの使用が見られた。老年層の女性話者が比較的多いのも特徴である。

　以上のように、小説会話文の場合、3系統いずれも作品の時代演出のために多く用いられており、その場合、森（2018）でも指摘されていたように、必ずしも当時の使用実態を反映したものとは言えないことが改めて確認できた。また、「～ておくれ」や「～とくれ」では、老年層の女性の役割語的にも多く使用されていることが示唆された。次節では、「～ておくれ」がセリフ以外でどのように用いられているかを中心に「～てくれ」との比較をしながら用例を観察する。

5．分析　「～ておくれ」と「～てくれ」の比較

　5節では、「～ておくれ」と「～てくれ」との比較分析を行う。

5.1　BCCWJ における出現頻度の比較

表 7 は、BCCWJ における「〜てくれ」の出現数（推定）である。

表 7　BCCWJ における出現頻度

形式	出現数
〜ておくれ系	254
〜てくれ系	7178（推定 6000 以上）

検索には『中納言』を用いて、すべての年代、レジスターを対象に以下の通り検索[16]した。

短単位検索で、1）キー：「指定しない」
　　　　　　　　2）後方共起 1 キーから 1 語：「語彙素：て」
　　　　　　　　3）後方共起 2 キーから 2 語：「語彙素：呉れる」＋「活用形：大分類：命令形」

その結果、7178 例が抽出された。次に、Excel のランダム関数を用いてそのうち 1000 例を取り出し 1 例ずつ目視で用例を確認した。その結果、1000 例中 938 例が行為指示型の「〜てくれ」であった[17]。「〜てくれ」の総数を概算すると 6000 例以上になることが見込まれ、数値の上で「〜ておくれ」系の表現と「〜てくれ」の出現頻度には極めて大きな差があることが指摘できる。以下では、ここで抽出した「〜てくれ」938 例を用いて、「〜ておくれ」との比較を行っていく。

5.2　小説会話文における話者属性の比較

5.1 節で示した「〜てくれ」938 例のうち、小説会話文のタグが付与さ

16　2022 年 5 月 23 日検索。
17　この数値（7178 例）は、次に示すような「〜てくれる」の連用中止形である「〜てくれ」も混在した数値となっているため、目視で確認した。
　　一見芸術家肌の女主人は家の内部を案内して<u>くれ</u>、二階へ通じる手すりや玄関のドアの内部はマンスフィールドの時代のままであると話してくれた。
　　　　　　　　　　　　（『写真と文によるマンスフィールド雑記録』LBd9_00105、46240）

れていたものは232例であった。その話者属性について、表8に示す。

　4節で示した「〜ておくれ」の調査結果である表4と比較すると、「〜てくれ」は、成年層の男性の割合が圧倒的であり、非常に特徴的である。そして、会話文とは言っても、聞き手に対して行為指示するのではなく、「彼が…てくれと言ったんだ」のような引用で用いられやすく、特に女性による発話は、2例[18]以外は引用である。

表8　小説会話文における「〜てくれ」の発話者情報（異なり数）

	若年層	成年層	老年層	不明	合計
男	17	184	10	1	212（91.4%）
女	2	11	2	0	15（6.5%）
不明	0	1	1	3	5（2.2%）
合計	19（8.2%）	196（84.5%）	13（5.6%）	4（1.7%）	232（100%）

　次に、「〜てくれ」の作品情報について、3例ずつ使用された最上位の3作品を示す。

【「〜てくれ」が複数回使用された作品情報：最上位3例のみ】
　　　『ジールス国脱出記』（3例、男［2例］、私［1例］）
　　　『爆裂スパーク刑事』（3例、三四郎［2例］小坂警部［1例］）
　　　『霞町物語』（3例、鴇田［3例］）

　これらは、いずれも現代小説である。2例ずつ使用された作品を見ても、江戸時代以前を舞台とする作品での使用が多くないこと、また同じ人物による複数回使用はされにくく、多くの人物に広く使用されていることも特徴である。

5.3　Yahoo! 知恵袋、Yahoo! ブログにおける用例の比較

　5.3節ではBCCWJのレジスターの中でも、Yahoo! 知恵袋、Yahoo! ブログの用例を比較分析する。Yahoo! 知恵袋やYahoo! ブログは、同期型では

18　1例は、男性を装っている場面での使用、もう1例は、方言として用いられている。

ないものの、書き手と読み手がウェブ上でやりとりすることが可能な双方向型のコンテンツであり、対人的なコミュニケーションとなる場合もある。また、用いられるのは書き手自身の言葉なので、小説会話文のセリフとは異なる特徴が見込めるためである。

　まず、表9にYahoo!知恵袋、Yahoo!ブログでの出現数を示す。なお、引用で用いられた用例は書き手の行為指示を表さないためここでは除外した。

　BCCWJのデータを見ると、引用ではない「〜てくれ」はYahoo!知恵袋やYahoo!ブログのレジスターにおいて出現率が非常に低く4%である。命令形を用いた行為指示表現である「〜てくれ」は、高圧的になりやすく、選ばれにくいのであろう。これに対し、「〜ておくれ」は総数に対してYahoo!知恵袋、Yahoo!ブログで使用される割合が1割以上見られ、非常に特徴的だと言える。

表9　Yahoo!知恵袋、Yahoo!ブログでの出現数と割合

	〜ておくれ	〜てくれ
Yahoo!知恵袋・ Yahoo!ブログでの出現数	30 (11.8%)	38 (4.1%)
考察対象とした用例数	254 (100%)	938 (100%)

5.3.1　用例観察と分析の枠組み

　ここでは、「〜ておくれ」や「〜てくれ」の働きかけの対象が読み手ではない場合に注目し、用例を観察する。言い換えれば、形式上は行為指示だが、実際には読み手への行為指示ではないタイプも分析対象に含めた上で、それらを区別するということである。表10に分析の枠組みを示す。

表10　行為指示型表現の働きかけの有無と対象による3分類

分類	働きかけの対象	行為指示の種類	用法
A型	読み手	指示対象への 現実的な行為指示	命令・指示 依頼・勧め
B1型	文脈上の人物	文脈上の人物への 仮想的な行為指示	当為・判断 願望
B2型	文脈上の非情物	文脈上の非情物への 仮想的な行為指示	祈願

これまでの研究においては、分類 A の現実的な行為指示を中心に分析されてきた。そして、分類 A について、決定権者や受益者の関係性から命令的指示、恩恵的指示、依頼、勧めといった区分がなされている（姫野1997、森 2010）。本章では「～ておくれ」という表現全般を対象とし、その全体像を明らかにすることを目指すため、新たに分類 B1、B2 を設定し、行為指示表現の形式を用いていながら、実際にはその指示の受け手が不在となるタイプ（仮想的な行為指示）についても考察する。

　なお、Yahoo! 知恵袋、Yahoo! ブログにおける分類別の出現数は表 11 の通りである。

表 11　分類別出現数

	A 型	B1 型	B2 型
～ておくれ（30）	8	18	4
～てくれ　（38）	11	23	4

　表 11 を見ると Yahoo! 知恵袋、Yahoo! ブログにおいて、「～ておくれ」も「～てくれ」も文脈上に登場する人物に対する仮想的な行為指示として用いられる分類 B1 の割合が高いことがわかる。また、両者の分類の分布には、大きな違いがないと考えられる。以下、「～ておくれ」、「～てくれ」の順に具体的な用例を見ていく。各用例には BCCWJ のサンプル ID と開始番号を付した。なお、下線や波線は筆者によるものである。

5.3.2　「～ておくれ」の用例

　分類 A は、読み手への働きかけのあるタイプで、読み手に対する伝達に用いる。(6) ～ (8) の用例を見てみると、波線部に「～から」や「～っけ？」などが使用されており、あらたまった述べ方ではないことがわかる。ウェブ上でのやりとりの相手に対し、日常的ではない行為指示表現を選択することによって、特有の表現効果を狙っているようである。

　(6)（バイクの慣らし運転の質問に対する回答）
　　　まだバイク自体に慣れてないので速度は控えめに。回転数はマ

ニュアルを見<u>ておくれ</u>。細かく書いてある<u>から</u>。

（『Yahoo! 知恵袋』OC06_05547、1790）

(7)　質問者：ライオンとトラはどちらが強いんですか？

回答者：ライオンとトラに聞い<u>ておくれ</u>。でも確か、トラは一頭
で狩りをして、ライオンは群れで狩りをするんだった<u>っ</u>
<u>け</u>？　　　　（『Yahoo! 知恵袋』OC14_05459、280）

(8)　背景のベッドの布団が見苦しいの見逃し<u>ておくれ</u>。

（『Yahoo! ブログ』OY07_01675、17200）

　筆者の内省では、(6) は、書き手が回答者として偉そうな印象にならな
いように、親しみを演出しているように感じられる。(7) や (8) では、
真正面から答えを述べたり、真面目に頼み込むのではなく、おどけながら、
勧めたり、許しを請うような表現になっている。いずれも勧めや依頼といっ
た強制力の弱いソフトな表現である。

　次に分類 B1 を見ていく。分類 B1 の用例は、仮想的な行為指示である。
既に実現した事態を回想しながら、文脈上の人物に対して仮想的な行為指
示を行っている。

(9)　（本屋でグルメガイドを立ち読みし電話番号を携帯にメモする親
子に）

おいおい。買ってからにし<u>ておくれ</u>よ。

（『Yahoo! ブログ』OY03_03859、1520）

　(9) はルール違反をしている親子の行為を批判する文脈で用いている。
この親子に「買ってからにしておくれよ」と伝達することが目的ではなく、
当該事態に対して「買ってからにするべきだ、買ってからにしたほうがい
い」という書き手の考え、つまり当為、判断の表現のように機能している
と見ることができる。「お」の付加された「〜ておくれ」は、上品さを包
含しており、はっきりと言いにくい内容（批判・不満）を、ソフトに遠慮
がちに述べる表現となる。(10) 〜 (13) も同じタイプのものである。

（10）★豊ちゃん・・・もう少し、考えて<u>おくれ</u>よ。★一方、ノリは、こっ
ちの筋書きどおりに動いてくれた。

（『Yahoo! ブログ』OY15_09374、140）

（11）どっちにしろ、この部長、一人完全に周り見えてない、クウキヨ
メテナイ、、、誰か指導入れて<u>おくれ</u>よ、、、

（『Yahoo! ブログ』OY08_00661、7130）

（12）ダケドクヤシイミスジャッジ！可愛い NANAKA は二位の旗へ
連れて行かれた。判定は公平にし<u>ておくれ</u>！

（『Yahoo! ブログ』OY14_23079、2460）

（13）（床屋に出かけたダンナが坊主になって帰ってきた）
大みそかの恒例行事なんですけど正直初詣で並んで歩くのがヤで
す（顔）せめてスポーツ刈りくらいにし<u>ておくれ</u>よダンナ（顔）
こわいよ　　　　　　（『Yahoo! ブログ』OY15_15983、1110）

　次に示すのは、分類 B1 の中でも、当該事態に置かれている人物を応援
するような文脈で用いられるタイプである。既に実現した事態について批
判的に述べるのではなく、これからのことについて述べているのが特徴で
ある。「お」の付加された「〜ておくれ」は、明治期の知識層女性が身内
に対し、待遇的には上から下の者に用いていた（陳 2009）という指摘が
あるのだが、（14）、（15）はいずれもその指摘との関連を感じさせるよう
に、身近な存在が指示対象になっている。（14）は、ダンナに対して「頑張っ
てほしい」という気持ちを述べ、見守るような温かい態度が表されている。
次の（15）も身内であろう「ボウズ」に対する願望表現と見ることができ
る用例である。

（14）そのうち、2日は私がいるんで、正味3日。ダンナ、頑張っ<u>ておくれ</u>！
しかも…後半2日は、こまりなが学校始まるから、1対1だ！！

（『Yahoo! ブログ』OY03_11250、810）

（15）ひとしきりばぁばと遊んで、ボウズはご満悦。さ、病み上がりな
んだから、あとはゆっくりし<u>ておくれ</u>。

（『Yahoo! ブログ』OY05_01480、2860）

（16）は、批判的な内容ではあるが、これからのことについて述べており、批判的でもあり応援的でもある中間的な分類 B1 の用例である。

（16）なんでも母親が限界以上にコードを横にひっぱったら、こうなったらしい。差し込めないじゃん！と思ったら、ペンチですぐに戻りました。次は気をつけ<u>ておくれ</u>。まあ、よくあることですけどね。
（『Yahoo! ブログ』OY02_00047、920）

最後に分類 B2 を見ていく。分類 B2 は、文脈上の非情物に対して、書き手の希望や祈りを表す。（17）は野菜であるキュウリに対して「立派な実になってほしい」という願いや祈りを表現している。

（17）（育てているキュウリについて）
花がたくさん咲いているのは嬉しいんだけど、咲き過ぎて、実の方に栄養がいってくれるか、ちょっと心配になってしまいました。1 本でいいから、立派な実になっ<u>ておくれ</u>〜
（『Yahoo! ブログ』OY05_01121、1430）

冒頭の（1）や（2）もそれぞれ「島唄」、「てるてるぼうず」に対する仮想的な行為指示で、話者の願いや祈りを表す分類 B2 に該当するものである。緊迫した雰囲気はなく、叶うならばといった祈りに近い表現となる。

（18）島唄よ　風に乗り　届け<u>ておくれ</u>　私の涙　　　（（1）再掲）
（19）てるてる坊主　てる坊主　明日　天気にし<u>ておくれ</u>　（（2）再掲）

5.3.3 「〜てくれ」の用例

次に比較対象である「〜てくれ」について分類ごとに見ていく。まず分類 A を示す。

211

(20)（Yahoo! 知恵袋の質問）

　　　パソコンの存在意義を教え<u>てくれ</u>！

（『Yahoo! 知恵袋』OY04_04351、3740）

(21) 漫画と服の量半端ねぇ wwwwwww 溜め過ぎたなー；服とかい
　　　らんやつ誰か貰っ<u>てくれー</u>。一応普通のＴシャツもあるぞ

（『Yahoo! ブログ』OY14_52470、740）

　（20）や（21）はくだけた場面での男性的な依頼表現で、読み手に働き
かける述べ方になっている。「〜てくれ」は、非丁寧な述べ方で粗野な印象、
横柄な印象になりやすい。ただし、うちとけた間柄の男性ではよく用いら
れるもので、（20）や（21）は、読み手に対してフランクな関係であるこ
とが演出されているように感じられる。

　次に、分類B1を見ていく。分類B1は、文脈上の人物に対する働きか
けであり、仮想的な行為指示である。（22）では、既に実現した事態に対
して批判的な文脈で、「ほどほどにしてほしい、やめてほしい」という呆
れや、怒りを露骨に表明する際に用いられている。

(22) いったい何のコンプレックスをもっとるんじゃい、このオッサン。
　　　被害妄想もほどほどにし<u>てくれ</u>よ。

（『Yahoo! ブログ』OY08_00329、2070）

　次の（23）は、厳しく批判する文脈で、「専念するべきだ」という書き
手の考えが表明され、叱咤激励しているように読める。

(23) いい歌を残しているだけにこのような問題は本当にやめてほしい
　　　ものだ。ファンがっかりだぞ！真狩の観光や経済効果も減ってい
　　　くだろう。暴力団と関わるのをやめて本業の歌に専念し<u>てくれ</u>！

（『Yahoo! ブログ』OY04_04351、3740）

　最後にB2タイプを見ていく。働きかけの相手が非情物の場合に「〜て
くれ」を用いると、「どうしても〜てほしい」という切羽詰まった心情が

表される。(24) も (25) も、切実な願いが表されている。

(24) 天災は忘れた頃にやってくる…　まさにそんな感じです。実はま
　　　だ「余震」が続いています（−＿−；）この状況が長引くと精神
　　　的な負担が大きいですね〜　またか（・＿・？）　またか？（；
　　　＾＿＾A　アセアセ…　やめてくれ！、（｀д´；）／うがぁ！
　　　俺なんか泣きそうになります。

　　　　　　　　　　　　　　（『Yahoo! ブログ』OY03_01380、4140）

(25) （尿管結石の話題で）

　　　1センチ近くある石が自然に出るかどうか。早く出て行ってくれ。

　　　　　　　　　　　　　　（『Yahoo! ブログ』OY07_02216、1410）

5.4　分析のまとめ

　これまでの観察を踏まえ、「～ておくれ」の書き言葉における機能をま
とめる。「～ておくれ」は「～てくれ」と比べて BCCWJ での出現総数に
対する Yahoo! 知恵袋、Yahoo! ブログでの出現割合が高い。つまり、セリ
フ以外の書き言葉、あるいは「打ちことば[19]」において、目にする可能性
が高い表現だということができる。

　「お」があるかないかという 1 文字違いの両表現を比較した場合、「～て
おくれ」は、「お」＋連用形であり、丁寧さを表す点で依頼や勧めといっ
た強制力の低い行為指示表現となる。また、日常的に使用されなくなって
いる表現であるという点から、くだけた場面で、特別な効果[20]を狙って用

19　田中（2011）は、インターネットや携帯メイルの普及によって「打ちことば」（2011：8）に
　　よるコミュニケーションが日常化したと指摘している。「打ちことば」は、お互いに顔を合わ
　　せず、タイムラグのあるコミュニケーションであるため、「自己装い表現」（田中 2011：9）が
　　取り入れやすいという。
20　「特別な効果」の詳細については、データを増やしさらなる分析が必要である。童謡の「て
　　るてる坊主」と歌謡曲の「島唄」では、共通して丁寧で優しい祈りが感じられるが、作者の創
　　出したい世界観は異なるかもしれない。例えば、昭和後期（80 〜 90 年代）の歌謡曲に用いら
　　れた「～ておくれ」は、かっこよさの演出や「キザで不良っぽい優男」という人物造形につな
　　がっている可能性もある。この点について、以下の用例とともに、金井勇人先生からご教示い
　　ただいた。
　　　今夜 ケアレスな　悪魔を気取ろう　ソフィアの足りない　天使のために
　　　忘れさせておくれ　イリュージョン・タイム　秘密の仕草で
　　　　　　　　　　（BOØWY『LIAR GIRL』作詞：氷室京介、作曲：布袋寅泰）

いられる。具体的には、高圧的にならないようにしたい場合や、真剣さや真面目さを感じさせたくないような場合に、親しみやおどけなどを演出したりする。また、当為や願望を表す表現として用いられる場合には、批判や不満を婉曲的に述べたり、見守るような温かく親愛的な心情を表したりする効果がある。

　「〜てくれ」は、命令形の表現であることから、男性的で粗野な行為指示表現となる。そのため高圧的な印象になりやすい。ただし、カジュアルな依頼表現としても男性が多く用いる表現であるため、ウェブ上でのやり取り上、男性的なフランクさを演出したい場合にも用いられているようである。また、当為や願望を述べる表現として用いられる場合には、はっきりした物言いで、厳しさや切実さを感じさせる表現効果がある。これらの特徴は、表12のようにまとめられる。

表12　「〜ておくれ」と「〜てくれ」の機能（Yahoo! 知恵袋、Yahoo! ブログ）

分類	〜ておくれ	〜てくれ
A　型	行為指示：くだけた場面 古風で丁寧 （親しみやおどけの演出）	行為指示：くだけた場面 粗野で高圧的 （男性的なフランクさの演出）
B1型	当為：ソフト、婉曲 願望：見守り・応援	当為：厳しい、露骨 願望：叱咤激励
B2型	祈願：叶うなら	祈願：どうしても

　分析対象としたYahoo! 知恵袋、Yahoo! ブログの書き手の性別は不明であるが、このレジスターは、「打ちことば」であることから、自認する性別には関係なく、自己演出や表現効果の観点から、表現形式が選択されている可能性もあると考えられる。

6．まとめと日本語学習者への提示のポイント

　本章では、「〜ておくれ」および関連表現について、BCCWJのデータに基づき、その使用実態を示した。それに加え、Yahoo! 知恵袋、Yahoo! ブログにおける「〜ておくれ」と「〜てくれ」を比較考察し、それぞれの特徴について述べた。その際、行為指示対象によって用例を3分類するこ

とで、その特徴をより詳細に示した。両者の特徴は表 12 に示した通りである。

　以上を踏まえ、現代においても生き残っている「〜ておくれ」の特徴を次のように示す。

　　1）主に創作物のセリフなどにおいて役割語的に（キャラクター演出・時代演出に）用いる行為指示表現。また、特別な表現効果を狙って用いる自己演出のための行為指示表現。
　　2）主に書き言葉（打ちことば）で当為や願望、祈願を表す表現。

　「〜ておくれ」は、バーチャルな言葉で、再生産されている（森 2018）と説明される。それは、現代日本語の日常会話でほとんど使われず、役割語的、あるいは自己演出のために用いられやすいことだけでなく、行為指示表現の形式でありながら当為や願望、祈願を表す書き言葉（打ちことば）として高い割合で用いられることも理由ではないだろうか。

　日本語学習者は、日常生活の中で、上記 1）のような用いられ方のほかに、②に該当する歌詞や「打ちことば」での「〜ておくれ」を目にすることが予想される。すべてのレベルで求められる内容ではないが、さらなる上達を目指す日本語学習者のニーズに応えるためには、これまで、あまり説明されていない上記 2）のような用いられ方についても、学習者向けの資料に記載し提示する必要がある。そして、「〜てくれ」との比較から、そのニュアンスを示すことは、「何が違うのか」という疑問の解消につながり有用だろう。

　最後に、今後の課題について述べる。考察対象とした用例の文末には、終助詞（「よ」など）が付加された場合とそうでない場合があるが、本章ではそれぞれを区別して言及することはできなかった。基本的には、「〜ておくれ」などの表現にそれぞれの終助詞の意味が付加されるものと考えて良さそうだが、聞き手（読み手）に与える印象については、今後、さらに分析を進める必要がある。

第 11 章

級外項目「お／ご～おき下さい」
―「お／ご～下さい」との比較から―

1. はじめに

インターネット通販の商品説明に、(1) のような「お／ご～おき下さい」という表現が用いられているのを目にすることがある。

> (1) 見る画面（モニター）によってカラーに差異が生じます。予めご承知おき下さい。
> （https://item.rakuten.co.jp/auc-icon/c/0000000530/ 2019 年 7 月 3 日閲覧）

この (1) のような「お／ご～おき下さい」は、生活の中で目にしたり、耳にしたりする機会があるのだが、日本語学習者向けの教材類には詳しい記述がない。

劉（2015）は上級レベルの日本語学習経験者（中国人母語話者）にアンケートを行い、学習経験者がどのような文法項目の使い分けに関する説明を求めているのか、どのような項目が気になるのかを調査している。その結果によると、次の (2) のような「お／ご～おき下さい」という表現は、尊敬語の項目で取り上げられる「ご～下さい（ご承知下さい）」ではなく、なぜ「おき」が付加されているのか、上級以上の日本語学習経験者にとって「非常に気になる」項目だという。

> (2) 2014 年度入会の会員には送付していませんのでご承知おき下さい。【問 85】
> （劉 2015：161）

さらに、(2) は「既存の教科書等では普通は解説されていないもの」であり、「お／ご～おき下さい」を上級以上の学習者に提示する必要がある

と指摘している（劉 2015：161）。そこで、本章では「お／ご～おき下さい」
および、その関連形式について、使用実態を調査、分析し、その特徴を記
述するとともに、学習者に提示する際のポイントを探ることを目的とする。

　本章の構成は以下の通りである。2 節で先行研究を概観し、3 節で調査
方法について述べる。4 節で調査結果を示し、5 節では後接する形式ごと
に用例観察を行う。6 節では「ご承知おき下さい」と「ご承知ください」
の違いについて分析し、7 節でまとめる。

2．先行研究

　先行研究において、「お／ご～おき下さい」という表現そのものについ
て論じたものは管見の限り見られない。そこで、「お／ご～おき下さい」
を構成する「おき」に関連し、複合動詞の後項「おく」の先行研究の記述
を見ていく。複合動詞「Ｖおく」について論じたものには、徳本（2015）
と永澤（2016）がある。これらはいずれも通時的な研究である。

　徳本（2015）は、古代語複合動詞の後項「おく」は、現代語「～ておく」
に置き換えて解釈されることが多いが、必ずしも同じ意味とは言えないこ
とを指摘し、その基本的な意味について次のように述べている。

　　　パーフェクト的な「前項動詞の結果、影響、効果の持続」であり、現
　　　代語の「～ておく」に見られるような意図性は「～おく」成立の必須
　　　条件ではない。　　　　　　　　　　　　　　　　（徳本 2015：188）

　このように、古代語においては、現代語の「～ておく」に見られるよう
な意図性は表さない場合があることを指摘している。

　また、永澤（2016）は、「Ｖおく」が古代から「存在」や「効果持続」
の意味で用いられ近代前期までは多用されているが、その後用法が限定化
し衰退した実態を、時代ごとの資料から得た実例と近代コーパスを用いて
示している。

　また、永澤（2016）は現代語の「Ｖおく」についても触れ、次のように
述べている。

217

現代の「Ｖおく」は前項Ｖに「書く」、「取る」、「据える」などの限られた動詞しかとらない生産性の低い複合動詞となっている。

（永澤 2016：29）

　以上の２つの先行研究の指摘をまとめると、１）「Ｖおく」は、古代から「効果の持続」の意味で用いられていること、２）「Ｖおく」が衰退し用法が限定化され生産性の低いものになった、ということが窺える。

　永澤（2016）で示された複合動詞「Ｖおく」の前項動詞「書く」、「取る」、「据える」であれば、「お／ご～おき下さい」と共起しそうである。しかし、"お書きおき下さい" のような使い方は耳慣れず、現代語の「Ｖおく」の共起語を当てはめれば使えるというものでもない。そこで、本章ではコーパスを用いて現代日本語における「お／ご～おき下さい」の使用実態を調査し、どのようなふるまいを見せるのかを明らかにする。

3．研究方法

　まず、使用データについて述べる。本章では『現代日本語書き言葉均衡コーパス』（以下、BCCWJ）を使用データに選定し、「お／ご～おき（下さい）」および、その関連表現について使用実態の調査を行う。コーパスの選定理由は、次の２点である。まず、BCCWJ は大規模な均衡コーパスであり、現代日本語の使用実態の調査に適していること、また、品詞情報が登録されており、「お／ご～おき下さい」、および、その関連表現の抽出が可能なことである。

　次に、調査方法について述べる。本章ではデータ抽出に際し、事前に予備検索[1]を行い、調査対象とする表現の条件を次のように設定した。

- ・尊敬を表す「お」、「ご」、「御」の接頭辞がついている表現を対象とする。
- ・「おき」と「置き」、「ください」と「下さい」などのように、ひらがな表記と漢字表記のどちらもある場合、いずれも対象とする。

1　『中納言』を用いて、すべての年代、レジスターを対象に、１）キー：「動詞：活用形：連用形」、２）後方共起１キーから１語：「語彙素：置く」と入力して予備検索を行った。

・「お／ご〜おき」には「下さい」以外にも「頂く」などが後接する。
それらの表現および、尊敬を表す「お／ご〜おかれる」の形も対象
とする。

これを踏まえ、データの検索には『中納言』を用いて、すべての年代、
レジスターを対象に、設定した条件が網羅できるよう、以下の3種の検索
を実施し、そのデータを統合した[2]。

【検索1】短単位検索で、
　　　　　1）前方共起条件1キーから1語：「品詞：大分類：接頭辞」
　　　　　2）キー：「条件を指定しない」
　　　　　3）後方共起1キーから1語：「書字形出現形：おき」【50
　　　　　件抽出】
【検索2】短単位検索で、
　　　　　1）前方共起条件1キーから1語：「品詞：大分類：接頭辞」
　　　　　2）キー：「条件を指定しない」
　　　　　3）後方共起1キーから1語：「書字形出現形：置き」【23
　　　　　件抽出】
【検索3】短単位検索で、
　　　　　1）前方共起条件1キーから1語：「品詞：大分類：接頭辞」
　　　　　2）キー：「条件を指定しない」
　　　　　3）後方共起1キーから1語：「語彙素：置く」AND「活用形：
　　　　　未然形」【7件抽出】

　その結果、合計80件の用例が抽出された。その中から、目視で誤解析
および対象外の表現（話し手が動作主であり尊敬を表さない表現、接頭辞
が「お」「ご」「御」以外の表現）25件を除き、55件を考察対象とした。
なお、考察対象外の表現とは、次のようなものである。

2　最終確認日 2019 年 7 月 18 日。

(3)「話し手が動作主であり尊敬を表さない表現」

　　数は残りわずかです！！！気になったらお電話でも<u>お取りおき</u>で
　　きますし、通販も可能です♪こちらまでご連絡ください

　　　　　　　　　　　　　　　　（『Yahoo！ブログ』OY14_29289、2480）

(4)「接頭辞が「お」「ご」「御」以外の表現」

　　追記　調べてみましたが推奨使用期限の間であれば、悪環境の中
　　に<u>長期間置か</u>なければ問題ないそうです。

　　　　　　　　　　　　　　　　（『Yahoo！知恵袋』OC02_05839、1360）

4．調査結果

「お／ご〜おき」にどのような形式が後接するのか、どのような語と共
起するのか、どのようなレジスターで用いられているのかを集計した結果
を以下に示す。

4.1　後接形式別用例数

「お／ご〜おき」にどのような形式が後接するのかを集計したものが表
1である。

表1　「お／ご〜おき」の後接形式別用例数（BCCWJ）

形式	下さる系	を系	頂く系	願う系	れる系	の系	なさる系	合計
頻度	23	13	10	3	3	2	1	55
割合	42%	24%	18%	5％	5％	4％	2%	100%

　最も出現数が多いのは、「お含みおき<u>下さい</u>」、「ご承知おき<u>下さいませ</u>」
のような「下さる系」である。続いて、「お見知りおき<u>を</u>」のような「を系」、「ご
承知おき<u>頂きたい</u>」のような「頂く」系と続いている。後接形式には7種
類が認められる。

4.2　共起語別用例数

「お／ご〜おき」がどのような語と共起するのかを集計したものが表2
である。また、比較のため、さらに2種類の表（表3、表4）を示す。1
つ目は、3節で示した予備検索（注1参照）で得たデータから「Vおく」
と共起する語上位10位までを示した表3である。2つ目は、BCCWJを
用いた「Vておく」の先行研究である鈴木・松田（2016）から、「Vておく」
と共起する動詞上位10位までについてのデータを引用し作表した表4で
ある。

表2　「お／ご〜おき」の共起語別用例数（BCCWJ）

共起語	ご承知	お見知り	お含み	おとどめ	お考え	お聞き	お話し	お知り	お認め	合計
頻度	29	12	6	2	2	1	1	1	1	55
割合	53%	22%	11%	4%	4%	2%	2%	2%	2%	100%

接頭辞「ご」または「御」と共起するものは1種「承知」だけである。
「お」と共起するものは8種出現した。「ご承知おき」、「お見知りおき」、「お
含みおき」の順に出現数が多く、中でも「ご承知おき」は総数の半分を占
めている。また、思考・認知・記憶に関わる動詞がほとんどである。

表3　「Vおく」と共起する動詞の用例数（BCCWJ）

Vおく	取りおく	備えおく	留めおく	付けおく	作りおく	差しおく	積みおく	据えおく	汲みおく	預けおく
頻度	24	19	13	11	11	10	7	7	7	7

表3から、現代語の複合動詞「Vおく」と共起する動詞は、「取りおく」、「作
りおく」、「積みおく」など、具体物に対し動作で何らかの影響を加えるも
のが多いことがわかる。

次の表4、現代語の補助動詞「Vておく」の場合は、思考・認知・記憶
に関わる動詞だけでなく、動作で対象に何らかの影響を加える動詞とも共
起している。

表4 「V ておく」と共起する動詞の用例数（BCCWJ）

V て おく	して おく	放って おく	入れて おく	言って おく	〜せて おく	知って おく	置いて おく	覚えて おく	つけて おく	残して おく
頻度	3658	839	829	781	669	647	590	530	448	420

（鈴木・松田 2016 より作表）

4.3 レジスター別用例数

「お／ご〜おき」がどのレジスターに出現するのかを集計し、100 万語当たりの出現数で比較した数値（pmw：Per Million Words）を示したものが表5である。

表5 レジスター別用例数と pmw

レジスター	頻度	pmw
特定目的・国会会議録	20	3.92
特定目的・広報誌	5	1.33
図書館・書籍	16	0.53
出版・書籍	9	0.32
特定目的・ブログ	3	0.29
出版・雑誌	1	0.23
特定目的・知恵袋	1	0.10
合計	55	平均 0.52

総数が非常に少ないため、pmw も数値が非常に小さいが、レジスター別にみると、「国会会議録」、「広報誌」、「書籍」の順に出現頻度が高いと言える。国会会議録は議会での発話の記録であり、広報誌は広く周知するための役所からの文書である。このように、「お／ご〜おき」は話し言葉でも書き言葉でも用いられることがわかる。また、「図書館・書籍」、「出版・書籍」の合計 25 例を目視で確認したところ、そのうち 10 件は「　」を用いた発話文で用いられていることがわかった。

5．分析

　調査結果を踏まえ、BCCWJ の用例を用いて分析を行う。なお各用例の末尾に括弧で BCCWJ のサンプル ID および出典を示す。また、用例中の下線、波線は筆者によるものである。

5.1　下さる系

　下さる系は 23 件中 18 件が「ご／御承知おき下さい」のタイプで、公的な立場から、事前に懸念事項を示し、聞き手に対し注意を促す場面で用いられている。

(5) 所沢税務署では、今年の確定申告期間中の、2 月二十四日と 3 月2 日（原文ママ）の日曜日に限り、確定申告の相談・申告書の受け付けを行います（現金納付の窓口業務は行いません）。当日は混雑が予想されますので、あらかじめご承知おき下さい。

　　　　　　　　　　（『広報ところざわ』OP23_00002、44470）

(6) その第一は、資料についてであります。証人は、証言を行うに際し、資料を用いることは差し支えありませんが、委員長の許可が必要であります。また、これらの資料は、いずれも当委員会に提出していただくことになっております。その第二は、証人がメモをとることについてでありますが、尋問の項目程度は結構でございます。なお、補佐人がメモをとることは構いません。以上の点を御承知おき下さい。　　　（『国会会議録』OM41_00004、435360）

(7) 「拝啓、ご承知のとおり、貴方は当局の任務に採用されました。今後、村長が貴方の上司となり、任務の詳細、並びに報酬条件につき連絡しますので、その点、お含みおき下さい。

　　　　　　　　　　（9 文学『城』PB19_00568、40410）

　(5)〜(7) に見られるように、知らせたい懸念事項を前文または「〜ので」で示し、「あらかじめ」、「〜の点」、「以上のことを」と共起することが多い。

話し手が聞き手に事前に懸念事項を伝え、その情報を認知し維持するよう求める表現である。

5.2 頂く系

　頂く系は、10件中9件が「〜たい」を含む形で現れている。「下さる系」と比較すると、一個人の立場からの見解を述べる際、事前に懸念事項を示し、理解や配慮を求める場面で用いられている。

> (8) 半世紀以上、粘土ばっかりいじってきて、手しごとばかりで年をとってしまったので、あまりいまのことは話ができないと思いますが、ご承知おきいただきたいと思います。
> （3社会科学『コンピュータ時代と子どもの発達』LBb3_00004、13010）

> (9) ここではとくに公刊された文献に焦点をあてながら、日本におけるカルチュラル・スタディーズの導入、あるいは日本における既存のさまざまな議論との結びつきを概括的に見ていきたい。したがって、さまざまな社会運動との関連などに言及できない点も含めて、単純化の誇りを免れえないものであることも、最初にご承知おきいただきたい。
> （3社会科学『カルチュラル・スタディーズ入門』LBn3_00165、18860）

> (10) 横田政府参考人 これは私個人の意見ということでお聞きおきいただきたいんですが、私、あのビデオを見て大変ショックを受けました。
> （『国会会議録』OM61_00004、195190）

　(8)〜(10) では波線部のような個人的な懸念を事前に述べている。事前に懸念事項を提示することにより、聞き手に理解や配慮を求め、誤解や批判を回避しようとするものと考えられる。これらも、話し手が聞き手に事前に懸念事項を伝え、その情報を認知し維持するよう求める表現だと言える。

　また、次のように「ぜひ」と共に用いられ、聞き手に対し強く要望する場面でも用いられている。

（11）その不幸をできるだけ小さく終わらすためにも施策は必要であります。こういったことから、ぜひひとつ<u>お考えおきいただきたい</u>ことを重ねてお願いを申し上げ、戦後の後始末の問題を申し上げましたのを機会に、もう一つの問題を申し上げさしていただきたいと思います。　　　　（『国会会議録』OM25_00008、193710）

（12）「課の、若い連中がな。…ぜひ、キミをつれてこい、といって聞かんのだよ」「まあ、あたしなんて」「いや、いまのヤツラは遠慮がなくてな。奥さんは美人だとうかがってます。ぜひ、<u>お見知りおきいただきたい</u>、とか、何とかいってな、オホンホン」と、主人、照れたのか、早口で言う。

　　　　　　　　　　　　（9 文学『奏秘悶の女』PB49_00388、6590）

　（11）、（12）は、聞き手にとって懸念事項となる情報は見られないタイプである。このようなタイプでは、注意喚起や理解・配慮求めではなく、話し手の強い要望を表す。情報の維持という認知上の処理を求める表現である。

5.3　を系

　を系で目を引くのは、13例中6例で「お見知りおきを」が出現していることである。この6例はすべて発話文で、（13）のように初対面で名前を名乗ったあとに用いられている。これは、目上の人に対し「自分のことを覚えていて下さい」という表現で、挨拶のように慣用的に用いられていると考えられる。なお、「見知り」と共起する場合は、を系に限らず、初対面の際の慣用的な表現として用いられる。また、（14）のように「～おきを」には「頂きたい」、「願いたい」などが続くことが想定されるが、その部分を省略した表現となっている。

(13) 「今日は、君に紹介しようと此の人を連れてきたんだ。奈良木辰
也だ」と、服部さんが私を紹介すると、「やあ旦那、この人もマ
ルクスつう人の信者ですかい。政です。お見知りおきを」と、挨
拶を返した。

（２歴史『服部之総・人と学問』LBc2_00021、1210）

(14) 「こちら、岩崎省吾君。澪の弟よ。苗字が違うのが変だけど、まあ、
そのへんの事情はおふくみおきを」 楠田は大きくうなずき、事
情に関しては全く触れずに愛想よく昭吾に向かって笑いかけた。

（婦人誌『CLASSY』PM21_00200、84070）

　次の（15）、（16）のように、歴史ものなど、現代語ではない文体の作品
では「お認めおきを」、「お話しおきを」という表現を用いて聞き手への要
望・依頼を表す次のような用例が見られた。

(15) 鹿公　『ハイ、有難うございます。左様ならば今後は主従の障壁
を撤去し、私交上においては平等的交際をさして頂きませう。し
かしながら教理の上のことについては、やつぱり師弟の関係をど
こまでも維持してゆきたうございます、どうぞこれだけはお認め
おきをお願ひ申します』

（１哲学『霊界物語』PB41_00161、12820）

(16) 立ちかけた兼続をおさえ、それから甥の右近大輔に眼くばせした。「話
は暇どるやも知れぬゆえ、用意の膳をこれへと申せ」 （―そっち
の用は済んでもこのままは帰さぬぞ…）　充分重味と凄味をきか
せておいて向き直った。兼続は淡々と応じた。「さようでござるか。
それならば、心おきなくお話しおきを」「さて、われ等も山城ど
のも、秀頼さまの御為め、義に依って、豊家の天下を狙う曲者を
除くことと相成った」

（９文学『スペイン中世・黄金世紀文学選集』LBl9_00056、17750）

5.4　願う系

　願う系は3件で、「含み」「見知り」「承知」との共起が見られ、「願いたい」、「願います」という形式で出現している。また、国会の場で用いられていることがわかる。

(17) 増田委員私が尋ねたその背景に、あなたの答弁された以上の災害なりインフレなり起きたときに考えておいて下さいよという指摘が入っている、こういうことをぜひお含みおき願いたいと思います。そして、そういう時点があっては困りますけれども、そのときには対応して下さい。　（『国会会議録』OM61_00010、146370）

(18) また、参考人は委員に対して質疑をすることができないことになっておりますので、あらかじめ御承知おき願います。まず、竹内直一参考人にお願いいたします。

　　　　　　　　　　　　　（『国会会議録』OM11_00005、795650）

5.5　の系

　の系は2件のみで「お見知りおきのほど」、「お含み置きの上」で出現している。

(19) 「ほう、そなたが上様お気に入りの剣術家金杉惣三郎か」「お見知りおきのほど、お願い致します」と頭を下げた惣三郎は、高田酔心子兵庫を鞘に納めた。　（9文学『極意』PB39_00349、28440）

(20) その点でもいずれ、中村さんと笠井〔章弘〕君ともいろ／＼御相談したいと思いますが、取敢えず右お含み置きの上、現段階では平凡社の方にあまり決定的な事を言わない方がいゝのではないかと愚考します。　（2歴史『丸山眞男書簡集』PB42_00222、4230）

5.6 れる系

れる系は3件で、「おとどめおかれますよう、お願い申し上げます」、「お見知りおかれまして、」のように用いられている。接頭辞に加え、「Vおく」に尊敬の助動詞「れる」が後接した「おVおかれる」という形になっている。

(21) さて、ドミニコ会修道士フランソワなる者が当地に参られ、陛下の親書を携え、偉大なるフランス国王陛下のご高名、高貴なみ心、強大なご権勢をご披露くだされし折には、我らとしてもまことに喜ばしきことと存じ、この段、偉大なる国王陛下におかせられましても、しかとみ心におとどめ置かれますよう、お願い申しあげます。（2歴史『遥かなるサマルカンド』LBm2_00018、18690）

5.7 なさる系

なさる系は以下の1件のみで「御承知おきなすって」という形で出現している。

(22) ですからどんな女にしましても、あなたが心に抱きつづけていらっしゃる亡き方と、あなたのお心のなかで角つきあいしたいなどと思うものは、一人もおらないことを、よくと御承知おきなすって下さいまし。あなえは、キリスト教的慈悲の念から、愛してくれとあたくしに懇願なさいましたわね。
（9文学『舞姫様と福太郎とその仲間』LBl9_00034、5510）

5.8 分析のまとめ

以上の分析から、「お／ご〜おき」という表現の特徴を、次のようにまとめる。

1）「お／ご〜おき」という表現は生産性が低く、共起する語は限ら

れる。BCCWJ のデータでは、接頭辞「ご(御)」と共起するのは「承知」の 1 語のみ、「お」と共起するものは 8 語のみである。特に「ご承知おき」、「お見知りおき」、「お含みおき」の出現が顕著である。

2)「お／ご～おき」に後接するタイプは 7 種出現した。動詞の「下さる系」、「頂く系」、「願う系」、「なさる系」の 4 種、助詞の「の系」、「を系」の 2 種、助動詞の「れる系」の 1 種である。

3)「お／ご～おき」と共起しやすい語は思考・認知・記憶に関連するという共通点を持ち、具体的な動作ではなく、認知上のやりとりや処理を求めるという傾向が見られる[3]。この傾向は、現代語で用いられる「Vおく」や「Vておく」の共起語とは異なる。「お／ご～おき」の"おき"は、「Vおく」の先行研究で述べられていた、「効果の持続」の意味を持っていると考えられる。特に、やりとりする情報の扱いに関するもので、残存、維持を求める場合に多く用いられる表現である。

4)「お／ご～おき」は話し手が聞き手に対し、懸念事項や個人的事情などの情報を事前提示し、聞き手に対し注意喚起したり、理解や配慮を求める場面で用いられる。

5) 上記 4) に関連し、「見知り」と共起する場合は、話し手から聞き手への要望を表す。これは、相手と初めて顔を合わせる場面で用いられる。後接する形式は様々だが、いずれも尊敬語を使うべき相手に対して丁寧に「私のことを知っていて下さい、覚えていてほしい」という要望を述べる慣用的な挨拶表現である。

6)「お／ご～おき」は、国会会議録に見られるように改まった場での話し言葉としても、広報誌に見られるように公的な書き言葉としても用いられる。また、現代語ではない文体の文学作品(歴史ものなど)で用いられることも多い。

3　この傾向に該当しないものとして、複数の方から飛行機内で耳にするアナウンスについてご指摘いただいた。"締める"という動詞と共起する次のようなものである。
　・機内では、シートベルトをお締めおき下さい。
　これは安全のための注意喚起で、乗客に行為の結果状態の維持を求める表現である。「維持」を表すことから、本章で考察した表現とも連続的ではあるが、認知上の処理ではなく具体的な動作を表す語と共起している点に違いがある。この点に関しては 2 つの可能性が考えられる。1 つは調査データ内に出現しなかっただけの可能性、もう 1 つは、機内アナウンスという特定の場面で定着した後発表現の可能性である。詳しくは今後の課題としたい。

6．考察

4節で「ご承知おき下さい」の出現率が高いことを見た。この形式と、"ご承知下さい"との比較を通して、"おき"の有無による違いを考察する[4]。

6.1 「ご～おき下さい」と「ご～下さい」

まず、「ご～おき下さい」と同じように、BCCWJのすべての年代、レジスターを対象に『中納言』を用いて「ご～下さい」のデータを抽出した[5]。検索条件は、以下の通りである。

　　短単位検索で、
　　　　1）前方共起条件1キーから1語：「語彙素：御＋語彙素読み：ゴ」
　　　　2）キー：（条件を指定しない）
　　　　3）後方共起条件1キーから1語：「語彙素：下さる」

その結果、4847件が抽出された。このデータを用いて「ご～下さい」の共起語を、共起数が多い順に10位までを示したものが表6である。

表6　「ご～下さい」共起語ランキング（BCCWJ）

順位	1	2	3	4	5	6	7	8	9	10
共起語	利用	注意	相談	了承	連絡	参加	確認	遠慮	協力	参照
頻度	674	464	437	422	398	285	221	206	168	112

これらは尊敬の形式を用いて、丁寧に依頼、指示、命令、勧めなどを表す。注目したいのは、4位に「承知」と似た意味を持つ「了承」がランクインしていることである。

4　「ご承知おき下さい」および「ご承知下さい」という表現は誤用ではないかというご指摘をいただいた。「承知する」は謙譲語であり、尊敬の「ご～下さい」という形式を用いてこのような表現をするのは失礼だというものである。ご指摘の通り、「承知」は謙譲語として「目上の人の命令などをうけたまわる」という意味でも用いられるが、それ以外の意味も表す。その場合には、"ご承知と見えて""その点よくご承知の奥様は…"など尊敬の形式でも、さらには"承知しねえぞ"のようなエ段長音化させたぞんざいな表現でも用いられている。このことから、筆者は、誤用とは見なさない立場である。

5　2019年7月18日最終確認

230

表 6 の結果を受け、次に、このデータ内に現れる「承知」に類する意味を持つ語を目視で取り出した。了承、了解、承諾、了察の 4 語である。これらの語の出現数をまとめたものが表 7 である。

表7 「ご〜おき下さい」と「ご〜下さい」の用例数（BCCWJ）

形式	承知	了承	了解	承諾	了察
ご〜おき下さい	18	0	0	0	0
ご〜下さい	7	424	6	1	1

表 7 から、「ご〜下さい」では 5 つの形式が認められるのに対し、「ご〜おき下さい」では「承知」としか共起していないことがわかる。また、「ご〜下さい」では「了承」の用例数が 424 例と非常に多い。

6.2 「ご〜下さい」と共起する語（承知・了解・了承など）の特徴

詳細を観察する前に、まず、『日本国語大辞典 第二版』（第 7 巻）に記載されている「承知」の意味を確認しておきたい。見出し語「承知」の部分には次のように記されている。

1）目上の人の命令などをうけたまわること。
2）相手の願い、要求などを聞き入れること。納得すること。許すこと。
3）知ること。わかること。またわかっていること。

（『日国、第 7 巻』P.196）

これを踏まえて、「ご〜下さい」および「ご〜おき下さい」を比較する。最初に、「ご承知下さい」の用例を挙げ、特徴を観察する。

(23) ※旧町の指定ごみ袋は、伊豆市指定ごみ袋と材質が異なるため使用できませんので、ご承知ください。

（広報『広報いず』OP59_00002、183920）

(23) の「ご承知下さい」は、"使用できません"という禁止事項を示し、

その場で「理解し、聞き入れること」を求めている。5節で、「ご承知おき下さい」は、懸念事項を示し、その情報を維持すること、つまり、「知っていること」を求める表現であることを見た。これに対し、「ご承知下さい」では「〜できません」などの禁止事項、注意事項に関して、知っているだけでなく、「聞き入れること」まで求める直接的な表現であることがわかる。

次に、「ご了解下さい」、「ご了承下さい」の用例を挙げる。この場合も、聞き手に対し、その場で「聞き入れること」を求める表現になっている。

(24) スペースの制約から、漫画はごく一部しか掲げることができません。ご了解ください。

（2歴史『はじめて学ぶ日本近代史』PB22_00110、22280）

(25) なお、数に限りがありますので、品切れの際はご了承ください。

（広報『町から町へ』OP77_00001、215440）

(25) を比較のため (26)、(27) のように変更して示す。「品切れの際は」のような、ある時点を指し示す表現と、事前に提示した情報の維持を求める「ご〜おき下さい」とを組み合わせた (26) は不適格となることがわかる。

(26) なお、数に限りがありますので、品切れの際は*ご承知おきください。　　　　　　　　　　　　　　　　　　　（作例）
(27) なお、数に限りがありますので、ご承知おきください。　（作例）

このように、「ご承知おき下さい」は知っていることを求める表現で、間接的な注意喚起だということができる。

6.3　"おき"の有無による違いのまとめ

"おき"は先行研究で述べられていたように、「Vおく」由来の「効果の持続」の意味を持つ。そのため、"おき"がある場合には、事前に提示した懸念事項について、知っていることを求める表現となる。情報を得た上

でどう対応するかについての判断は聞き手に委ねられている。つまり、聞き入れたり、納得するところまでは求めていない。そのため、間接的な注意喚起、理解求めの表現となる。

　これに対し、"おき"がない場合には、禁止事項や注意事項を「聞き入れること、納得すること」を直接求める表現となる。両者を比較した場合、"おき"がある「ご～おき下さい」の方が、間接的な表現であることから、より配慮的だということができる。

7．まとめと日本語学習者への提示のポイント

　以上の「お／ご～おき（下さい）」の特徴を踏まえ、本章ではこの表現を学習者に提示する際のポイントとして3つ挙げる。1）取り上げる表現、2）場面と機能、3）「ご承知下さい」との違いである。

　　1）日本語学習者に提示する表現として、「ご承知おき下さい」、「お含みおき下さい」、「お見知りおき下さい」の3つに限定することを提案する。日本語学習者が日常の中で目にしたり、耳にしたりする可能性の高いもの、且つ理解しにくいものに限定すれば、学習者の負担を増やさずに済むと考えるからである。まず、「ご承知おき下さい」では、「了承」、「了解」など似た意味を持つ語もあるが、「承知」以外とは共起しないことを示したい。また、「含む」の「心の中に持つ、考慮に入れる」という意味は上級の日本語学習者でも理解しにくいことが予想されること、さらに「見知る」に関してはほとんど見聞きしたことがない可能性が高いことを意識して、共起する語の持つ意味の解説を行うことが重要だと考える。
　　2）「お／ご～おき下さい」の使用場面と機能に関しては、まず、話し手が懸念される事態を想定し、聞き手に対し注意喚起や配慮を求める場面において用いられること、加えて、話し手は、より詳しい情報を持ち得る立場（運営側など）にあることも確認すべき点である。
　　3）「ご承知下さい」との違いについては、「承知」の持つ意味を2つ

233

に分けて提示するとわかりやすい。「知る、知っている」という意味で使われる場合は「ご承知おき下さい」、「聞き入れる」という意味で使われる場合には「ご承知下さい」という説明ができる。"おき"がある場合は、聞き入れたり、納得するところまでは求めていない。そのため、より間接的な注意喚起、理解求めの表現となる。また、「聞き入れる」ことを求める場合、一般的には「ご承知下さい」ではなく「ご了承下さい」という表現が多用されていることも補足すると良いだろう。

　本章では、BCCWJ を用いて、現代日本語の「お／ご〜おき下さい」を中心に、その関連表現について特徴を分析し、その教え方についての提案を試みた。複合動詞「Ｖおく」や補助動詞「Ｖておく」とどのような関係が認められるかについては、通時的な分析も必要である。これについては今後の課題としたい。

終　章

1．各機能語の位置づけ

　1章から11章の各論を踏まえ、まとめを行う。様々な機能語類を考察対象としたが、複数の観点からその位置づけを試みる。

1.1　なじみ度による位置づけ

　まず、日本語学習者視点を意識し、「なじみ度」による位置づけを示す。野田（2005）の言う旧来からの「エリート日本語学習者」向けの教材類で、一通りの学習を終えたことを想定した場合に、a.その機能語が既知であるか、b.テ形に後接する語が既知であるかという基準で「なじみ度」を表1に示す。

表1　なじみ度による各機能語の位置づけ

タイプ	該当する項目と JLPT の級	なじみ度
級外下位ポイント （既知項目だが下位用法 を知らない）	「〜ておく」　　3級 「〜ていった」　4級	【高】既知 　　　抜け落ちたポイント
級外項目 type 1 （テ形の後接語は既知）	「〜てみせる」　見せる（3級） 「〜てみせた」　見せる（3級） 「〜てよこす」　寄越す（2級）	【中】機能語は未知 　　　後接語からの類推が 　　　一部可能
級外項目 type 2 （テ形の後接語も、 機能語としても未知）	「〜てたまるか」　　たまる（級外） 「〜てしかるべき」　しかる（級外） 「〜てのける」　　　のける（級外） 「〜てナンボ」　　　ナンボ（級外）	【低】未知 　　　後接語からの類推も 　　　困難
級外項目 type 3 （既知の機能語に、 語が挿入されたように 見える）	「〜ておくれ」 〜てくれ（3級〜てください／命令） 「ご承知おきください」 ご V ください（3級）	【低】その他 　　　形態素の分析困難 　　　辞書を引きにくい

　まず、「級外下位ポイント」は、形式的にはなじみ度が高いが、教えてもらわないとなかなか気づけない事項である。その「級外下位ポイント」を知らないことにより、自信を持って使ったのにエラーが生じたり、より適切な表現があるのに、産出できなかったりする可能性がある。例えば、対人的なコミュニケーションにおいて丁寧さを意図して「〜ておきます。」

を使った結果、かえって偉そうな印象になってしまったり、また、歴史文を書く際、点的な事象を線的な事象として大局的に述べる「〜ていった。」を知らなければ、「〜た／〜ていた」を用いるほかないのである。

　次に、「級外項目」は、３つのタイプに分かれる。type 1 は、テ形の後接語彙が出題基準内のタイプである。例えば「〜てみせた」の「見せた」は、３級の語彙であり、既知である可能性が高いが、機能語としては知らないことが予想される。なじみ度は相対的に中程度と言え、実質語の意味から、推測可能な部分もあるが、本来的な意味が希薄化している機能語の用法、例えば、「彼は笑ってみせた」という表現を理解することは難しいと予測される。type 2 は、後接語彙も出題基準外のタイプでなじみ度が低いものである。例えば「ナンボ」は、関西を出自とする方言である。方言領域内は別として、後接語だけにしても、機能語としても知らない可能性が高い。「ナンボ」を調べるのに辞書を使った場合、その見出し語の解説だけでは、機能語の使い方の詳細は理解しにくいと言えるだろう。type 3 は、既知の表現に語が挿入されたように見えるタイプである。例えば「〜ておくれ」では、形態的に類似する「〜てくれ」は既知であるが、「〜ておくれ」は知らない可能性が高い。また、連なる形態素の分析が正確にできなければ、辞書を引くのも難しいタイプだと言える[1]。

1.2　指導項目になりにくい理由による位置づけ

　次に、各機能語が、指導項目になりにくい理由による位置づけを表２に示す。

1　「〜ておやり」も同じタイプのものとして挙げられる。

表２　指導項目になりにくい理由による各機能語の位置づけ

理由のタイプ	該当する項目
叙述的な表現（書きことば）	「〜てみせる。」（特に既実現のタイプ） 「〜てみせた。」 「〜てのける」（三人称） 「〜ていった」
方言	「〜てナンボ」
仮想的表現（打ちことば・役割語的）	「〜ておくれ」
マイナスの印象（ぞんざい・不遜など）が生じる表現	「〜てたまるか」 「〜てよこす」 （※「〜ておく」は、丁寧さに注目が集まり盲点）
格式張った表現	「〜てしかるべき」 「お／ご〜おきください」

　まず、確認しておきたいことは、級外下位ポイントを除き、共通するのは、使用頻度が低い[2]ことである。ここではその他の要素をまとめる。

　各機能語に共通して言えることは、日常会話での産出が求められない（「〜ておく」を除く）ことである。そのため、積極的に扱われないものと見られる。裏を返すと、このようなタイプの表現にも目を向けることが、より多くの情報・知識を得たいというニア・ネイティブレベルを支援する際のヒントになると予想される。あまり注目されない表現にこそ、日本語学習者が説明してほしいと感じる表現が眠っている可能性があるため、使用頻度の観点に捉われ過ぎず、精査していく必要がある。

　また、「〜てみせた」、「〜ていった」のように基本形とは別に「タ」の形で立項すべき機能語も重要なポイントである。「〜てみせた」、「〜ていった」は、ひとまとまりにして取り出したほうが良いもの[3]であり、そのように扱うべきである。このようなものが他にないか、精査されることが望まれる。

2　BCCWJを用いて、コロケーションの調査を行っている中俣（2014）で示されている出現頻度を参考にすると、本書の考察対象11項目は、『日本語能力試験出題基準〔改訂版〕』に記載のあるテ形接続の補助動詞10種と比較した場合、使用頻度に大きな差がある。その10種で最も出現数が少ない「〜てあげる」は8453（中俣2014：95）であるのに対し、本書で取り上げた中で最も出現数が多い3章「〜てみせる」（4章「〜てみせた」）でも、2816である。ただし、旧1級目には、さらに出現頻度の低い機能語類も含まれており、何を優先すべきかについても検討の余地がある。

3　ひとまとまりとして取り出されているものに、「Vるほうがいい／Vたほうがいい」、「Vるつもりだ／Vたつもりだ」、「〜べきだ／〜べきだった」などがある。

1.3 文法化の観点からの位置づけ

　文法化（grammaticalization）の定義には様々なものがあるが、初学者向けに書かれたホッパー・トラウゴット（2003［1993］）は、「文法化」を次のように述べている。

　　文法化とは、語彙項目や語彙構造が、ある言語の文脈の中で文法的な機能を果たすようになる過程で、いったん文法化が進むと、一層文法的な機能を果たす語に変化しつづける過程である。それはまた、語彙と文を区別する特質が、通時的に生まれたり（come into being diachronically）共時的に編成される（are organized synchronically）過程である。　　（ホッパー・トラウゴット（2003［1993］）：序文）

　このように、文法化とは、ある語彙的な要素が文法的な機能を果たすようになっていく通時的な変化の漸次的過程を捉えた術語、あるいは共時的に編成される過程を捉えた術語だと考えられる。通時的な過程のみを指すという見方もあるが、本書では4章でも示したように、三宅（2005）に基づき共時的な文法化の視点を取り入れる。

　三宅（2005）では、文法化を「実質的な意味を持ち、自立した要素になり得る語のことを「内容語」（content word）と呼び、逆に実質的な意味、および自立性が希薄で、専ら文法機能を担う要素になる語のことを「機能語」（function word/grammatical word）と呼ぶことにすると、「文法化」（grammaticalization）とは、概ね「内容語だったものが、機能語としての性格を持つものに変化する現象」（三宅 2005：62）だと説明されている。そして、共時的研究への有効性について、補助動詞を例に「本動詞としての意味と助動詞的な意味・機能との間の有機的な関連性を捉えること、が可能になる」（三宅 2005：67）ことが挙げられている。

　具体的には、三宅（2015）では、（1）や（2）を示し、いわゆる補助動詞は、テ形動詞との間に副詞の挿入はできないが、助詞の挿入は可能であるなど、完全には機能語化していないことを指摘している。

(1)　食べては／も／さえいる。　　　　　　　（三宅 2015、p.240、(6)）

(2)　a.　ちゃんと食べている／ある／おく　（三宅 2015、p.240、(7) a）

　　　b.　*食べて、ちゃんといる／ある／おく（三宅 2015、p.240、(7) b）

　また、機能語化の認定に関して、意味の抽象化というあいまいな基準だけではなく、「項の生起」など統語的観点からの基準を導入することの重要性が示され、それにより、複数の用法の有機的な関連性が説明できると述べられている（三宅 2015：242-246）。次に示すのは、三宅（2015）で挙げられている「〜てくる」（テ形に接続する‘くる’）の用法の連続性と段階性が説明された例である。(3) は、本動詞「来る」の移動の意味を残しているもので、場所を表すニ格が生起しているが、(5) は移動の意味を失っており、場所を表すニ格も生起していない。(4) はニ格は生起していないが、移動の意味は残しており、(3) と (5) の中間に位置づけられると説明されている。

(3)　彼は待ち合わせの場所に歩いてきた　　　（三宅 2015、p.242、(15)）

(4)　彼はコンビニで雑誌を買ってきた　　　　（三宅 2015、p.243、(17)）

(5)　彼は近ごろ記憶力が弱くなってきた　　　（三宅 2015、p.243、(16)）

　本書では、三宅（2005、2015）の共時的な文法化の観点、および、次に示す益岡（1987、2013、2021）における補助動詞の分析方法を踏襲し、「テ形接続の機能語」を文法化の観点からまとめる[4]。

　益岡（1987）は、「〜てある」が多様な意味を表す仕組みを観察した先駆的な研究である。用法を分けるだけでなく、次のように整理し、それらを A1 型〜 B2 型までの連続体として捉え、その関係性にも言及している。

(6)　A1 型：リビングテーブルには花が飾ってある。

4　日本語／日本語教育研究会 10 回大会（2018 年 10 月 7 日、学習院大学）で、4 章の内容について発表した際、一橋大学庵功雄先生から重要な先行研究である益岡（1987）についてご教示いただいた。同じく、補助動詞の分析に際し、益岡（1987）、および文法化の概念が有効であることを大阪大学三宅知宏先生からご教示いただいた。言うまでもなく、本書で論じる内容における不備、誤りは筆者の責に帰すものである。

(7) A2 型：入口に近い片すみが一畳余りの広さだけあけてある。

(8) B1 型：荷物も所持金も一切をレイクサンドのホテルに残して
あった。

(9) B2 型：京都府警に鑑定をたのんである。

((6) 〜 (9) いずれも益岡 1987 より抜粋)

　益岡（1987）では、A1 型を本動詞に近い基本的な意味を表すものとして捉え、A2、B1、B2 というように意味的に連続的で拡張していることが指摘されている。

　次に押さえておきたいのは、補助動詞構文の分析には「コト拡張」（益岡 2013、2021）という概念が重要だという指摘である。益岡（2013、2021）の「コト拡張」とは、補助動詞の場合には、もとになる本動詞構文の名詞句の部分が、補助動詞構文の述語句へ置き換えられる拡張である。つまり、次の（10）の「写真を」（モノ）から（11）の「ピアノを弾く（弾いて）」（コト）へと置き換えられても、本動詞の持つ特徴が引き継がれるという考え方である。

(10) イチローが花子に写真を見せた。　（益岡 2013：22、用例（1））

(11) イチローが花子にピアノを弾いてみせた。

（益岡 2013：22、用例（2））

　また、益岡（2013、2021）では、恩恵性補助動詞構文（〜てあげる、〜てくれる、〜てもらう）を取り上げ、本動詞の表す意味を「基本的意味」[5]とするのに対し、前接する動詞との合成的な意味を「構成的意味」（コト拡張もこれに該当）と呼んでいる。次の（13）は、（12）の本動詞の「恩恵の受領」の意味を構成的に捉えることができ、反対に、（13）の文の意味を本動詞の意味に還元できることが指摘されている。

---

5 本書の各章で用いた ʻ基本的な意味ʼ とは異なる。本書では各機能語の複数の用法に共通するスキーマ的な意味として用いた。本章の議論では、益岡（2013、2021）の用語として「基本的意味」を用いる。

　（12）孝子が土産をくれた。　　　　　　（益岡 2021：113、用例（37））

　（13）孝子が引っ越しを手伝ってくれた。（益岡 2021：113、用例（38））

　さらに、益岡（2013、2021）では、構成的な意味から派生的に得られる文レベルに特有の意味を「派生的意味」と呼び、その仕組みについて述べている。次の（14）では、「与益者、受益者間の恩恵授受の意味が後退し、「涼しくなった」という事態が話し手にとって恩恵的であるという評価的意味が前面に出る」（益岡 2021：102-103）と述べられている。

　（14）ようやく涼しくなってくれた。　　　（益岡 2021：102、用例（14））

　そして、このタイプは（15）のように分析することができ、「くれる」が評価表示機能[6]を果たしていると指摘している。また、テモラウ構文は、この派生的意味を持たないため、テクレル構文の方が機能語度が高いと述べられている。

　（15）[[ようやく涼しくなった]（事態）くれる（評価)]

　　　　　　　　　　　　　　　　　（益岡 2021：111、用例（34））

　以上の指摘は、クレル構文とテクレル構文において、「基本的意味」から「構成的意味」へは、ガ格とニ格の関係が引き継がれるが、「構成的意味」から「派生的意味」へは、それが引き継がれない、つまり構造面が変化しているということである。これは、文法化の観点から「意味の抽象化」、および「項の生起」で説明できると考えられる。

　以上の先行研究に倣い、本書の「テ形接続の機能語」についても、複数の用法の相互の関連性や、評価的意味について、文法化の観点からまとめてみたい。本書の各章（級外下位ポイントの1章、2章およびテ形接続ではない11章を除く）では、日本語教育への応用を視野に、主に「多義になる仕組み」を分析する観点から、A型、B1型、B2型という区分を用いた。この区分は、用法分類に用いたもので、章によって、「対象の種類」、「働

6　「派生的意味」と「評価表示機能」の関係についての本書の捉え方は本節の最後に述べる。

きかけの相手」によるなど、統一できていない。そこで、本書の各章の分類型と益岡（2013）の「基本的意味」、「構成的意味」、「派生的意味」がどのような関係になるのか、三宅（2005、2015）で指摘されている機能語化の認定に関する基準を踏まえ「テ形接続の機能語」の機能語化の度合いを示したい。本書では、以下の基準で、機能語化の度合いを高・中・低の3つに区分し、表にまとめる。

  （16）機能語化の度合い

    【高】意味の抽象化に連続性と段階性が見られ、構造変化も生じているもの

    【中】構造変化は生じていないが、意味の抽象化に連続性と段階性が見られるもの

    【低】意味の抽象化に段階性が見られず、単に構成的意味を表すもの

  次に示す表3は、機能語化の度合いが高いタイプである。B2型に構造的な違いが見られ、B2型は「派生的意味」を表す。また、（17）は「～てみせる（～てみせた）」、（18）は「～てよこす」、（19）は「～てのける」の例である。

  3・4章の「～てみせる（～てみせた）」では、提示内容がモノ→行為→結果というように連続的かつ段階的に意味が抽象化するとともに、B2型ではニ格が生起せず構造的にも「みせる」の機能語化が進んでいる。また、三人称主語文においては、評価的意味が観察される（ただし、B2型だけでなくB1型の下位分類でも観察される）。

  5章の「～てよこす」の場合は、移動対象物の抽象化（コト拡張）ではなく[7]、対象物の移動の在り方が抽象化している。求心的かつ受け手に到

7　「～てよこす」の場合は「移動対象物」ではなく、「2者間における移動の様相」に注目するべきだと考える。一見すると、具体物である「①派遣物」や「③モノ」から「②情報」へ、そして「④表情」「⑤行為」へというように「移動対象物」が抽象化したかに見える。しかし、実例調査の結果から、「よこす」は、別空間での使用が基本であることが読み取れ、そうだとすると、移動対象物5種のうち、「①派遣物」「②情報（知らせ）」「③モノ」は遠方からもたらされるものとして相応しく、意味が拡張したとは考えにくいためである。「④表情」「⑤行為」についても、表情やジェスチャーなどから何らかの情報が受け手にもたらされる点で、「②情報」の下位分類と見ることができる。このように、「～てよこす」は、必ず何らかの移動対象物が移動しているという点で、コト拡張とはみなしにくいのである。コト拡張しない理由としては、同じく求心的な方向の授受を表す「～てくれる」との競合関係が影響しているものと考える。

242

着するという意味は保持されつつ、送り手と受け手の位置関係が別空間→同一空間というように変化し、B2型では前接動詞のみがニ格を取るように読め、「よこす」は「〜てくる」に見られるような方向表示の用法かつ評価表示機能を果たしている（ただし、別空間のタイプでも評価的意味が観察される）。

　7章の「〜てのける」は、対象がモノ（空間的用法）→ことがら（時間的用法）、それがさらにB2型では単なることがらではなく「しにくいこと」（認識的用法）へと段階的に意味が抽象化している。B2型では、前接動詞のみがヲ格補語を取るように読め、「のける」は「しにくいこと」という話者の認識を表す。特にB2型の三人称主語文では、評価的意味が観察される。しかし、他の補助動詞とは異なり、共起する動詞が縮小、固定化するという特徴が見られ[8]、特殊である。

表3　機能語化の度合い【高】（B2型が派生的意味）

区分 項目名	A型 基本的意味	B1型 構成的意味	B2型 派生的意味	B1型とB2型の比較
〜てみせる （3・4章）	モノ	行為	結果	構造（ニ格、要→不要） 提示内容（行為→結果）
〜てよこす （5章）	到着	受渡	方向	構造（ニ格、よこす→前接動詞） 移動の種類（受渡→方向）
〜てのける （7章）	除去	処理	逸脱行為	構造（ヲ格、のける→前接動詞） ※前接語の縮小・固定化 遠ざける内容（コト→逸脱行為）

(17)　A　型　　彼は友達に地図を広げてみせた。

　　　B1a型　　彼は友達にピアノを弾いてみせた。

　　　B1b型　　彼はその質問に首を振ってみせた。

　　　B1c型　　彼は「そうなの？」と驚いてみせた。

　　　B2　型　　彼は大学に合格してみせた。　　　　　（4章（37）抜粋）

(18)　A　型　　田舎の父が手紙を書いてよこした。

　　　B1　型　　後輩がタオルを投げてよこした。

　　　B2　型　　店員がチラシを渡してよこした。

8　7章でも述べた通り「〜てしまう」との競合関係が、影響しているものと思われる。

田舎の父が腐った野菜を送ってよこした。　（5章（38））

(19)　A　型　私はバルカンの弾道から機体を外してのけた。
　　　B1　型　私は依頼された感想文を何の気なく書いてのけた。
　　　　　　　私は部下の不満を「仕方がない」と言ってのけた。
　　　B2　型　彼はすばらしいことをやってのけた。
　　　　　　　彼は凄まじいことを言ってのけた。　　　（7章（18））

　次の表4は、機能語化の度合いが中程度のタイプで、（20）がその例である。6章の「～てナンボ」では、「生じる価値」が金銭的価値→ものごとの意義→人の主義へと段階的に抽象化している。"なんぼ"は動詞のように項が生起しないため、同列に比較できないが、主題が抽象化しているだけで、B1型もB2型も構成的意味を表す。B2型ではB1型とは異なり、主題が暗示的になるという構文的特徴が見られ、短く端的に話し手の生き方における価値（主義）を述べる表現になる。

表4　機能語化の度合い【中】（B1、B2型が構成的意味）

区分 項目名	A型 基本的意味	B1型 構成的意味	B2型 構成的意味	B1型とB2型の比較
～てナンボ （6章）	金銭	意義	主義	構造（同じ）※主題を明示→暗示 価値（モノ・コト→生き方）

(20)　A　型　この仕事は一つ売ってナンボだ。
　　　B1　型　営業マンはしゃべれてナンボだ。
　　　　　　　恋愛はアタックしてナンボだ。
　　　B2　型　（こんなときは）動いてナンボ！　（6章、表9より抜粋）

　表5は機能語化の度合いが低いタイプである。「たまるか」や「しかるべき」というのは、語が連接した形式であり「機能語」ではないが、テ形接続になると、単独使用の場合と比較して意味が抽象化するのかという観点で見ていく。先に結論を述べると、「～てたまるか」や「～てしかるべき」は、連続的かつ段階的に意味が抽象化するわけではなく、基本的に「～て」

で示された内容（コト）を後接部分が受けるという形で得られる構成的意味を表している。

表5　機能語化の度合い【低】（意味の抽象化に段階性がない）

項目名 ＼ 区分	分類型なし（多義にならない）
〜てたまるか（8章）	構成的意味
〜てしかるべき（9章）	構成的意味

　8章の「〜てたまるか」は、「〜て」で示された事態に対し、「たまるか」の基本的意味である「堪えられない」という話者の感情を表す。その結果、構成的な意味として「〜ことは、受け入れ難く堪えられない」ことを表す。

　9章の「〜てしかるべき」は、「〜て」で示された事態に対し、「しかるべき」の基本的意味である「適切である、相応しい」という話者の判断を表す。その結果、構成的な意味「〜ことが当然で正しい」ことを表す。

　表6は、10章で示した「〜ておくれ」についてまとめたものである。「おくれ」も語が連接した形式であり「機能語」ではないが、テ形接続になると、単独使用の場合と比較して意味が抽象化するのかという観点から見ていく。なお、10章で示した分類は、指示対象（相手）による機能面での分類であるため、表6にまとめ直し、他の項目とは分けて示す。(21)〜(25)は、表6に対応する「〜ておくれ」の例である。

　なお、「〜ておくれ（なさい）」は「〜てくれる」の関連表現であるため、「〜てくれる」や「〜てください」と同様の原理が想定される。表6は、先述の益岡（2013、2021）や授与動詞の構文パターンについて詳細に論じられた澤田（2014）を参考にし、「〜ておくれ」のものとしてまとめ直した。

表6　機能語化の度合い【高】（B2型が派生的意味）

項目名 ＼ 区分	A型 基本的意味	B1型 構成的意味	B2a型 派生的意味	B2b型 派生的意味	B1型とB2型の比較
〜ておくれ（10章）	モノの受領要求	コトの受領要求	コトの実行要求	コトの実現要求	構造（ニ格、要→不要）要求内容（受領→実行→実現）

(21)　A　型　（私に）水をおくれ。

(22)　A　型　（私に）水を持ってて<u>おくれ</u>。

(23)　B1　型　（私に）日本語を教えて<u>おくれ</u>。

(24)　B2a 型　はやく帰って<u>おくれ</u>。

(25)　B2b 型　はやく良くなって<u>おくれ</u>。　　　（(21)〜(25) 作例）

　他の項目と同じように、「おくれ」単独の (21) と比較して、テ形接続になると意味が抽象化するのか、という観点で見ると、(22) の場合は、モノの受領を要求する基本的意味を表す。次の (23) では、モノではなく、コトの受領を要求するコト拡張が見られる。そして、(24) や (25) では、コトの受領ではなく、コトの実行や実現を要求する。このように、意味が連続的かつ段階的に抽象化しており、B2 型では二格が生起せず、構造的にも機能語化が進んでいる。

　以上、7 項目について、文法化の一側面である、意味の漂白化（bleaching）と脱範疇化（decategorization）を踏まえ、機能語化の度合いという形でまとめた[9]。

　ここまでのまとめを踏まえ、最後に、テ形接続の機能語と「評価的意味」の関係について整理する。日本語教育において、「評価的意味」というのは、当該表現がどのような「含み」を持つのかと関連し重要なポイントとなるためである。本書の各論において「評価的意味」としたものには、①「文法化が進んで、「派生的意味」の段階で生じるもの」と、②「個別の語が持つ特性に由来して生じるもの」の 2 つがある。

　まず①の評価的意味は、意味の抽象化が進み、構造変化を伴う「派生的意味」（益岡 2013、2021）を表す用法から生じるものである。本書では、この段階の用法は、基本的意味と構成的意味に共通する意味が後退すると同時に、次に示す「話者の認識」を表示する機能を持つようになり、その結果「派生的意味」が生じると考える。

9　文法化において観察される音韻的特徴については、「〜ておくれ」に「〜とくれ」への縮約が見られる。アクセント型に関しては、2 種類のアクセント型「のける／のける」（傍点：高）を持つ場合や、3 モーラの場合、文法化の判定要素としにくい点から、本書では導入しないことにした。

表7 「派生的意味」の段階で表示される話者の認識

項目 (後退する意味)	〜てくれる (受領)	〜てみせる (視覚性)	〜てよこす (受け手着点)	〜てのける (遠ざける)
基本的意味	モノ	モノ	到着	除去
構成的意味	行為	行為	受渡	処理
派生的意味	事態	結果	方向	逸脱行為
話者の認識	恩恵 (好ましい)	矜持・自信 (優れている)	非恩恵 (好ましくない)	困難・抵抗感 (しにくい)

(26)「派生的意味」として表される「話者の認識」の詳細

くれる「恩恵」(好ましい)

みせる「矜持・自信」(優れている)

よこす「非恩恵」(好ましくない)

のける「困難・抵抗感」(しにくい)

　つまり、「派生的意味」を表す用法において、テ形接続の機能語は、「話者の認識」に関するマーカーになっているということである。話者が観察者の場合、4章「〜てみせた。」は、「他者に認知させるほどの(優れた)結果だ」と捉えたことが表されるため「偉業」(澤田 2009) という評価、7章「〜てのける」も、観察者である話し手が、「しにくい」と捉えた結果、「型破りなことをした」という評価として表される。反対に、話者が動作主自身の場合には、「〜てみせた。」は、自信満々な物言いになり、「〜てのける」は、あえてやったという話し手の意図につながる。このように、話者が動作主の場合には、事態評価ではなく、話し手自身の「心的態度」が表される。これをまとめたものが図1である。

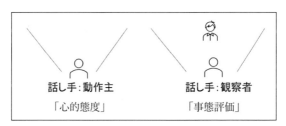

図1 「〜てみせる」・「〜てのける」の視座と話者の認識の関係

益岡（2013、2021）の「〜てくれる」や5章の「〜てよこす」では、視点制約があるため、「事態評価」と「心的態度」が重なるのであるが、「派生的意味」は、「話者の認識表示機能」により生じると捉えると、誰から見るかという視座（観察者からの視点、動作主からの視点）の違いによって、いずれについても説明可能になる[10]。

　②の評価的意味は、個別の語が持つ特性に由来するものである。「〜てみせる」の“みせる”は、行為を他へ向けることを表すため、提示内容によっては、自然発生ではないこと、つまり、動作主の「意図性」を表すマーカーとして機能する。日本語では他者の内心に関わることがらを、直接述べないため、他者の行為にこれを用いると、話し手の評価的意味が生じる[11]。それから、「〜てよこす」の場合には、“よこす”の語彙的な特性が影響し、対象物の求心的な移動を表す他の表現（〜てくれる、〜てくる）との相対関係から、これが選択されると、評価的な意味が生じやすい。

　以上をまとめると、本書で言う「評価的意味」には、①文法化が進んで、「派生的意味」の段階で生じるものと、②個別の語が持つ特性に由来して生じるものの2つがある。いずれにしても、「評価的意味」というのは、事態を誰がどこから述べるかという話し手の視点の位置（視座）に深く関わる[12]。話者の物事の捉え方を反映し、それが評価的な意味となって表されるためである。

　ニア・ネイティブを目指す日本語学習者向けには、どの表現をどの視座で用いた場合に、どのような「含み」が生じるのか、本書4章「〜てみせた」、7章「〜てのける」で示したように、主語の人称別に整理するなどして、

10　益岡（2013、2021）で派生的意味＝評価表示機能と述べられているわけではない。益岡（2021）では、テクレル文において、派生的意味が促進した理由として、「テクレル文に備わる話し手指向性の強さ」（益岡 2021：113）、関係する文（テモラウ）との「機能分担」（益岡 2021：114）が挙げられている。

11　他の言語では他者の内的世界を断定的に述べることが可能なこともあるが、日本語では他者の内心に関わる事項を直接表現できない。これについて、本書では次に示す益岡（2000）の説明のように、日本語では他者の私的領域の侵害になるためこれを避けると考える。
　　人物の内的世界はその人物の私的領域であり、私的領域における事態の真偽を断定的に述べる権利はその人物に専属する。　　　　　　　　　　　　　　　　　（益岡 2000：4）

12　視座の重要性については、益岡（2021）がアスペクト形式「〜ている」の分析の中で指摘している。益岡（2021）は、「〜ている」の構成的意味（進行・結果）と派生的意味（反復・パーフェクト・状態）を分け、その関係について、“現場密着型”の直接的観察という視座と“脱現場密着型”の俯瞰的観察という視座の違いを反映すると述べている。本書の2章で論じた歴史的回想を表す「〜ていった」も、これに通じるところがある。

情報提供することが望まれる。そして、それが、どんな印象になるかも日本語学習者にとって重要である。例えば、動作主視点、かつ結果を提示する事態未実現の「〜てみせる。」（決意用法）は学習済みでも、それが「〜てみせた。」になると、自信があることを表すだけでなく、尊大な印象にもつながる。また、「〜てよこす」が、ぞんざいな印象になるということは、積極的に産出する必要のない表現であっても、押さえておきたい情報であり、日本語学習者に提示されるべきだと考える。

2．ニア・ネイティブレベルを目指す学習者支援のために

　各論のまとめを踏まえ、本書では、上級以上の日本語学習者に対する支援は手薄であり、まだすべきことがあるということを主張する。『日本語能力試験出題基準〔改訂版〕』は、編集上の基本的方針として、下位用法を細分化して示さないことになっている（出題されないわけではない）。また、コーパスを用いた新しい文法シラバスの検討においても、使用頻度およびコミュニケーションに必要な表現が優先的に選ばれる（庵 2015、太田ほか 2019）。そのため、「級外項目」や「級外下位ポイント」は、「日本語教育文法」という観点で見た場合、新たな文法シラバスを組み直す際の "枠" から外れた存在なのである。

　このことは、劉（2022b）にわかりやすく示されている。表8のaは、教えてもらえてよく使うもの、bは教えてもらえなくてよく使うもの、cは教えてもらうがあまり使わないもの、dは教えてもらえないしあまり使わないもの、である。表8のdの部分に該当する表現は、特に「日本語教育文法」の観点から、切り捨てられてしまいがちで、いつまでたっても、詳しく説明してもらえないのである。このdの部分についても、整備した上で、それが必要かどうかは、学習者が選べるようにすべきではないだろうか。

表8　使用頻度と指導の有無の組み合わせ

	指導の有無	使用頻度
a	○	高
b	×	高
c	○	低
d	×	低

（劉 2022b：218、網掛けは筆者による）

　また、本章1節で示した「なじみ度」が高い機能語では、これまでのシラバスのいずれかの時期でこのような級外下位ポイントがあるということを情報提供することが大切である。なじみ度が中程度の機能語に関しては、実質語の意味が強く残っていて類推しやすい場合もあるが、ニア・ネイティブレベルともなれば、複数の用法の全体像を示したほうが、理解しやすい可能性がある。また、なじみ度が低い機能語は、学習者にとって手がかりが少ないこと自体が問題となる。いずれの場合も、情報提供、およびその方法が鍵だと言える。

　情報提供とその方法について考えてみると、ニア・ネイティブレベルの学習者は、誰かに教えてもらうというよりは、自分で学び取ることができる段階である。「～てみせた。」のような表現に出会ったとき、まずは学習者向けの記述があることが重要になってくる。しかし、現在、このようなニア・ネイティブレベルを目指す学習者向け資料はほとんどない[13]のである。記述があるとすれば研究論文になるが、学習者が自力で読むのでは効率が悪い。複数の先行研究があり、研究者の立場や関心により観点は様々だからである。論文に逐一当たり、網羅的に把握できれば一番良いが、相当な労力が必要である。支援する日本語教師側にとってもそれは同様だろう。言ってみれば、「日本語教師向け程度の説明資料」が、ニア・ネイティ

13　いわゆる「上級向け教材」は「N1対応」と謳っているものが多い。また、各大学において、ニア・ネイティブレベルを目指す日本語学習者向けのクラスがある場合には、生教材を使う、あるいは大学オリジナルの教材が準備されていることが想定されるが、公開されているものは少ない。国際交流基金日本語センター図書館の蔵書で確認したところ、大阪大学の上級テキスト（荘司 2010）に多くの情報がまとめられているが、大学のオリジナル教材であり、学外での使用は禁じられている。他大学も同じではないだろうか。高レベルで、購入可能な新しいものとしては、留学生向けに近代文語文の読み方が示された庵（2021）、ニア・ネイティブレベルを目指す日本語学習者向けの資料として書かれた、劉（2022a）、劉（2022b）、劉（2023b）がある。

ブレベルを目指す日本語学習者にも求められているのではないだろうか。

その具体的な事例として、前田（2020）で示されている「条件表現4形式使い分けルールの簡略化」（前田 2020：49）や、村上（2015）の「「Vテ感情」の文法解説（日本語教師用）」（村上 2015：34）、コーパスを用いた情報還元の観点からは中俣（2014）を参考にしたい。前田（2020）、村上（2015）は、研究論文であるが、学習者あるいは、日本語教師向け解説が付されているのである。それぞれ、表9、表10に示す。

前田（2020）は、学習者向けの条件形式の使い分けとして表9を示し、「網掛けをした部分は、初級の文法項目、網掛けのない部分は、初級以降の項目として扱うことができると考えられるものである」（前田 2020：48）というように、提示の時期についても一目で確認できるように示している。

表9　条件形式の使い分け（前田 2020、p.49、表7）

と	①多回的・恒常的な場合	②否定的内容が主節に来る場合
	（21）ディズニーランドに行くと、必ずプーさんに乗る。	（22）ディズニーランドに行くとお金がかかる。
ば	③可能表現・肯定的内容が主節に来る場合	④肯定的な評価のモダリティ
	（23）ディズニーランドに行けばミッキーに会える。	（24）ディズニーランドに行けば ｛いいと思うよ／いいのに｝。
たら	⑤働きかけ・勧誘・希望の表現が主節に来る場合	⑥否定的な評価のモダリティ
	（25）ディズニーランドに行ったらお土産買ってきて。	（26）ディズニーランドに行ったらだめだ。
なら	⑦時間的に同時あるいは先行する事態が主節に来る場合。「名詞がいい」「名詞（だ）」が主節に来る場合	⑧「くらいなら」と同様の条件文として使われる場合
	（27）ディズニーランドに行くなら、平日がいい。	（28）ディズニーランドに行くなら、USJ に行きたい。

次に示す村上（2015）は、表10を示し「日本語教師が表10をすべて覚えるべきであるということではなく、「Vテ、感情」について、日本語教師が「なぜ、この文は不自然なのか」といった疑問を持った際に参照するものとして作成をしている」（村上 2015：33）と述べ、特に重要な部分を盛り込んでまとめたとしている。

表 10 「Ｖテ、感情」の文法解説（日本語教師用）（村上 2015、p.34、表 10）

「Ｖテ、感情」には、［対象］というタイプと［対象認識］という２つのタイプがある。

［対象］タイプ
　この文型は、前件の出来事が起きたことと、その出来事に対する話者の感情を表す。前件の出来事は、（ア）（イ）のように、話者がコントロールできないことである。
　前件のガ格名詞が「私」である場合は、（ウ）（エ）のように、可能形を用いるのが原則である。可能形を用いることによって、前件の出来事は、話者がコントロールできないことであることが示される。ただし、ガ格名詞句が「私」であっても、次の３つの場合は、可能形ではない。①（オ）のように、「試験に合格する」「試合に勝つ」といった話者がコントロールできないことであれば、可能形にしなくてもよい。②（カ）のように、前件が好ましくないことの場合、可能形を使用できないので、テ形を用いる。③（キ）のように、後件が過去形の場合も、テ形でよい（ただし、実例は可能テ形が多い）。
　ガ格名詞句が「私」以外の場合は、（ク）のようにテ形か、（ケ）のように「～テクレル」「～テモラウ」等の受益表現か、（コ）のような受身が使われる。受身と受益表現は、後件の主体（「私」）が前件の出来事に関与している場合に使われる。

文型	例文
モノがＶテ、感情 モノがＶなくて、感情	（ア）メールが来て、嬉しいです。 （イ）メールが来なくて、心配です。
（私が）可能Ｖテ、感情 （私が）可能Ｖなくて、感情	（ウ）みんなと会えて、嬉しいです。 （エ）友達に会えなくて、さびしいです。 　※（オ）合格して、嬉しいです。 　※（カ）失敗して、恥ずかしいです。 　※（キ）みんなに会って、嬉しかったです
（私以外）がＶテ、感情 （私以外）がＶテクレテ、感情 （私以外）にＶラレテ、感情	（ク）阪神が優勝して、嬉しいです （ケ）友達が手伝ってくれて、嬉しいです。 （コ）友達にだまされて、悔しいです。

［対象認識］タイプ
　この文型は、前件の出来事が起きて、引き続き、後件の感情が生まれたことを表す。前件は、テ形である。（サ）は、ニュースの内容に驚いたのであり、（シ）は、結果が嬉しかったことを述べている。この文型の前件は、「見る」「聞く」「知る」といった動詞が多い。ただし、（ス）のような文も可能である。（ス）のような文も可能である。（ス）は、部屋に入って、それから驚いたことを述べているだけであり、何に驚いたのかは不明である。部屋の中がからりとかわっていたのか、誰かがいたのか、この文で示されていない。

文型	例文
Ｖテ、感情	（サ）ニュースを聞いて、驚きました （シ）結果を見て、嬉しかったです。 　※（ス）部屋に入って、驚きました。

　いずれも、表の形式で、視覚的にも捉えやすく、簡潔に整理されており、ポイントを掴むことができる。何といっても "例文" が添えられていることが肝心である。これらは、使い分けが難しいとされる初級の学習項目に

関するものであり、産出を念頭に置いている点で、本書が考察対象とした機能語とは性質が異なる点も多いが、筆者自身の経験上、活用されやすいのではないかと考える。本書の各章で論じた機能語の意味・機能や類似する表現との違いを示す際にも、複雑過ぎず、簡略化され過ぎない、このような方向性を目指すのが良いのではないかと考えている。

　また、中俣（2014）は、教師の授業準備の例文作りをサポートする資料として書かれたもので、BCCWJ を用いて、「文型」ごとに、前後に出現する語の特徴、ジャンル、共起語のランキングなど、その文型をどのように使うのかという情報がデータによって示されている。一例を挙げると、初級の学習項目「〜てある」に前接する動詞で最も多いのは「書く」（書いてある）であること、用法では、存在描写が多いことが示されるなど、現場に還元されるべきデータが示されている。

　学習経験者の視点から情報を整理しているものに、劉（2022b）がある。劉（2022b）では、学習者の視点から、「関西方言」や「通時的観点」に関して、「指導不要」、「自然習得に任せる項目」、「要指導」のように項目を整理し、指導者向けの情報を提供している。表 11 は、「関西方言」についてまとめられたものである。

表 11　関西方言文法項目一覧（劉 2022b、p.144、表 4）

不要	自然習得可能	要指導	
〜おます	ヤ関係一覧	〜とく※	〜（て）んと
〜やす	終助詞ヤ	〜たる	〜な（あかん）
〜どす	終助詞かい（な）	〜たげる	〜てなんぼ
〜くさる	〜で	〜とる	〜か（っ）て
〜よってに	〜ねん	〜よる	〜さかい
〜なんだ（ら）	〜の（ん）	〜はる	〜やっちゃ
〜てんか	（〜たら）あかん	〜なはる	〜こっちゃ
	〜（と）ちゃう		よう（否定／肯定）
	〜へん／ひん		〜とうない
			〜て（し）も（う）た※
			〜てん

　より多くの「級外項目」および「級外下位ポイント」が、このような「日本語教師向け程度の説明資料」として整備され、調べたい表現の情報に気

軽に到達できるようになったのち、それでも不足している点については、研究論文を読むという形が取れるようになっていけば、理想的ではないだろうか。

現代においては、インターネットで様々なものが公開されているため、特に独学の場合、それらの活用も有効だろう。日本語教師が個人的にホームページや動画などで様々な解説を行うものも見られる。しかし、それらは玉石混淆であることも否めない。ニア・ネイティブレベルを目指す日本語学習者の場合には、専門的に研究され、証拠性と実用性を備えた資料を望んでいると考えられる。今後、既に日本語学分野で明らかにされている知見も含めて精査を行い、ニア・ネイティブレベルを目指す日本語学習者向けの情報（日本語教師向け程度の説明資料）を、ウェブを活用するなどして広くアクセス可能な方法で現場に還元できることが望ましいと考える[14]。

本書は、その前段階の基礎的研究をまとめたもので、なぜ当該の機能語が日本語学習者にとってわかりにくいのかを考えることが出発点になっている。熟達した日本語学習者であっても「理解しにくい」、あるいは「知らなかった」という事項は、自学では調べられない（調べにくい）ことを意味する。それはつまり、日本語母語話者がその難しさや面白さに気づきにくい、あるいは知らなくても困らない、些細な事だと切り捨ててしまいがちな事項と重なるのである。日本語記述文法が、成熟期を迎え、新たな発見が難しいと言われる昨今であるが、ニア・ネイティブレベルを目指す日本語学習者のための文法という切り口は、日本語記述文法の穴を埋めることにも貢献可能[15]だと考えられる。

最後に、本書を通して言えることは、ニア・ネイティブレベルを目指す日本語学習者を支援するには、日本語母語話者の視点だけでは不十分

14　2023年8月に中俣編（2023）『文法コロケーションハンドブック E』が公開された。これは、中俣（2014）と同様にコーパスを用いる手法で中上級の文法項目のコロケーションに関する情報をまとめたものである。ウェブ上で公開されており、誰でも PDF をダウンロードすることができる。その執筆者はコーパスによる調査、集計について学んだ大学院生で、今後の展開によっては巨大なデータバンクとなり得るという。なお、その中に「てみせる」の項が立てられ、本書3章、4章の初出論文である井上（2019、2020b）の内容が一部収録されている。

15　高梨（2021）では明確に「母語話者レベルの正確さを目指す文法」の重要性が主張されており、その理由の1つに、上級の学習者の問題点は教育文法に限らず、文法研究の上でも意義があることが挙げられている。さらに、初級学習者のよくある誤用から新たな問題を発見するのは困難になりつつある一方で、上級の学習者の問題点はまだ研究が進んでいないと指摘されている。

だということである。反対に、熟達した日本語学習者であっても、一人ではなかなか解決できない事項があることも指摘されている（劉 2022b、2023a）。知らなくても困らない、些細なことだと簡単に切り捨てることなく、日本語学習者の声に耳を傾け、力を合わせて新たな課題を掘り起こしていくことが重要だというのが本書の主張である。

3．今後の課題・展望

　本書は、日本語教育への応用を視野に、客観データに基づき、実例観察を通じて「級外下位ポイント」および「級外項目」に該当する「テ形接続の機能語」を中心とした表現の意味・機能について論じた。本書で論じることのできた項目は 11 のみである。「級外下位ポイント」を含めれば、まだ誰にも指摘されずに眠っている課題は少なくないと考えられる。今後は、「テ形接続の機能語」に限らず、広く「級外項目」や「級外下位ポイント」に該当する表現の分析を進め、それを現場に還元すべく、ニア・ネイティブレベルを目指す日本語学習者の「かゆいところに手が届く」資料作成へと展開していきたい。

調査資料

序章

庵功雄・高梨信乃・中西久実子・山田敏弘（2001）白川博之編『中上級を教える人のための日本語文法ハンドブック』スリーエーネットワーク

グループ・ジャマシイ編（1998）『教師と学習者のための日本語文型辞典』くろしお出版

グループ・ジャマシイ編（2023）『教師と学習者のための日本語文型辞典　改訂版』くろしお出版

国際交流基金・財団法人日本国際教育協会（2002）『日本語能力試験　出題基準〔改訂版〕』凡人社

第1章

国立国語研究所『現代日本語書き言葉均衡コーパス』（中納言 2.4.5，データバージョン 2020.02 使用）https://chunagon.ninjal.ac.jp/（2020 年 8 月 6 日検索）

国立国語研究所『名大会話コーパス』（中納言 2.4.2，データバージョン 2018.02）https://chunagon.ninjal.ac.jp/（2019 年 5 月 20 日検索）

第2章

国立国語研究所『現代日本語書き言葉均衡コーパス』（中納言 2.7.1，データバージョン 2021.03 使用）https://chunagon.ninjal.ac.jp/（2023 年 4 月 14 日最終確認）

日本語教材リスト編集委員会編（2019）『凡人社教材リスト No.48』凡人社

『JCK 作文コーパス』http://nihongosakubun.sakura.ne.jp/corpus/（2023 年 4 月 14 日最終確認）

〔日本語教材類（本文中の連番に対応）〕

①岡本輝彦・木川和子・辻本澄子・西尾節子・松井充子（2002）『初級語学留学生のための日本語 I』凡人社

①岡本輝彦・木川和子・辻本澄子・松井充子（2002）『初級語学留学生のための日本語 II』凡人社

②坂野永理・池田庸子・大野裕・品川恭子・渡嘉敷恭子(2020)『初級日本語げんき I 第 3 版』The Japan Times

②坂野永理・池田庸子・大野裕・品川恭子・渡嘉敷恭子(2020)『初級日本語げんき II 第 3 版』The Japan Times

③文化外国語専門学校編著（2013）『新文化初級日本語 I 改訂版』凡人社

③文化外国語専門学校編著（2013）『新文化初級日本語 II 改訂版』凡人社

④スリーエーネットワーク編著（2012）『みんなの日本語初級Ⅰ 第2版 本冊』スリーエーネットワーク

④スリーエーネットワーク編著（2013）『みんなの日本語初級Ⅱ 第2版 本冊』スリーエーネットワーク

⑤東京外国語大学留学生日本語教育センター編著（2010）『初級日本語上　新装改訂版』凡人社

⑤東京外国語大学留学生日本語教育センター編著（2010）『初級日本語下　新装改訂版』凡人社

⑥松田浩志・亀田美穂（2011）『テーマ別中級までに学ぶ日本語』研究社

⑦日本語教育教材開発委員会編著（2005）『学ぼう！にほんご初級1』専門教育出版

⑦日本語教育教材開発委員会編著（2009）『学ぼう！にほんご初級2』専門教育出版

⑧財団法人海外技術者研修協会（AOTS）編著（2000）『新日本語の中級 本冊』スリーエーネットワーク

⑨アカデミック・ジャパニーズ研究会編著（2015）『改訂版　大学・大学院留学生の日本語①読解編』アルク

⑩平井悦子・三輪さち子（2016）『中級へ行こう日本語の文型と表現55 第2版 』スリーエーネットワーク

⑪石沢弘子・新内康子・関正昭・外崎淑子・平高史也・鶴尾能子・土岐哲（2016）『改訂版日本語中級J301』スリーエーネットワーク

⑫名古屋ＹＷＣＡ教材作成グループ（2004）『中級レベル　わかって使える日本語』スリーエーネットワーク

⑬スリーエーネットワーク編著（2008）『みんなの日本語中級Ⅰ 本冊』スリーエーネットワーク

⑬スリーエーネットワーク編著（2012）『みんなの日本語中級Ⅱ 本冊』スリーエーネットワーク

⑭東京外国語大学留学生日本語教育センター編著（2015）『中級日本語上新装改訂版』凡人社

⑭東京外国語大学留学生日本語教育センター編著（2015）『中級日本語下新装改訂版』凡人社

⑮松田浩志・亀田美穂（2014）『テーマ別中級から学ぶ日本語三訂版』研究社

⑯日本語教育教材開発委員会編著（2006）『学ぼう！にほんご初中級』専門教育出版

⑯日本語教育教材開発委員会編著（2007）『学ぼう！にほんご中級』専門教育出版

⑰松田浩志・亀田美穂（2016）『テーマ別上級で学ぶ日本語　三訂版』研究社

⑱東京外国語大学留学生日本語教育センター編著（1998）『上級日本語』凡人社

⑲日本語教育教材開発委員会編著（2009）『学ぼう！日本語中上級』専門教育出版

⑲日本語教育教材開発委員会編著（2010）『学ぼう！日本語上級』専門教育出版
⑳グループ・ジャマシイ編（1998）『教師と学習者のための日本語文型辞典』くろしお
　出版
㉑友松悦子・宮本淳・和栗雅子(2010)『新装版どんなときどう使う　日本語表現文型辞典』
　アルク
㉒友松悦子・福島佐知・中村かおり（2012）『新完全マスター文法　日本語能力試験
　N3』スリーエーネットワーク
㉓アジア学生文化協会（2014）『TRY! 日本語能力試験N3　改訂版』アスク出版
㉔庵功雄・清水佳子（2016）『上級　日本語文法演習　時間を表す表現—テンス・アス
　ペクト—改訂版』スリーエーネットワーク

第3章
国立国語研究所『現代日本語書き言葉均衡コーパス』（中納言 2.4, データバージョン 1.1
　使用）https://chunagon.ninjal.ac.jp/（2018 年 2 月 21 日検索）
〔日本語教材類〕
グループ・ジャマシイ編（1998）『教師と学習者のための日本語文型辞典』くろしお出版
友松悦子・宮本淳・和栗雅子（2010）『新装版どんなときどう使う　日本語表現文型辞典』
　アルク

第4章
国立国語研究所『現代日本語書き言葉均衡コーパス』（中納言 2.4, データバージョン 1.1
　使用）https://chunagon.ninjal.ac.jp/（2018 年 2 月 21 日検索）

第5章
国立国語研究所『現代日本語書き言葉均衡コーパス』（中納言 2.4.5, データバージョン
　2021.03 使用）https://chunagon.ninjal.ac.jp/（2021 年 6 月 12 日検索）

第6章
『筑波ウェブコーパス』（筑波大学・国立国語研究所・Lago 言語研究所『NINJAL-LWP
　for TWC』使用）http://tsukubawebcorpus.jp（2021 年 12 月 15 日最終確認）

第7章
国立国語研究所『現代日本語書き言葉均衡コーパス』（中納言 2.4.5, データバージョン
　2021.03 使用）https://chunagon.ninjal.ac.jp/（2021 年 4 月 6 日検索）
国立国語研究所『日本語歴史コーパス』（中納言 2.5.2, データバージョン 2021.03 使用）

https://chunagon.ninjal.ac.jp/（2021 年 4 月 28 日検索）

第 8 章
国立国語研究所『現代日本語書き言葉均衡コーパス』（中納言 2.4.5，データバージョン 2020.02 使用）https://chunagon.ninjal.ac.jp/（2020 年 7 月 13 日最終確認）
堀恵子ほか（2015）『機能語用例文データベースはごろも』https://www.hagoromo-text.work/（2023 年 9 月 2 日最終確認）

第 9 章
国立国語研究所『現代日本語書き言葉均衡コーパス』（中納言 2.4.5，データバージョン 2020.02 使用）https://chunagon.ninjal.ac.jp/（2020 年 7 月 2 日検索）

第 10 章
国立国語研究所『現代日本語書き言葉均衡コーパス』（中納言 2.4.5，データバージョン 2021.03 使用）https://chunagon.ninjal.ac.jp/（2022 年 5 月 23 日検索）
国立国語研究所『日常会話コーパス』（中納言 2.7.2，データバージョン 2023.03 使用）https://chunagon.ninjal.ac.jp/（2023 年 9 月 2 日最終確認）
鬼塚りつ子（1986）『おばあさんとあかいいす』小峰書店
山口史郎訳（2004）『グリム童話 2』冨山房インターナショナル

第 11 章
国立国語研究所『現代日本語書き言葉均衡コーパス』（中納言 2.4，データバージョン 1.1 使用）https://chunagon.ninjal.ac.jp/（2019 年 7 月 18 日最終確認）

参考文献

青木博史（2020）「「動詞連用形＋動詞」から「動詞連用形＋テ＋動詞」へ―「補助動詞」の歴史・再考―」青木博史ほか編『日本語文法史研究5』ひつじ書房，pp.197-226

青木博史（2021）「「て＋みせる」の文法化」天野みどり・早瀬尚子編『構文と主観性』くろしお出版，pp.203-220

安達太郎（2005）「疑問文における反語解釈をめぐる覚え書き」『京都橘女子大学研究紀要』31，京都橘女子大学，pp.35-50

案野香子（2014）「現代日本語反語の専用形式「たまるか」「ものか」「（人名詞）があるか」」『大阪府立大学言語文化学研究言語情報編』9，pp.53-69

庵功雄・高梨信乃・中西久実子・山田敏弘（2000）『初級を教える人のための日本語文法ハンドブック』スリーエーネットワーク

庵功雄・高梨信乃・中西久実子・山田敏弘（2001）『中上級を教える人のための日本語文法ハンドブック』スリーエーネットワーク

庵功雄・日高水穂・前田直子・山田敏弘・大和シゲミ（2003）『やさしい日本語のしくみ』くろしお出版

庵功雄（2012）『新しい日本語学入門　第2版』スリーエーネットワーク

庵功雄（2013）『日本語教育・日本語学の「次の一手」』くろしお出版

庵功雄（2015）「日本語学的知見から見た中上級シラバス」庵功雄・山内博之編『データに基づく文法シラバス』くろしお出版，pp.15-46

庵功雄・清水佳子（2016）『日本語文法演習　時間を表す表現―テンス・アスペクト―改訂版』スリーエーネットワーク

庵功雄（2017）「日日研が求めているもの―日本語学と日本語教育をつなぐために―」『日本語／日本語教育研究』8，ココ出版，pp.231-243

庵功雄（2021）『留学生のための近代文語文入門―現代の日本と日本語を知るために―』スリーエーネットワーク

石黒圭編（2017）『わかりやすく書ける作文シラバス』くろしお出版

井島正博（2010）「第5章　文法　5.4.2　テンス」沖森卓也編『日本語ライブラリー日本語概説』朝倉書店，pp.112-113

井島正博（2013）「当為表現の構造と機能」『日本語学論集』9，東京大学大学院人文社会系研究科国語研究室，pp.133-173

李廷玉（2010）「補助動詞構文の文法化の初期段階の設定について」『甲南女子大学研究紀要』46，甲南女子大学，pp.55-61

井上直美（2019）「「テミセル」表現に関する一考察―書き言葉における「てみせる。」の使用実態―」『さいたま言語研究』3，さいたま言語研究会，pp.26-37

井上直美（2020a）「「お・ご～おき下さい」をどう教えるか―「ご承知おき下さい」と「ご承知下さい」の違いに注目して―」『言語の研究』6，首都大学東京言語研究会，pp.51-64

井上直美（2020b）「「彼は笑ってみせた。」は何を見せたか―書き言葉の「てみせた。」の意味機能に注目して―」『日本語の研究』16（1），日本語学会，pp.68-83

井上直美（2021）「「Ｖてたまるか」の意味・機能について―「Ｖるものか」との比較から―」『さいたま言語研究』5，さいたま言語研究会，pp.1-12

井上直美（2022a）「「～てナンボ」の意味・機能―ウェブコーパスを用いて―」『日本語文法』22（1），日本語文法学会，pp.19-35

井上直美（2022b）「「～てよこす」の意味・機能―ぞんざいな印象の正体―」『日本語／日本語教育研究』13，日本語／日本語教育研究会，pp.19-34

井上直美（2023a）「「～てしかるべき」の意味・機能」『埼玉大学日本語教育センター紀要』17，埼玉大学日本語教育センター，pp.9-21

井上直美（2023b）「「～ておくれ」の意味・機能とその関連表現について」『日本アジア研究』20，埼玉大学大学院人文社会科学研究科，pp.103-123

井上直美（2023c）「失礼な「テオク」について―テオクの使用類型と失礼さとの関係を中心に―」『日语偏误与日语教学研究』8，日本語誤用と日本語教育学会，pp.46-72

井上光貞ほか（1992）『新詳説日本史改訂版』山川出版社

遠藤直子・菅谷有子・中村亜美（2018）「理工系学習者への～テイクの用法提示について―『理工学系話し言葉コーパス』と日本語教材の調査から―」『日本語教育』171，日本語教育学会，pp.17-30

太田陽子・永谷直子・中石ゆうこ（2019）「コーパスにもとづく学習文法項目の選定とレベル設定―高等教育機関で学ぶ留学生の日本語学習シラバス構築に向けて―」『一橋大学国際教育交流センター紀要』1，一橋大学国際教育交流センター，pp.3-16

沖森卓也（2017）『日本語全史』筑摩書房

落合太郎・原直美（2004）『ハイスコア文法1級　日本語能力試験で差をつける出題基準外の表現』国書刊行会

影山太郎（1993）『文法と語形成』ひつじ書房

笠松郁子（1991）「「してみせる」を述語にする文」『教育国語』100，むぎ書房，pp.38-51

柏崎雅世（1993）『日本語教育基礎研究シリーズ1　日本語における行為指示型表現の機能―「お～／～てください」「～てくれ」「～て」およびその疑問・否定疑問系について―』くろしお出版

加藤恵梨（2016）「コーパスに基づく「べきだ」の分析」『朝日大学留学生別科紀要』13，朝日大学留学生別科，pp.15-24

金谷由美子（2019）「気づきにくい学習者／母語話者間のミスコミュニケーション　V-

テミルと韓国語 V-boda、タイ語 lɔɔŋ-V-duu、クメール語 sa:k-V-məːl の対照」『日本語・日本文化研究』29，大阪大学大学院言語文化研究科日本語・日本文化専攻，pp.157-176

キース・モロウ（2013）編著『ヨーロッパ言語共通参照枠（CEFR）から学ぶ英語教育』和田稔・高田智子・緑川日出子・柳瀬和明・齋藤嘉則訳，研究社

金水敏（2003）『ヴァーチャル日本語　役割語の謎』岩波書店

熊取谷哲夫（1995）「発話行為理論から見た依頼表現─発話行為から談話行動へ─」『日本語学』14（11），明治書院，pp.12-21

国際交流基金・日本国際教育協会（2002）『日本語能力試験出題基準〔改訂版〕』凡人社

国際交流基金（2017）『JF 日本語教育スタンダードに基づいた評価と日本語能力試験の合否判定との関係（最終報告書）』国際交流基金

国際交流基金編著（2017）『JF 日本語教育スタンダード【新版】利用者のためのガイドブック』国際交流基金

国立国語研究所（1966）『日本言語地図解説─各図の説明 1─』国立国語研究所

近藤泰弘（2000）『日本語記述文法の理論』ひつじ書房

近藤優美子（2016）「テシマッタの使用制約─なぜ「目的地に到着してしまいました」とカーナビは言わないのか─」『日本語教育』164，日本語教育学会，pp.50-63

佐藤琢三（1993）「三項動詞の語彙的対応」『言語学論叢』12，筑波大学一般応用言語学研究室，pp.1-14

佐藤琢三（2005）「第 9 章　動詞の自他対応の意味構造」『自動詞文と他動詞文の意味論』笠間書院，pp.169-183

佐藤琢三（2015）「補助動詞テオク─意味・語用論的特徴と学習者の問題─」阿部二郎・庵功雄・佐藤琢三編『文法・談話研究と日本語教育の接点』くろしお出版，pp.1-18

佐藤琢三・庵功雄（2023）「「ておく」における命令表現の機能」『日本語／日本語教育研究』14，日本語／日本語教育研究会，pp.177-191

真田信治（2011）「第 1 章　概論─方言学のみかた─」真田信治編『方言学』朝倉書店，pp.1-14

澤田淳（2008）「「変化型」アスペクトの「テクル」「テイク」と時間性」『日本語の研究』4(4)，日本語学会，pp.63-69

澤田淳（2009）「提示動詞の構文パターンと文法化」『日本言語学会第 138 回大会予稿集』日本言語学会，pp.330-335

澤田淳（2014）『日本語の授与動詞構文の構文パターンの類型化─多言語との比較対照と合わせて─』『言語研究』145，日本言語学会，pp.27-46

塩田雄大（2012）「現代人の言語行動における "配慮表現"「言語行動に関する調査」から」『放送研究と調査』62（7），NHK 放送文化研究所，pp.66-83

荘司育子（2010）『CJLC 叢書 No.2　上級日本語—言葉から文化を学ぶ—』大阪大学日本語日本文化教育センター

鈴木美奈・松田真希子（2016）「コーパスから見た日本語母語話者と日本語学習者における「〜ておく（とく）」の使用状況」『金沢大学留学生センター紀要』19，金沢大学留学生センター，pp.23-36

徐珉廷（2013）『〈事態把握〉における日韓話者の認知スタンス　認知言語学の立場から見た補助動詞的な用法の「〜ていく／くる」と「e kata ／ ota」の主観性』ココ出版

成知炫（2012）『現代日本語の補助動詞—「してみる」と「してみせる」の意味用法の記述的研究—』（東京外国語大学大学院地域文化研究科博士学位申請論文）

成知炫（2014）「評価を表す「してみせる」について」『日本語學研究』42，韓国日本語学会，pp.95-108

高梨信乃（2005）「評価のモダリティを表す助動詞「べきだ」」『神戸大学留学生センター紀要』11，神戸大学留学生センター，pp.1-15

高梨信乃（2010）『評価のモダリティ　現代日本語における記述的研究』くろしお出版

高梨信乃（2021）「母語話者レベルの文法を目指す文法の意義」『日本語／日本語教育研究』12，日本語／日本語教育研究会，pp.5-20

高梨信乃（2023）「日本語教育文法—多様さの中で自身の立場を持つ—」『日本語文法』23（1），日本語文法学会，pp.206-221

高橋太郎（1969）「すがたともくろみ」金田一春彦編『日本語動詞のアスペクト』むぎ書房，pp.119-153

高山善行（2011）「第2章　述部の構造」金水敏・大鹿薫久・高山善行編『シリーズ日本語史3文法史』，岩波書店，pp.19-75，

田中ゆかり（2011）『「方言コスプレ」の時代　ニセ関西弁から龍馬語まで』岩波書店

陳慧玲（2006）「明治期東京語における下層男性の命令表現の考察」『文学研究論集』25，明治大学大学院，pp.21-40

陳慧玲（2009）「明治期東京語における士族・知識層女性の命令表現の考察」『日本近代語研究』5，日本近代語研究会，pp.177-203

辻周吾（2017）「補助動詞の「〜ておく」に関する一考察：対人配慮の視点から」『国際言語文化学会日本学研究』2(2)，京都外国語大学国際言語文化学会，pp.21-40

寺村秀夫（1984）『日本語のシンタクスと意味II』くろしお出版

徳本文（2015）「古代語複合動詞の後項「おく」について」『立教大学大学院日本文学論叢』15，立教大学大学院文学研究科日本文学専攻，pp.179-189

豊田圭子（2014）『動詞ヤルの意味用法に関する歴史的研究』（岡山大学博士学位申請論文）

永澤済（2016）「複合動詞「Vおく」の用法とその衰退」『名古屋大学日本語・日本文化論集』24，名古屋大学国際言語センター，pp.27-44

中俣尚己（2014）『日本語教育のための文法コロケーションハンドブック』くろしお出版

成田徹男（1981）「補助動詞と本動詞―「みる」「みせる」を例に―」『島田勇雄先生古稀記念ことばの論文集』明治書院，pp.59-77

日本語記述文法研究会編（2009）『現代日本語文法2』くろしお出版

日本語記述文法研究会編（2003）『現代日本語文法4』くろしお出版

野田尚史（1989）「真性モダリティを持たない文」仁田義雄・益岡隆志編『日本語のモダリティ』くろしお出版，pp.131-157

野田尚史（1998）「「ていねいさ」からみた文章・談話の構造」『国語学』194，国語学会，pp.102-89

野田尚史（2005）「コミュニケーションのための日本語教育文法の設計図」野田尚史編『コミュニケーションのための日本語教育文法』くろしお出版，pp.1-20

パリハワダナ ルチラ（2008）「副詞「だんだん」「次第に」「徐々に」が表す展開の諸局面 ―漸次性と過程性・意志性・望ましさとの関わり―」『金沢大学留学生センター紀要』11，金沢大学留学生センター，pp.1-22

日高水穂（1997）「授与動詞の体系変化の地域差―東日本方言の対照から―」『国語学』190，国語学会，pp.24-35

日高水穂（2007）『授与動詞の対照方言学的研究』ひつじ書房

姫野伴子（1997）「行為指示型発話行為の機能と形式」『埼玉大学教養学部紀要』33（1），埼玉大学教養学部，pp.169-178

福沢将樹（2022）「学術論文叙述のスタイル」『日本語文法』22（2），日本語文法学会，pp.137-152

藤村逸子・大曽美恵子・大島ディヴィッド義和（2011）「会話コーパスの構築によるコミュニケーション研究」藤村逸子・滝沢直宏編『言語研究の技法―データの収集と分析―』，ひつじ書房，pp.43-72

ホッパー・トラウゴット（2003）『文法化』日野資成訳，九州大学出版会 [Hopper, Paul J. and Elizabeth Closs Traugott（1993）『Grammaticalization』Cambridge University Press.]

ホール エドワード T.（1979）『文化を超えて』岩田慶治・谷泰訳，ティビーエスブリタニカ [Edward,T.Hall（1976）『Beyond Culture』Anchor Press.]

前田直子（2020）「条件表現4形式使い分けルールの簡略化」『日本語文法』20（2），くろしお出版，pp.40-56

益岡隆志（1987）『命題の文法―日本語文法序説―』くろしお出版

益岡隆志（1991）「第6章 物語文のテンス」『モダリティの文法』くろしお出版，pp.156-172

益岡隆志（1992）「日本語の補助動詞構文―構文の意味の研究に向けて―」文化言語学

編集委員編『文化言語学　その提言と建設』三省堂

益岡隆志（2000）「第1章　表現の主観性」『日本語文法の諸相』くろしお出版，pp.1-10

益岡隆志（2013）『日本語構文意味論』くろしお出版

益岡隆志（2021）『日本語文論要綱』くろしお出版

松田浩志ほか（2006）『テーマ別　上級で学ぶ日本語　改訂版』研究社

三宅知宏（2005）「現代日本語における文法化―内容語と機能語の連続性をめぐって―」『日本語の研究』1（3），日本語学会，pp.61-76

三宅知宏（2011）『日本語研究のインターフェイス』くろしお出版

三宅知宏（2015）「日本語の「補助動詞」と「文法化」・「構文化」」秋元実治・青木博史・前田満編『日英語の文法化と構文化』ひつじ書房，pp.237-270

村上佳恵（2015）「*友達に会わなくて、寂しいです―「Vテ、感情」の産出に向けて―」『日本語／日本語教育研究』6，ココ出版，pp.21-36

村上佳恵（2017）『感情形容詞の用法　現代日本語における使用実態』笠間書院

村木新次郎（1991）『日本語動詞の諸相』ひつじ書房

茂木俊伸（2019）「［連載］博士課程生活講座！〜茂木さんに聞いてみよう〜第6回　先行研究の読み方（博論編）」『日本語／日本語教育研究』10，日本語／日本語教育研究会，pp.220-224

森篤嗣・庵功雄編（2011）『日本語教育文法のための多様なアプローチ』ひつじ書房

森田良行（1968）「行く・来る」の用法『国語学』75，日本語学会，pp.75-87

森田良行（1977）『基礎日本語』角川書店

森山卓郎（1988）『日本語動詞述語文の研究』明治書院

森山卓郎（1997）「日本語における事態選択形式―「義務」「必要」「許可」などのムード形式の意味構造―」『国語学』188，国語学会，pp.123-110

森勇太（2010）「行為指示表現の歴史的変遷―尊敬語と受益表現の相互関係の観点から―」『日本語の研究』6（2），日本語学会，pp.78-92

森勇太（2018）「行為指示表現「〜ておくれ」の歴史―役割語度の低い表現の形成―」岡崎友子・衣畑智秀・藤本真理子・森勇太編『バリエーションの中の日本語史』くろしお出版，pp.251-268

梁井久江（2009）「テシマウ相当形式の意味機能拡張」『日本語の研究』5（1），日本語学会，pp.15-30

山内博之（2009）『プロフィシェンシーから見た日本語教育文法』ひつじ書房

山口堯二（2001）「完了表現史にかかわる補助動詞の推移」『京都語文』7，佛教大学国語国文学会，pp.208-227

山崎誠・柏野和佳子・宮嵜由美（2019）「BCCWJ小説会話文への話者情報の付与とその活用」『言語資源活用ワークショップ発表論集』4，国立国語研究所，pp.313-320

山崎誠・宮嵜由美・柏野和佳子（2022）「小説会話文への話者情報の付与」国立国語研究所編『『日常会話コーパス』報告書5』国立国語研究所

山田敏弘（2004）『日本語のベネファクティブ—「てやる」「てくれる」「てもらう」の文法—』明治書院

山田里奈（2015）「明治期における〈てくれ〉の尊敬表現—「～てください」,「お（ご）～ください」,「～ておくんなさい」—」『早稲田大学大学院教育学研究科紀要』別冊22-2-2, 早稲田大学大学院教育学研究科, pp.161-174

山田里奈（2017）「江戸後期における〈てくれ〉の尊敬表現—「ておくんなさい」系,「てくださる」系,「お～ください」系—」日本近代語研究会編『日本近代語研究』6, ひつじ書房, pp.247-269

山本志帆子（2010）「『桑名日記』にみる近世末期下級武士の働きかけの表現—授受補助動詞クレル類命令形を中心として—」『国語国文』79（6）, 京都大学文学部国語学国文学研究室, pp.40-57

山本裕子（2005）「「～ておく」の意味機能について」『名古屋女子大学紀要』51, 名古屋女子大学, pp.207-218

山本裕子（2007）「〈主観性〉の指標としての「～テイク」「～テクル」」『人文学部研究論集』17, 中部大学人文学部, pp.67-81

吉川武時（1976）「現代日本語動詞のアスペクトの研究」金田一春彦編『日本語動詞のアスペクト』むぎ書房, pp.155-327

吉島茂・大橋理枝編（2014）『外国語教育II追補版　外国語の学習、教授、評価のためのヨーロッパ共通参照枠』吉島茂・大橋理枝訳, 朝日出版社

吉田妙子（2012）『日本語動詞テ形のアスペクト』晃洋書房

劉志偉（2015）「第8章　学習者から見た文法シラバス」庵功雄・山内博之編『データに基づく文法シラバス』くろしお出版, pp.147-165

劉志偉（2016）「学習者の視点から見た「準標準語」文法項目について」『武蔵野大学日本文学研究所紀要』3, 武蔵野大学文学部, pp.53-69

劉志偉（2022a）『敬語三分類に拠らない現代日本語の敬語指導に関する提案—外国人の目から見た日本語の一環として—』日中言語文化出版社

劉志偉（2022b）『学習経験者の視点から見た日本語教育文法—ニア・ネイティブレベルを目指すために—』日中言語文化出版社

劉志偉（2023a）「学習過程における「モヤモヤ感」について」『日本語文法』23（1）, 日本語文法学会, pp.20-36

劉志偉（2023b）『ニア・ネイティブレベルを目指すための語彙学習—日本語学習の経験者の視点から—』日中言語文化出版社

辞書・事典類

市川保子編著（2010）『日本語誤用辞典　外国人学習者の誤用から学ぶ日本語の意味用法と指導のポイント』スリーエーネットワーク

沖森卓也編著（2021）『日本語文法百科』朝倉書店

グループ・ジャマシイ編（1998）『教師と学習者のための日本語文型辞典』くろしお出版

グループ・ジャマシイ編（2023）『教師と学習者のための日本語文型辞典　改訂版』くろしお出版

真田信治編（2018）『関西弁事典』ひつじ書房

デスモンド モリス (2016)『ボディートーク 新装版—世界の身ぶり事典—』東山安子訳，三省堂 [Desmond Morris（1994）『BODYTALK』Jonathan Cape.]

友松悦子・宮本淳・和栗雅子（2010）『新装版どんなときどう使う　日本語表現文型辞典』アルク

日本語教育学会編（2005）『新版日本語教育事典』大修館書店

日本国語大辞典第二版編集委員会・小学館国語辞典編集部編（2000-2002）『日本国語大辞典（第二版）』小学館

日本語文法学会編（2014）『日本語文法事典』大修館書店

参照ウェブサイト

中俣尚己編（2023）『文法コロケーションハンドブック E』（http://nakamata.info/database/）

文化庁（2010）『生活者としての外国人のための標準的なカリキュラム案』（https://www.bunka.go.jp/seisaku/kokugo_nihongo/kyoiku/nihongo_curriculum/pdf/curriculum_ver09.pdf）

文化庁（2021）『日本語教育の参照枠（報告）』（https://www.bunka.go.jp/seisaku/bunkashingikai/kokugo/hokoku/pdf/93476801_01.pdf）

文化庁（2022）『令和 4 年度「国語に関する世論調査」の結果の概要』（https://www.bunka.go.jp/tokei_hakusho_shuppan/tokeichosa/kokugo_yoronchosa/index.html）

既発表論文との関係

（※１章〜11章のいずれも下記論文に加筆、修正を加えている）

序　章　書き下ろし

第１章

井上直美（2023）「失礼な「テオク」について―テオクの使用類型と失礼さとの関係を
　　　中心に―」『日语偏误与日语教学研究』8，日本語誤用と日本語教育学会，pp.46-72

第２章

井上直美（2024）「歴史的回想を表す「〜ていった」について」『埼玉大学日本語教育セ
　　　ンター紀要』18，埼玉大学日本語教育センター，pp.3-22

第３章

井上直美（2019）「「テミセル」表現に関する一考察―書き言葉における「てみせる。」の
　　　使用実態―」『さいたま言語研究』3，さいたま言語研究会，pp.26-37

第４章

井上直美（2020）「「彼は笑ってみせた。」は何を見せたか―書き言葉の「てみせた。」の
　　　意味機能に注目して―」『日本語の研究』16（1），日本語学会，pp.68-83

第５章

井上直美（2022）「「〜てよこす」の意味・機能―ぞんざいな印象の正体―」『日本語／
　　　日本語教育研究』13，日本語／日本語教育研究会，pp.19-34

第６章

井上直美（2022）「「〜てナンボ」の意味・機能―ウェブコーパスを用いて―」『日本語文法』
　　　22（1），日本語文法学会，pp.19-35

第７章

井上直美（2024）「「〜てのける」の文法化」『言語の研究』13，東京都立大学言語研究会（3
　　　月刊行）

第８章

井上直美（2021）「「Ｖてたまるか」の意味・機能について―「Ｖるものか」との比較か

ら―」『さいたま言語研究』5，さいたま言語研究会，pp.1-12

第9章

井上直美（2023）「「～てしかるべき」の意味・機能」『埼玉大学日本語教育センター紀要』
　　17，埼玉大学日本語教育センター，pp.9-21

第10章

井上直美（2023）「「～ておくれ」の意味・機能とその関連表現について」『日本アジア研究』
　　20，埼玉大学大学院人文社会科学研究科，pp.103-123

第11章

井上直美（2020）「「お・ご～おき下さい」をどう教えるか　―「ご承知おき下さい」と
　　「ご承知下さい」の違いに注目して―」『言語の研究』6，首都大学東京言語研究会，
　　pp.51-64

終　章　書き下ろし

あとがき

　本書は、埼玉大学に提出した博士学位申請論文「日本語能力試験の「級外項目」に関する記述的研究—テ形接続の機能語を中心に—」に加筆修正を加えたものです。本書の出版にあたり、埼玉大学研究機構戦略研究センターのインキュベーション研究グループ「日本語学・日本語教育グループ」より助成を受けました。なお、本研究は JSPS 科研費（課題番号：21J20205、研究課題「日本語能力試験の「級外項目」に関する記述的研究—テ形接続の機能語を中心に—」、研究代表者：井上直美）の助成を受けています。また、この場をお借りして、本書の各章で利用させていただいた各コーパスの開発関係者の皆様に心より御礼を申し上げます。

　日本語教育に携わる者として、このままではいけない、学びなおしたいという思いを強くし、2017 年に埼玉大学教養学部に編入学（3 年次）してから丸 7 年、本研究を遂行し本書にまとめるまでには、多くの方のご指導とご支援を賜りました。

　まず、主指導教員である劉志偉先生に心よりお礼を申し上げたいと思います。劉先生のご指導なくして本書は成し得ませんでした。学術面のご指導はもちろんのこと、日本語研究の魅力、楽しさに改めて気付かせてくださり、卒論、修論、博論と長きにわたって未熟な筆者を根気強く導いてくださいました。劉先生が常に隣を伴走してくださったおかげで、道に迷わず夢中になって走ることができた 7 年でした。劉先生のスピード感と高い目標設定についていくのは大変でしたが、褒め励まし、先を見通して様々なことにチャレンジさせてくださったこの御恩を忘れず、今後も長くこの研究のマラソンを続けていきたいと思っております。

　副指導教員である金井勇人先生と川野靖子先生にも大変お世話になりました。心より感謝申し上げます。金井勇人先生には、さいたま言語研究会での発表や大学院の授業を通じてご指導いただきました。拙い原稿を読み込んでくださり、論述のわかりにくい部分や疑問点、関連する現象や用例について、数多くのご教示を賜りました。川野靖子先生には、編入学前に

訪れたオープンキャンパスの個別相談会で偶然面談を担当していただいたときから多年にわたりご指導いただきました。学部では精密かつ明解な授業を通して日本語学の基礎を養成していただき、その後も演習や合同ゼミでの報告、発表の場で、研究内容のさらに整理できそうな点、発展させられそうな点など、数々のご教示を賜りました。

　また、埼玉大学の日本語教育関連分野の先生にも日頃より大変お世話になりました。嶋津拓先生、新井高子先生、鮮于媚先生にも感謝を申し上げます。

　そして、論文審査をお引き受けくださった一橋大学庵功雄先生、埼玉大学山中信彦先生には、多角的視点から数多くの貴重なご教示、ご意見を賜りました。心より御礼を申し上げます。

　学会などにおいても多くの方から学恩を賜りました。すべての方のお名前を挙げることはかないませんが、コロナ禍のオンライン開催の学会を含め、多くの方に育てていただいたと感謝しています。真っ先に思い出されるのは、日本語／日本語教育研究会第10回大会（2018年10月7日）、第161回関東日本語談話会（2019年1月26日）での口頭発表です。日日研では学習院大学前田直子先生、一橋大学庵功雄先生に、談話会では学習院女子大学佐藤琢三先生に、特にお世話になりました。当時、学部4年生だった筆者に口頭発表という得難い経験をさせてくださり、発表内容についても懇切丁寧なご指導を賜りました。さらに、その両機会において、大阪大学三宅知宏先生から「文法化」についてご教示いただけたこと、その後も激励のお声がけをいただいたことは、本研究を進める上で筆者にとって非常に大きな励み、原動力になりました。また、東京都立大学浅川哲也先生、武庫川女子大学森篤嗣先生、大阪大学中俣尚己先生からも学会やシンポジウムにおいて、数多くのご教示、親身なお声がけを賜りました。心より感謝申し上げます。

　筆者の力不足により、皆さまからご教示いただいたことが十分に生かせなかった点もあると思いますが、引き続き研究を前進させられるよう取り組んでまいります。

　私的には、日本語学校勤務時代の同僚に恵まれました。「出題基準外」という原点を与えてくださった落合太郎先生。研究の世界の先輩としてい

つも気にかけ、助言をくださった村上佳恵さん。大学での学び直しを勧め、原稿や例文の相談に乗ってくれた宮崎恵子さん。よき理解者である3人に心から感謝いたします。

　日ごろから励ましあってきた研究仲間も心の支えでした。埼玉大学劉ゼミのメンバーやさいたま言語研究会のみなさん、それから、一橋大学庵ゼミの富士山合宿（2021年度、オンライン開催）で知り合い、それがご縁で現在も第二言語習得理論関連のオンライン勉強会を続けている乾乃璃子さん、徐乃馨さんのお2人にも感謝いたします。

　そして、日本語学習者のみなさんにも感謝しています。教師とは名ばかりで、教室では言語、文化、そして人としてたくさんのことを学びました。今後も、日本語学習者の声に耳を傾け寄り添う姿勢で、何らかの恩返しができたらと思います。

　本書の出版にあたっては、日中言語文化出版社関谷一雄代表、編集の中村奈々さんに大変お世話になりました。ここに記して御礼申し上げます。

　最後に、娘が小学1年生になるタイミングで大学に行きたいという筆者の願いを理解し協力してくれた夫と、当時はまだ小さかった長男と長女、温かく見守ってくれた夫の両親、亡き父とともに常に応援してくれる母にも感謝を伝えたいと思います。

2024年2月

井 上 直 美

·········· 執筆者紹介 ··········

井上　直美（いのうえ　なおみ）

埼玉県生まれ。2024 年埼玉大学大学院人文社会科学研究科博士後期課程修了。博士（学術）。

埼玉大学日本語教育センター非常勤講師。

著書に『ハイスコア文法１級　日本語能力試験で差をつける出題基準外の表現』（落合太郎・井上直美、国書刊行会、2004 年）、主要論文に「「彼は笑ってみせた。」は何を見せたか─書き言葉の「てみせた。」の意味機能に着目して─」『日本語の研究』16 巻 1 号（2020 年）、「「～てナンボ」の意味・機能─ウェブコーパスを用いて─」『日本語文法』22 巻 1 号（2022 年）がある。

日本語能力試験の「級外項目」に関する記述的研究
─テ形接続の機能語を中心に─

2024 年 4 月 1 日　初版第 1 刷発行

著　者　　井　上　直　美

発行者　　関　谷　昌　子

発行所　　日中言語文化出版社
　　　　　〒531-0074 大阪市北区本庄東 2 丁目 13 番 21 号
　　　　　TEL　06（6485）2406
　　　　　FAX　06（6371）2303

印刷所　　株式会社 Big Hug

ISBN978 − 4 − 905013 − 26 − 6